经济管理学术文库·其他类

社会福利建设研究的民意视角

Study on Social Welfare Construction from the Perspective of Public Opinion

李 炜／著

经济管理出版社
ECONOMY & MANAGEMENT PUBLISHING HOUSE

图书在版编目（CIP）数据

社会福利建设研究的民意视角/李炜著. —北京：经济管理出版社，2016.4
ISBN 978-7-5096-4351-8

Ⅰ. ①社… Ⅱ. ①李… Ⅲ. ①社会福利—研究—中国 Ⅳ. ①D632.1

中国版本图书馆 CIP 数据核字（2016）第 074968 号

组稿编辑：宋 娜
责任编辑：杨国强 张瑞军
责任印制：黄章平
责任校对：王 淼

出版发行：经济管理出版社
（北京市海淀区北蜂窝 8 号中雅大厦 A 座 11 层 100038）
网 址：www. E-mp. com. cn
电 话：(010) 51915602
印 刷：北京九州迅驰传媒文化有限公司
经 销：新华书店
开 本：720mm×1000mm/16
印 张：14.25
字 数：233 千字
版 次：2016 年 4 月第 1 版 2016 年 4 月第 1 次印刷
书 号：ISBN 978-7-5096-4351-8
定 价：88.00 元

序　言

我自 1987 年进入社会调查研究领域，近 30 年来所经历的各类社会调查大概有百项之多，但其中涉及社会福利事项的并不多，社会福利研究本身也不是我的研究关注所在。

机缘巧合，2010 年 7~9 月，我有幸在导师景天魁研究员的带领下，参与了国家民政部“中国社会服务体系现状调查”课题。在为期不足两个月的调查研究中，由于课题的需要，我对国内的社会福利政策做了初步的梳理，对部分地区的社会福利和社会保障状况有一定的了解。在调研和报告撰写过程中，我深切地感到，中国 30 余年来高速经济增长带来的“改革红利”，如果不能转化为公众福祉的提升，不仅是内需拉动乏力这一久不见效的问题，更重要的是会引发新型的社会分配不公，从而严重影响社会发展的动力。近年来，公众对民生改善的呼声强烈，我参与的中国社会科学院社会学研究所主持的“中国社会状况综合调查”数据显示，自 2006 年迄今历次调查中“医疗费用高难以承受”、“住房条件差，建（买）不起房”、“家人无业失业，工作不稳定”都是城乡家庭普遍面临的生活压力；与之相应，“看病难看病贵”、“住房价格过高”、“就业失业”成为公众最为关注的社会问题。这些民生问题的背后，凸显的是社会福利建设的任重道远。

在“中国社会服务体系现状调查”课题开展过程中，我多次参与了各级政府部门、学术研究专业人士关于社会福利与社会保障议题的会议和访谈。一方面被他们的政策见解所启发，一方面也感到当前国内的社会福利研究和社会保障政策制定的领域，过于侧重上层主导路向，而对公众需求似乎了解不足，公众本身也很少能参与到政策制定的过程中。在面向公众的访谈中，常感到他们或者对于福利权益所知甚少，或者是有强烈的“福利泛化”的意向。公众意见，或者说民意，在社会福利政策中的缺失，成为我的关注点。汇集公众对于社会福利政策的感受与需求，揭示其与政府官员、社会政策研究者等专业人士之间的异同，从而促动双向协商的政策建设，成为我后续研究的方向。

更加幸运的是，自2011年起我又参与了景天魁研究员主持的国家社会科学基金重大招标项目“普遍型社会福利体系的基础和设计研究”，“社会福利的民意研究”这一主题被纳入，我成为子课题的责任人。在后续的近3年里，在景天魁先生的指导下，我和课题组同仁先后设计了2套问卷，分别以专业人员［由财政局、发改委、教委、卫生局（当时卫计委还未成立）、社保局、民政局、住房建设局、政府政策研究室的官员以及地方党校、高校专家、企业人力资源主管组成］和普通公众（包含公务员、事业单位人员、企业职工、居民、农民以及农民工等群体）为调查对象，在福建省厦门市、江苏省苏州市、重庆市、云南省红河哈尼族彝族自治州（以下简称红河州）4地开展了实地调研，共完成了3000份的问卷访问和多例个案访谈。其中，厦门市和苏州市的调研工作由厦门大学高和荣教授承担，重庆市的实地调研由西南大学何健教授、重庆科技学院吕庆春教授主持，红河州的调查由云南师范大学毕天云教授负责。通过为期半年的实地调研工作，我们较为系统地了解了政府部门、专业人员和群众对养老、医疗、就业、义务教育、住房、“五保”低保、社会救助、社会服务等社会福利政策的意见、评价和建议。在此期间，特别要感谢北京石油化工学院赵春燕副教授，苏州大学陈洪霞教授、宋言奇教授，河海大学顾金土教授，安徽建筑工程学院黄家豪副教授，重庆市政府研究室梅哲研究员等多位同仁的鼎力相助，厦门大学公共事务学院和云南师范大学哲学与政法学院的部分博士生、硕士生为调研的资料整理、数据处理和文稿校订付出了辛勤的劳动。

本书作为“社会福利的民意研究”课题的研究报告，历经了2年左右的撰写和修改。在此期间，养老、医疗、就业三大社会保障制度从中央到地方都有了快速的完善，原来“碎片化”的社会福利体系逐渐走向整合，城乡分隔的“新农保”和“城居保”合为全国统一的“城乡居民基本养老保险”，机关和事业单位的退休金养老制度并入社会统筹与个人账户相结合的基本养老保险制度之中，公费医疗也即将退出历史舞台，全社会一体化的社会福利制度呼之欲出。作为一位初涉社会福利领域的研究者，我既感到欣慰，同时又体会到时不我待的紧迫。希望这本篇幅不长、尚显粗疏的研究著作，能为中国社会转型期的社会福利建设拓展一个细耕的研究领域。

李炜

2015 年 10 月 17 日

目录

第一章　导论：民意视角的社会福利研究 …… 1

一、社会福利政策视角：政府、专家与公众 …… 1
二、社会福利政策中公众角色及民意的双重性 …… 3
三、审慎思辨：从个人意见走向公众意见 …… 5
四、实地研究说明 …… 7

第二章　四地区社会福利体系建设的经验 …… 17

一、厦门市社会福利体系建设 …… 17
二、苏州市社会福利体系建设 …… 26
三、重庆市社会福利体系建设 …… 34
四、红河州社会福利体系建设 …… 46

第三章　养老保障制度的民意状况 …… 59

一、公众和专业人士认为的理想养老方式 …… 60
二、城居保与新农保制度的民意分析 …… 62
三、公务员、事业单位、企业职工养老保障制度的民意分析 …… 64
四、农民工、失地农民的养老保险的民意分析 …… 72
五、基础养老金统筹的民意分析 …… 75

第四章　医疗保障制度的民意分析 …… 85

一、新农合制度的民意分析 …… 86
二、城镇居民医保制度的民意分析 …… 92
三、城镇职工医保制度的民意分析 …… 94
四、失地农民适合的医保制度的民意分析 …… 99

五、新农合与城镇居民医保制度整合的民意分析 …………… 100
六、社会统筹与个人账户关系的民意分析 ……………………… 103

第五章　就业保障制度的民意分析 ……………………………… 109

一、对破除就业歧视的态度 ……………………………………… 110
二、对政府提供就业服务的期望 ………………………………… 112
三、对公务员缴纳失业保险金的意见 …………………………… 121
四、对就业信息服务网络系统建设的意见 ……………………… 124
五、对最低工资标准统筹层次的态度 …………………………… 125

第六章　教育保障制度的民意分析 ……………………………… 127

一、拓展义务教育范围的意愿 …………………………………… 128
二、教育资源均等化的意愿 ……………………………………… 131
三、对教育经费统筹层次的态度 ………………………………… 136
四、对外来务工人员子女义务教育的接纳的态度 ……………… 138

第七章　社会救助福利的民意分析 ……………………………… 145

一、对农村五保供养制度的统筹意愿 …………………………… 145
二、对城乡低保制度的统筹意愿 ………………………………… 148
三、对城乡医疗救助的统筹意愿 ………………………………… 155

第八章　社会服务体系需求的民意分析 ………………………… 163

一、对养老社会服务的需求 ……………………………………… 164
二、儿童社会服务的需求 ………………………………………… 167
三、妇女社会服务的需求 ………………………………………… 169
四、残疾人社会服务的需求 ……………………………………… 172
五、保障性住房的需求与意见 …………………………………… 174

第九章　总结 ……………………………………………………… 179

一、养老保障制度 ………………………………………………… 179
二、医疗保障制度 ………………………………………………… 181
三、就业保障制度 ………………………………………………… 183

四、教育保障制度 …………………………………………… 184
五、社会救助 ………………………………………………… 185
六、社会服务体系 …………………………………………… 186
七、回到主题：以协商民主达成善治 ……………………… 187

附录 1 …………………………………………………………… 191

附录 2 …………………………………………………………… 205

参考文献 ………………………………………………………… 217

第一章　导论：民意视角的社会福利研究

一、社会福利政策视角：政府、专家与公众

在现代社会的公共政策制定和施行的环节中，政府、专家和公众是三个重要的角色。政府作为公共政策的制定主体，充当凝聚社会公众“公意”，调节社会利益的角色；专家以其专业方面系统性的知识，为公共政策的制定提供专业化、科学化的支持、论证或启发；公众既作为“公意”的利益表达方，亦作为公共政策最广大的“受众”。依法理而言，在公共政策所包括的三类角色中，公众应该处于最为基要的位置。这是因为在现代社会中，人民主权成为国家缔造的基本原理，公共政策的本质不过是政府权威部门对社会公众“公意”的执行。在公共政策的范畴之中，国家的社会福利政策更是直接指向为公民普遍提供旨在保证一定生活水平和尽可能提高生活质量的资金及服务，公众的核心地位更应毋庸置疑。然而长久以来，在中国社会福利政策的制定和运行中，公众视角却往往是被忽视的。

公众视角的缺位首先表现在一些社会福利政策的制定忽视了公众的基本权益，而过多地凸显了政府的管理权力。比如，为公民提供义务教育是政府公共服务的基本职能之一，但农民工子女却因为户籍、学籍等制度障碍难以在流入地享受相应的权益。为满足流动儿童教育需求的农民工子弟学校，却因为达不到教育部门设立的“办学条件”而屡遭关闭①。在某些

① 2011 年夏季，北京市有 30 余所农民工子弟学校被关停，涉及近 3 万学生。详见新华网 2011 年 8 月 16 日，http：//news.xinhuanet.com/edu/2011-08/16/c_121863295.htm。

地区，那些因学校关闭而辍学的农民工子弟，要“五证”齐全才可向公立学校申请入学。这种忽视公众权益，怠于履行为公众提供福利服务的职责，却以不符合政府法规为由，禁止民间自发的社会福利供给的现象，非止一端[①]。

公众视角缺位其次表现在一些社会福利政策在出台过程中缺乏对民意、公众心理和应对行为的深入了解，善意的政策举措可能适得其反。比如为抑制大城市的房价高企，2013 年 2 月国务院颁布了五项加强房地产市场调控的政策措施（被称为“新国五条”），各地也纷纷出台了实施细则。其中一项措施是出售自有住房征收 20%的交易税。这一措施的本意是抑制房产投机，增大“炒房”的难度，缩减“炒房”的利润空间，但却没有考虑到，售房者大多出售的是非自住房产，而购房者往往是购第一套住房，双方在交易关系上不是对等的，后者的需求更为“刚性”。在这种状况下，售房者会把税收转嫁到购房者一方，后者实际上比政策出台前支付了更高的房价。由于没有深入广泛地了解民意，推演体察公众的心理，这一系列“楼市新政”还诱发了部分大城市的离婚热潮，公众以“政策性离婚”的方式，突破“限购”禁令，规避房产买卖的征税。[②]

公众视角缺位最后表现在社会福利政策在制定过程中为公众参与留下的空间和渠道十分不充分。“凡生活受到某项政策影响的人，就应该参与那些决策的过程”[③]，然而我们看到，在我国的社会福利政策的制定过程中，公众参与是相当不足的。据《中国青年报》2010 年 12 月对 1655 人进行的一项调查显示，96.9%的人认为，政府在制定公共政策时应征集民意；84.5%的人首选“存在走过场现象”，然后是“有的征集缺乏对公众的及时反馈”（70.3%），“民意征集与政策制定脱节”排在第三位（69.8%）。63.7%的人认为部分民意征集“随意性大，缺乏统计和分析”。[④] 目前，我国重大公共政策的制定过程中，专家学者的意见往往会占据主导地位，他们的主要任务是以其在某个领域内的突出的专业知识来弥补决策者在专业上的不足。但长此以往，专家意见会覆盖民意，普通公众难以置喙。凌驾于

---

① 河南兰考妇女袁厉害 20 多年收养上百名弃婴，地方政府不能承担抚养之责，却称之为“非法收养”，便是一例。详见财经网，http://politics.caijing.com.cn/2013-01-05/112409015.html。

②《“假离婚”，苛政所逼，并非背德》，http://view.163.com/special/reviews/fakingdivorce0322.html。

③ 科恩：《论民主》，商务印书馆 1988 年版。

④ http://zqb.cyol.com/content/2010-12/29/content_3471641.htm.

民意之上的专家"科学"决断，易演变为"内行专制"，而使民意和民智的汇集难以体现。

上述社会公共政策中公众视角遭受忽视的种种现象，究其深层原因，乃是"民主政治"与"行政官僚"两种理念的冲突。[①]在民主政治理念下，权威最终掌握在公众手中，政府必须向人民负责；权威是分散式的，因此决策的过程也是开放的、由下而上的参与。但在行政官僚制度下，强调对上级主管的负责，信息保密、遵守命令与法规；维护部门利益，并采用集权和控制的方式制定政策。

公众在社会公共政策制定和运行过程中核心地位的获得，必要且唯一的方式是：遵循民意。

二、社会福利政策中公众角色及民意的双重性

来源于西方社会的民意（Public Opinion）一词，在近代以来民主政治的诸多理念中具有极为重要的地位。它和"天赋人权"、"生而平等"、"社会契约"、"人民主权"、"权力制衡"等民主政治观念密切关联，有强烈的启蒙主义和理性主义色彩。中国数千年的政治文化中并没有"民意"的位置，其对译的结果是"舆论"一词。因此，Public Opinion 一词在中文语境中既可称作"民意"，又可称为"舆论"。

根据中国台湾学者魏宏晋的研究，民意产生的条件有三大要素：非官方的人民、公开讨论的空间和场域以及公共事务议题。[②]换言之，民意是姓"公"的，其中的"Public"既指"公众"，又指"公开讨论"，还指"公共事务"。民意的核心问题是"非政府的意见如何转变为公共的意见"。如此一来，民意就成为了"公意"，其表达方式类似于民主体制下票决的"多数原则"，以对公共议题表达赞同或反对的比例多寡为公众利益的向背。这样，"民意"在民主政治和公共政策的范畴中自然成为公共利益的载体。

① 全钟燮：《公共行政：设计与问题解决》，台湾五南图书出版公司 2001 年版。

② 魏宏晋：《民意与舆论：解构与反思》，台湾商务印书馆 2008 年版。

然而在现实的政治和政策过程中，民意的“公共性”却是不甚可靠的。

首先，所谓的“公众”在现实中大多情况下是多元的“分众”。有些是善于提出公共议题的公众（Issue Public），有些是对公共议题高度关注的公众（Attentive Public ），有些则是被动接受议题的普通公众（General Public），还有的是对公共事务毫无兴致的公众（Uninterested Public）。一项公共议题在多大程度和规模上获得了公众的回应就算“征得民意”，在民意研究领域还未有成论。

其次，面对一项公共议题，公众的角色也是多样的，由于利益关联的程度不同差异，不同的“利益关系人”因其价值观、利益、立场等不同而有着不同的感受与看法，对于议题的共识达成也是艰难的。比如向持有房产者征税，对于有房户而言是利益损失，故此很可能反对；对于无房者而言，可能会倾向赞成。在每一个利益群体都优先考虑自身利益的情况下，“公共”的利益又如何平衡起来？

再次，讨论的“公开”范围和程度也是不平等的。由于教育程度、媒介接触程度等多方面的差异，不是所有的公众都有同样的时间、精力和能力卷入公共议题的公开讨论中，最终的民意结果是否会偏向于一小部分拥有话语权的“小众”者？

最后，甚至连民意的多数原则也未必放之四海而皆准，大多数人赞同或反对的事项，未必合理。最极端的例子便是第二次世界大战时纳粹德国消灭犹太人的政策，由于政府通过宣传洗脑将犹太民族描绘成贪婪的经济动物与日耳曼民族的敌人，使得整个德国充满了仇视犹太人的气氛，当时的多数民众不但不以为清洗犹太人的政策是错误的，反而理直气壮地认为是正义的行为。

如此说来，在公共政策领域中，作为民意主体的公众本身就具有双重性。具体体现在个体理性与集体理性之间、短期利益与长远利益之间的张力。当面临自身没有特殊利益的公共议题时，公众会尽量以“大多数人的利益就是我的利益”的“集体理性”思维发表意见；当面临自己特殊利益时，又会突出“我的利益高于一切”的“个体理性”。当长远利益和短期利益冲突的时候，公众也多会考虑现实短期利益的实现，而使得长远利益不能保障。比如，明知道过度砍伐森林、开发矿山、排放污水等会留下长久的环境生态破坏，损害公众的长久利益，但更关注短期利益者却难以自我制约。

个体理性与集体理性，短期利益与长远利益的抵牾也必然造成民意的双重性。

三、审慎思辨：从个人意见走向公众意见

民主政治要兼筹并顾两大重要价值：平等参与（Equal Participation）和审慎思辨（Deliberation）。前者是指人人有权参政，有表达意见和参与决策的机会；后者是指参与决策者能对于不同政策选项的正反面意见与利弊得失，有认真思考和相互讨论的机会，以期政策抉择是深思熟虑的理性产物。[①]此二者的平衡，恰恰是民意与社会公共政策的核心关系所在。如上所述，在民主体制下，作为利益表达的民意在社会政策制定过程中具有正当性和基础性，但同样存在容易偏向个体理性和短期利益的局限。作为协调社会群体利益的公共决策则要求具有平衡性、慎思性和规则性。如何将个人意见汇聚成公共意见，并作为公共政策的制定依据，确实成为公共选择领域的难题。

20 世纪 70 年代以来，源自西方世界“协商民主”的政治理论和实践，为破解民意与公共政策之关系的难题提供了启示。所谓“协商民主”（Deliberative Democracy）[②]，“简单地说，就是公民通过自由而平等的对话、讨论、审议等方式，参与公共决策和政治生活”。正如俞可平所言，“协商民主是建立在发达的代议民主和多数民主之上的，它是对西方的代议民主、多数民主和远程民主的一种完善及超越”，“公民与官员之间就共同相关的政治问题进行直接面对面的对话与讨论，是政治民主最基本的要素之一……政府与公民的协商，既是达到民主决策的必要环节，同时这种协商本身也是一种民主的实践。它既是公民政治参与的现实形式，也是公民培

---

① 余致力：《民意与公共政策——理论探讨与实证研究》，五南图书出版股份有限公司 2002 年版。

② Deliberative Democracy 一词在中国香港、台湾地区被译作“深思熟虑的民主”、“审慎明辨的民主”；在大陆多被译“协商式民主”。笔者倾向于中国香港、台湾学者的译法，因为 Deliberative 在英文中本是“共同审议的”、“审慎的”含义，强调通过参与者的集体讨论，达成成熟、理性的共识。在此考虑到中国香港、台湾学界的习惯，笔者暂用中国大陆的“协商式民主”的译法。

育民主精神的重要渠道”。①

协商民主的政治实践在民意研究领域产生了“协商式民意调查”的研究范式。协商式民意调查的思想来源于美国斯坦福大学教授詹姆斯·费什金（James S. Fishkin），他从雅典人利用抽签选择法官及立法者的方式得到启发。从现代意义而言，他认为我们可以采取随机抽样的方式，选取一些民众，这些民众将是一个社会的缩影。更进一步，要让这些民众聚集在一地，面对面地互相讨论，如此可以提供民众成为一个理想公民的机会与动机，因为他们的意见不再只是几千万人之中微弱的声音，而是在小组一二十人中被听得到的意见，借此可以暂时减轻理性无知的程度。协商式民意调查与传统民意调查的根本不同在于其目的并不只是预测民意，更多的是实践民主政治的过程，这个过程提供了思辨的场所，尝试了解在资讯充分以及公众能够审慎思考和相互辩难的理想状况下所呈现的民意。

从实践层面看，协商式民意调查一般首先随机抽取一个样本（可以是全国，也可以是地方），针对某个政策议题进行问卷调查，并征询受访者参加审议会议的意愿。其次在邀集受访者参加的审议会议中，参与的公民和其他公民进行讨论，向来自不同立场的专家提问，并阅读相关的信息，以了解公共议题不同的行动方案或政策选项的优劣得失。最后对审议会议的参与者进行后测的问卷调查，比较参加会议前后参与者对政策议题的态度和知识是否发生变迁。所有讨论的过程由公共媒体播出，从而影响公共政策的决策过程，提高政治任务参与讨论的动机，并展现与传统民调有别的来自民众的声音。②

通过对协商式民意调查的了解，可以看到，这一实践方式有以下几个特点：第一，和以往的民意调查不同，协商式民意调查的信息提供者，是针对某项公共议题各类利益关系人的共同集合，而不是一个一般人口学意义上的“代表性样本”。第二，协商式民意调查的主持者同时也是公共政策沟通的推动者，通过议题设置、调查开展、组织协调各方讨论、通过媒体传达意见等诸多方式促成公众对于公共议题的共识达成。这和以往主流

① 俞可平《作为公共协商的民主：新的视角》一书的“总序”。毛里西奥·帕瑟林·登特里维斯：《作为公共协商的民主：新的视角》，中央编译出版社 2009 年版。

② 有关协商式民主的介绍，参见 Fishkin，J.S. *Democracy and Deliberation: New Directions for Democratic Reforms*，New Haven，CT：Yale University Press，1991； Fishkin，J.S. *The Voice of the People: Public Opinion and Democracy*，New Haven，CT：Yale University Press，1995.

的“科学主义”范式强调观察者的客观、独立截然不同。第三，协商式民意调查的研究方法绝不限于传统的定量调查方法，而是把问卷调查、座谈、观察、行动研究等系列方法整合起来。第四，协商式民意调查往往适用于范围不大的、有可能实现面对面沟通的社区或区域中。

由于社会福利的议题涉及诸多利益主体，各参与方都有自己的利益诉求，因此，采取政府视角、专家视角、民众视角相结合的研究方法为国内的社会福利政策建设拓展了一个新的细耕领域。本书即是通过全国 4 个地（市）实地调查研究，描述、分析和比较专家—精英人士和相关公众对社会福利诸项制度的意见及评价，以探查在社会福利政策领域，民意互动的公共理性达成的途径。

四、实地研究说明

2011 年 5 月在中国社会科学院社会学所景天魁教授的带领下，社会学所和厦门大学、云南师范大学等高校的部分学者组成课题组，开展社会福利政策的民意基础研究。我们借鉴协商式民主和协商式民意调查的理念，2012 年的 1~6 月，课题组选取了国内 4 个典型地区进行实地问卷调查和深度访谈。这 4 个地区分别为福建省厦门市、江苏省苏州市、重庆市和云南省红河哈尼族彝族自治州。

之所以选择上述 4 个地区作为实地调研的地点，主要是考虑到它们的人口规模、经济发展水平、城市化率、社会福利的财政投入以及社会保障事业的现状方面各有典型意义。

下面先简要介绍调研地区的基本情况。

（一）实地调研地区的概况

1.厦门市

厦门市是中国最早实行对外开放的经济特区之一，也是国家综合配套改革试验区之一，是风景秀丽的宜居城市。2011 年末常住人口 361 万人，地区生产总值 2539 亿元，按常住人口计算的人均 GDP 为 70832 元，常住人口的城镇化率高达80.7%。2011年厦门市级财政在教育、医疗卫生、社会保障和就业、住房保障等社会福利方面的支出111.4亿元，占财政总支出的28.6%，属于经济发展水平高、城镇化率高、社会福利财政支出占比高的“三高”典型，也具有东部沿海城市的代表性。

2. 苏州市

苏州市是我国著名的历史文化城市，又是新型的高新技术开发、出口加工、电子信息产业密集的园区基地。2011年末常住人口1051.9万人，地区生产总值10717亿元，按常住人口计算的人均GDP为101885元，城镇化率达到71.3%。2011年地方财政用于社会保障与就业、教育、医疗卫生等方面的财政支出281.95亿元，占年度财政支出的21.9%。属于经济发展水平高、城镇化率高、社会福利财政支出占比高的“三高”典型，但在社会福利的制度整合上略逊于厦门市。

3. 重庆市

重庆市是我国的四个直辖市之一，地处较为发达的东部地区和资源丰富的西部地区的接合部，是国务院批准的“全国统筹城乡综合配套改革试验区”，集大城市、大农村、大库区、大山区和民族地区于一体，具有“大城市大农村”的特点，代表我国城乡结构的一种特殊类型。截至2011年底，全市共辖19个区、19个县，常住人口2919万人。全市GDP总量10011.1亿元，常住人口人均GDP 34500元，城镇化率为55.02%。2011年地方财政用于社会保障与就业、教育、医疗卫生等方面的财政支出799.9亿元，占年度财政支出的20.2%。

4. 云南省红河哈尼族彝族自治州

红河哈尼族彝族自治州（以下简称红河州）是云南省的8个民族自治州之一，接壤越南，集边疆、山区、民族、贫困为一体。2008年初被云南省委、省政府确定为“推进经济社会和城乡综合改革试点地区”。红河州具有“小城大农”的特征，代表我国城乡发展结构中的一种特殊类型。红河州下辖13个市、县（3市10县），截至2011年底，常住人口453.5万人，常住人口城镇化率仅有37.2%。全州GDP总量为780.6亿元，常住人口人均GDP仅为5808.8元，分别相当于苏州市、厦门市、重庆市的1/18、1/12和1/6。但红河州在社会福利事业上的投入占比不低，2011年地方财政用于社会保障与就业、教育、医疗卫生等方面的财政支出92.1亿元，占年度财政支出的43.2%。

表 1–1　2011 年末四个调查地（市）人口规模、经济发展水平、城镇化率及社会福利支出情况比较

	厦门市	苏州市	重庆市	红河州
常住人口（万人）	361	1051.9	2919	453.5
地区国民总产值（亿元）	2539	10717	10011.1	780.6
人均 GDP（元/人）	70832	101885	34500	5808.8
城镇化率（%）	80.7	71.3	55.02	37.2
社会福利支出（亿元）	111.4	281.9	799.9	92.1
社会福利支出占公共财政比例（%）	28.6	21.9	20.2	43.2

（二）实地调研的设计

本研究采取典型抽样方法选取苏州市、厦门市、重庆市、红河州 4 地（市），在每一调查区域，面向两类人员开展针对性的调查。其一是专家—精英人士，主要是来自地方发展规划和财政部门（发改委、财政局）、社会福利政策制定部门（卫生局、人力资源和社会保障局、民政局、住房建设局）的政府管理者，以及来自地方党校、行政学院、党委政府政策研究室等机构的公共政策专家。每个地区选取了 250 名，共 1000 人。其一是普通公众，主要包括基层公务员、事业单位人员、企业职工、居民、农民以及农民工等群体，每地区抽取 500 人，合计发放问卷 2000 份。两类人士的问卷访问共计 3000 份①。实地调研的目的是全面了解政府部门、干部和群众对当前社会福利制度及施行情况的意见和建议，并在此基础上分析专业人员和普通民众对建设普遍整合的基础养老金的意愿以及统筹层次与财政负担关系，各参保者对企业职工、城镇居民、新型农村合作医疗保险制度的整合态度与整合建议，失业保险金普遍覆盖的意愿与建议，就业服务及最低工资标准普遍整合的态度，拓展义务教育范围、教育资源均等化、教育经费统筹层次及外来务工人员子女义务教育均等化等方面的政策建议，各类被访者对农村“五保”、城乡最低生活保障以及城乡医疗救助等方面的整合态度与整合意愿。各地调查的具体情况如下：

① 两类问卷的内容参见本书附录 1 与附录 2。

1. 厦门市

厦门市的调查采取分层非概率抽样方法，首先将调查对象分为两类，第一类调查对象主要是分布在政府部门从事社会福利政策研究、制定与实施的人员，高等学校从事社会福利教学研究的教师，企业人力资源部门经理等。具体包括政府的教委及教科所、发改委、财政、医疗卫生、人力资源和社会保障、民政、普通高校、党校或行政学院、党委政府政策研究、住房建设或房产管理、乡镇政府或街道办事处以及企业人力资源 12 个部门。第二类调查对象主要包括公务员及参公人员、事业单位人员、城镇企业职工、城镇居民、农村居民以及农民工或外来务工人员六类对象。其中，第一类调查样本数为 250 个，样本分布在厦门市所属的思明、湖里、集美、同安 4 个行政区，海沧和翔安没有涉及。原因在于厦门市绝大多数社会福利政策均由市委市政府组织实施，这类调查对象主要集中在岛内的思明和湖里两个区域，而乡镇街道办事处则集中在岛外，我们因而选择了集美和同安这两个区。第二类调查样本数 500 个，基本均匀分布在岛内外各个区域，其中岛外样本数占第二类样本数的 50.1%。样本基本情况如表 1–2 和表 1–3 所示。

表 1–2　厦门市公众卷样本基本情况描述统计

变量及取值		人数（人）	百分比（%）	有效百分比（%）
性别	男	240	48.0	48.4
	女	256	51.2	51.6
	缺失	4	0.8	
年龄	20 岁及以下	2	0.4	0.4
	21~30 岁	122	24.4	24.6
	31~40 岁	161	32.3	32.5
	41~50 岁	135	27.0	27.2
	51~60 岁	41	8.2	8.3
	61 岁及以上	35	7.0	7.1
	缺失	4	0.8	
户口	非农户口	315	63.0	63.8
	农业户口	179	35.8	36.2
	缺失	6	1.2	

续表

变量及取值		人数（人）	百分比（%）	有效百分比（%）
文化	小学及以下	30	6.0	6.0
	初中	125	25.0	25.1
	高中/职高/中技/中专	144	28.8	28.9
	大学专科	96	19.2	19.2
	大学本科	89	17.8	17.8
	研究生	15	3.0	3.0
	缺失	1	0.2	

表 1–3　厦门市专业人员卷样本基本情况描述统计

变量及取值		人数（人）	百分比（%）	有效百分比（%）
性别	男	114	45.6	45.8
	女	135	54.0	54.2
	缺失	1	0.4	
年龄	20 岁及以下	0	0	0
	21~30 岁	61	24.4	24.9
	31~40 岁	100	40.0	40.8
	41~50 岁	66	26.4	26.9
	51~60 岁	17	6.8	6.9
	61 岁及以上	1	0.4	0.4
	缺失	5	2.0	
文化程度	小学及以下	30	6.0	6.0
	初中	125	25.0	25.1
	高中/职高/中技/中专	144	28.8	28.9
	大学专科	96	19.2	19.2
	大学本科	89	17.8	17.8
	研究生	15	3.0	3.0
	缺失	1	0.2	
职称	初级	36	14.4	14.6
	中级	91	36.4	36.8
	高级	46	18.4	18.6
	没有职称	74	29.6	30.0
	缺失	3	1.2	

2. 苏州市

苏州市调查访问对象的抽取与厦门大致相同，包括政府机关人员、事业单位人员、普通城镇居民等。课题组成员分别采用问卷、访谈、实地考察、查阅资料等方式进行调研，回收“专业人员问卷”250份，“民众问卷”500份。

被访者的基本信息，如表1-4和表1-5所示。250份“专业人员问卷”中，女性占52.8%，30~39岁的为39.3%，中青年占大多数。本科学历占59.2%，专科为18%，研究生为14.8%，高中以下占8%。专业人员的工作单位分布较多的为企业人力资源部门与乡镇政府（包括街道办事处）各占总数的20%，其次是医疗卫生与人力资源和社会保障部门，各占总数的12%。500份“民众问卷”中，调查对象有公务人员、事业单位人员、城镇职工、城镇居民、农村居民、农民工等，其中有49.6%的女性，文化程度中最多的是高中层次，占33.3%，其次是初中与本科，分别占22.9%和18.9%。非农户口占68%。

表1-4　苏州市民众卷样本基本信息

人口学特征		人数（人）	百分比（%）	有效百分比（%）
性别	男	250	50.0	50.4
	女	246	49.2	49.6
	缺失	4	0.8	
年龄	30岁及以下	96	19.2	19.4
	30~39岁	112	22.4	22.6
	40~49岁	115	23.0	23.2
	50~59岁	85	17.0	17.1
	60岁及以上	88	17.6	17.7
	缺失	4	0.8	
文化程度	小学及以下	37	7.4	7.4
	初中	114	22.8	22.9
	高中/职高/中技/中专	166	33.2	33.3
	大学专科	74	14.8	14.9
	大学本科	94	18.8	18.9
	研究生	13	2.6	2.6
	缺失	2	0.4	

续表

人口学特征		人数（人）	百分比（%）	有效百分比（%）
户口	非农户口（含城镇和居民户口）	331	66.2	68.0
	农业户口（含农村户口）	156	31.2	32.0
	缺失	13	2.6	

表 1–5　苏州市专业人员卷样本基本信息

人口学特征		人数（人）	百分比（%）	有效百分比（%）
性别	男	116	46.4	47.2
	女	130	52.0	52.8
	缺失	4	1.6	
年龄	30 岁以下	62	24.8	25.4
	30~39 岁	96	38.4	39.3
	40~49 岁	67	26.8	27.5
	50~59 岁	18	7.2	7.4
	60 岁及以上	1	0.4	0.4
	缺失	6	2.4	
文化程度	初中及初中以下	3	1.2	1.2
	高中/职高/中技/中专	17	6.8	6.8
	大学专科	45	18.0	18.0
	大学本科	148	59.2	59.2
	研究生	37	14.8	14.8
	缺失	0		

3. 重庆市

重庆市的调查在北碚区、南岸区、合川区和綦江区 4 个区开展，根据课题研究需要，调查对象分为两类：第一类调查对象为民众，调查样本 500 人，包括普通公务员及参公人员、事业单位人员、城镇企业职工、城镇居民、农村居民以及农民工 6 类，调查问卷为《民众调查问卷》。第二类调查对象为专业人员，调查样本 250 人，主要分布在政府部门从事社会福利政策研究、制定与执行的工作人员，高等学校从事社会福利教学研究的教师和企业人力资源部门管理人员。具体包括政府的教委及教科所部门、发改委部门、财政部门、医疗卫生部门、人力资源和社会保障部门、民政部门、党委政府政策研究部门、住房建设或房产管理部门、乡镇政府或街道办事处、企业人力资源部门、普通高校、党校和行政学院（校）12个部门。调查样本基本情况如表1-6、表1-7所示。

表1-6　重庆市民众卷样本基本情况

变量及取值		人数（人）	百分比（%）	有效百分比（%）	累计百分比（%）
性别	男	221	44.2	44.2	44.2
	女	279	55.8	55.8	100
年龄	20岁及以下	2	0.4	0.4	0.4
	21~30岁	68	13.6	13.6	14.0
	31~40岁	104	20.8	20.8	34.8
	41~50岁	159	31.8	31.8	66.6
	51~60岁	101	20.2	20.2	86.8
	61岁及以上	66	13.2	13.2	100.0
户口	非农户口	289	57.8	57.8	57.8
	农业户口	211	42.2	42.2	100.0
文化程度	小学及以下	109	21.8	21.8	21.8
	初中	163	32.6	32.6	54.4
	高中/职高/中技/中专	110	22.0	22.0	76.4
	大学专科	65	13.0	13.0	89.4
	大学本科	35	7.0	7.0	96.4
	研究生	18	3.6	3.6	100.0

表1-7　重庆市专业人员卷样本基本情况

变量及取值		人数（人）	百分比（%）	有效百分比（%）	累计百分比（%）
性别	男	125	50.0	50.0	50.0
	女	125	50.0	50.0	100.0
年龄	20岁及以下	1	0.4	0.4	0.4
	21~30岁	104	41.6	41.6	42.0
	31~40岁	93	37.2	37.2	79.2
	41~50岁	37	14.8	14.8	94.0
	51~60岁	15	6.0	6.0	100.0
	初中	2	8	8	8
	高中/职高/中技/中专	32	12.7	12.8	13.6
	大学专科	64	25.5	25.6	39.2
	大学本科	133	53.0	53.2	92.4
	研究生	19	7.6	7.6	100.0

续表

变量及取值		人数（人）	百分比（%）	有效百分比（%）	累计百分比（%）
职称	初级	48	19.1	19.2	19.2
	中级	88	35.1	35.2	54.4
	高级	19	7.6	7.6	62.0
	没有职称	95	37.8	38.0	100.0

4. 红河州

红河州的调查在其下辖的蒙自市、开远市和建水县 3 个县（市）开展。根据课题研究需要，调查对象分为两类：第一类调查对象为民众，调查样本 500 人，包括普通公务员及参公人员、事业单位人员、城镇企业职工、城镇居民、农村居民以及农民工 6 类，调查问卷为《民众调查问卷》。第二类调查对象为专业人员，调查样本 250 人，主要分布在政府部门从事社会福利政策研究、制定与执行的工作人员，高等学校从事社会福利教学研究的教师和企业人力资源部门管理人员，具体包括政府的教委及教科所部门、发改委部门、财政部门、医疗卫生部门、人力资源和社会保障部门、民政部门、党委政府政策研究部门、住房建设或房产管理部门、乡镇政府或街道办事处、企业人力资源部门、普通高校、党校和行政学院（校）12 个部门。调查样本基本情况如表 1–8、表 1–9 所示。

表 1–8　红河州民众卷样本基本信息

变量及取值		人数（人）	百分比（%）	有效百分比（%）	累计百分比（%）
性别	男	233	46.6	46.6	46.6
	女	267	53.4	53.4	100.0
年龄	20 岁及以下	20	4.0	4.0	4.0
	21~30 岁	101	20.2	20.2	24.2
	31~40 岁	140	28.0	28.0	52.2
	41~50 岁	140	28.0	28.0	80.2
	51~60 岁	63	12.6	12.6	92.8
	61 岁及以上	36	7.2	7.2	100.0
户口	非农户口	293	58.6	58.6	58.6
	农业户口	207	41.4	41.4	100.0
文化程度	小学及以下	108	21.6	21.6	21.6
	初中	159	31.8	31.8	53.4
	高中/职高/中技/中专	90	18.0	18.0	71.4

续表

变量及取值		人数（人）	百分比（%）	有效百分比（%）	累计百分比（%）
文化程度	大学专科	61	12.2	12.2	83.6
	大学本科	80	16.0	16.0	99.6
	研究生	2	0.4	0.4	100.0

表 1–9　红河州专业人员卷样本基本信息

变量及取值		人数（人）	百分比（%）	有效百分比（%）	累计百分比（%）
性别	男	120	48.0	48.0	48.0
	女	130	52.0	52.0	100.0
年龄	20 岁及以下	2	0.8	0.8	0.8
	21~30 岁	50	20.0	20.0	20.8
	31~40 岁	117	46.8	46.8	67.6
	41~50 岁	67	26.8	26.8	94.4
	51~60 岁	12	4.8	4.8	99.2
	61 岁及以上	2	0.8	0.8	100.0
文化程度	初中	2	0.8	0.8	0.8
	高中/职高/中技/中专	29	11.6	11.6	12.4
	大学专科	81	32.4	32.4	44.8
	大学本科	125	50.0	50.0	94.8
	研究生	13	5.2	5.2	100.0
职称	初级	44	17.6	17.6	17.6
	中级	69	27.6	27.6	45.2
	高级	29	11.6	11.6	56.8
	无职称	108	43.2	43.2	100.0

第二章　四地区社会福利体系建设的经验

研究不同地区精英人士和普通公众对于社会福利体系及政策的意见和建议，首先要了解当地社会福利体系建设的现状及历程。2012 年 1~6 月，课题调研组成员三次赴厦门市、苏州市、重庆市和红河州四地开展实地调研，通过文献资料的收集，以及与地方相关部门和专家学者、普通公众的访谈，了解了当地经济与社会事业的发展状况、社会福利体系建设的重要举措与特点，而后在此基础上开展不同人群的问卷调查。

一、厦门市社会福利体系建设

厦门市是中国最早实行对外开放的经济特区之一，也是国家综合配套改革试验区之一，它由思明、湖里、集美、海沧、同安及翔安 6 个行政区组成。经过 30 多年的建设，厦门市在经济增长的同时日益关注民生事业的发展，社会福利建设取得了较好成绩，各项社会福利制度实现了普遍覆盖。

（一）厦门市经济和社会事业的发展

近年来，厦门市高度重视经济社会的协调发展，注重经济发展的质量与效率，着力提升经济发展品质，地区生产总值、财政总收入取得了快速增长。同时，政府着力改善人居环境，全力打造宜居城市，加快“创新厦门、宜居厦门、平安厦门、文明厦门以及幸福厦门”的建设，2011 年荣获“世界最宜商宜居城市”第二名，2010 年“城市可持续发展指数”全国第一。这充分展示了厦门经济社会的建设成就。

1. 厦门市经济发展情况

近年来，厦门市加快转变经济增长方式，加快岛内外一体化建设步伐，不断拓展城市发展空间，持续推进产业优化升级，全市经济社会保持快速发展势头，岛内外一体化、厦漳泉同城化的建设，国家综合改革配套试验区的稳步推进，使得全市 GDP 增长速度连续两年均超过 15%以上。如表 2-1 所示。

表 2-1 经济发展关键指标情况[①]

单位：亿元

项目 / 年份	GDP	财政收入	财政支出	城镇居民人均纯收入（元）
2007	1387.85	348.44	196.00	21503
2008	1560.02	410.14	238.04	23948
2009	1737.23	451.38	268.15	26131
2010	2053.74	526.02	306.88	29253
2011	2535.80	651.61	389.58	33565

2012 年上半年 GDP 比 2011 年同期增长 11.4%；全市财政支出中用于社会保障和就业的支出连续五年增长幅度在 10%~16%浮动[②]；城乡居民人均收入连年增长，2011 年城镇居民人均可支配收入比 2011 年增长 14.7%，农民纯收入比 2011 年增长 18.9%，城乡居民收入比例由 2010 年的 2.92：1 缩小到 2011 年的 2.81：1，体现出统筹城乡发展战略的实施成效，如图 2-1 所示。

2. 厦门市社会福利事业的发展

5 年来，厦门市在就业、社会保障、医疗卫生以及社会服务等领域取得了很大进展（见表 2-2、表 2-3、表 2-4）。基本养老、基本医疗、工伤、失业和生育等社会保险参保人数大幅增加，参保率连年提高，统筹城乡的社会保险体系逐步建立，加快推进医疗重组，实行社区首诊制度。就业保障政策取得成效，就业促进工作开展顺利，城镇登记失业率呈下降态势（见表 2-2）。此外，自 2012 年 8 月 1 日起，厦门市企业最低工资标准

① 《厦门市统计年鉴（2007~2011）》。

② 因统计口径不同，社会保障和就业支出占财政支出比重有所不同，官方数据是 12%，这里仅给出增长幅度。

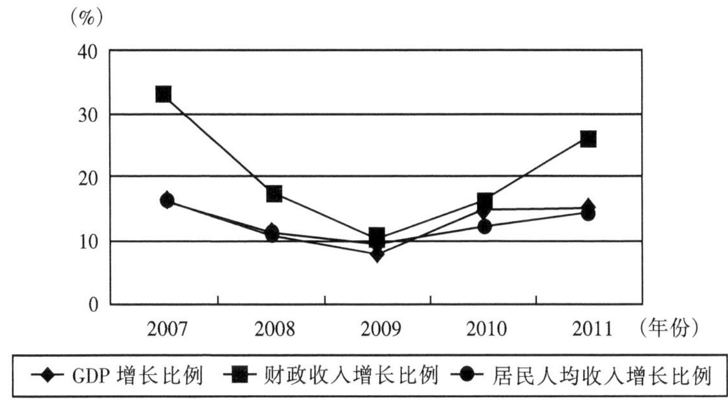

图 2-1　2007~2011 年厦门市三项经济指标增长比例①

及非全日制用工小时最低工资分别为每人每月 1200 元、每小时 12.7 元，这在一定程度上保障了低收入群体的基本收入，有利于改善低收入群体的生活水平。同时，统筹城乡义务教育、保障性住房供给以及特殊群体等福利项目也取得成效。

表 2-2　厦门市就业、失业关键数据统计②

年份	全市新增就业（万人）	城镇登记失业人数（万人）	城镇登记失业率（%）
2007	19.75	2.29	3.49
2008	20.97	2.92	4.14
2009	19.14	6.66	4.01
2010	19.12	2.65	3.33
2011	18.21	—	3.19

表 2-3　厦门市社会保险参保人数统计③

单位：万人

年份	基本养老保险	基本医疗保险	工伤保险	失业保险	生育保险
2007	99.14	118.86	96.55	84.83	78.13
2008	115.8	122.5	95.52	100.98	92.94
2009	121.96	128.4	111.08	105.06	98.00
2010	158.61	234.69	121.80	125.60	115.40
2011	194.14	259.29	147.83	148.65	137.32

①②③《厦门市统计年鉴》，课题组整理而成。

表 2-4 厦门市社会保险基金收支情况统计①

年份	社会保险基金收入（亿元）	社会保险基金支出（亿元）	当期结余（亿元）
2007	55.36	—	—
2008	71.38	41.74	25.64
2009	76.11	47.97	28.14
2010	94.04	55.91	38.18
2011	129.78	69.75	60.03

（二）厦门市社会福利体系建设的重要举措

社会福利关系到民众的切身利益，因而社会福利体系的建设构成了民生建设的核心内容，成为和谐社会建设的重要组成部分。正因为如此，全国各地大力发展社会福利事业，着力完善社会福利体系，努力使发展的成果与人民共享。社会福利与民众生活息息相关，是衡量社会质量的重要方面。通过社会福利的供给提升民众的幸福感与满意度，进而增进社会和谐。围绕就业、养老、医疗、教育、住房等福利项目，厦门市加大公共财政的投入力度，着力完善社会福利制度，增进社会福利供给的公正性。

1. 实施统筹城乡的就业体系

就业是民生之本，也是福利之源。没有稳定的就业，缺乏可靠的收入来源，民众就无法真正感受到福利。为此，厦门市政府加大就业与再就业培训力度，培训农村富余劳动力 5048 人，免费对农民工进行岗前培训 10.25 万人，农村劳动力技能提升培训 2.1 万人，新增就业 18.21 万人，完成任务数的 101.17%，农村富余劳动力实现转移就业 2.07 万人，完成任务数的 138%。2011 年末，厦门市全社会劳动从业人数 228.66 万人，实有登记失业人数 2.66 万人，城镇登记失业率为 3.19%，两项失业率指标低于全国平均水平 4.1%。

一方面，非公企业已经成为厦门市的重要用工主体。2011 年末厦门市私营企业数为 8.76 万户，个体工商户 10.96 万户，三资企业 8583 户。2011 年末城镇从业人员 228.66 万人，其中私营企业和个体工商户从业人

①《厦门市统计年鉴》，课题组整理而成。

数达到 118.16 万人，占城镇从业人数的 51.7%。与 2010 年相比，非公企业从业人数增幅达 21.5 %。这表明，中小企业不仅成为厦门市经济增长的重要力量，而且也是城乡居民就业的主要途径。

另一方面，厦门市着力完善创业服务体系，以创业带动就业，创新高技能人才培养和评价机制，将个人小额创业贷款最高额度从 8 万元提高至 10 万元，增加邮政储蓄银行为小额贷款经办银行，受惠人群进一步扩大，开展“1+1 群”创业培训班，培训人员达 2257 人，以便鼓励创业带动就业。

当然，我们应该看到，厦门市企业职工劳动报酬偏低，劳动密集型企业员工每月非加班工资大多在 1200~2000 元，需要加班 80 小时以上才达到 2500~3300 元，比长三角、珠三角同类工种工人月收入普遍低 200~500 元，整个工资水平已经不再具备明显的竞争优势，由于超时加班员工的休闲时间减少，给员工的身心健康带来了危害。

2. 统筹城乡基本养老保险制度建设

“十七大”以来，厦门注重加快推进以增进民众福利为重点的民生建设，加大社会福利政策的制定力度，加快社会保险制度的普遍供给与普遍覆盖，2011 年，全市基本养老、工伤、失业和生育保险参保人数分别为 194.14 万人、147.83 万人、148.65 万人和 137.32 万人，全年各类社会保险基金征收 129.78 亿元，增长 37.9%。同时，围绕民众的养老问题政府累计出台 6 个政策性文件，涉及城乡居民基本养老保险试点、城乡居民养老金领取资格的认证以及残疾人养老保险金待遇的提前享受等方面，这为统筹城乡基本养老保险制度提供了政策支持。

一是对企业退休人员基本养老金持续调整。2010 年厦门市企业退休人员平均月养老金为 1814 元，2011 年上调企业职工养老金每人每月 182 元，2012 年政府再次普调企业退休人员基本养老金人均每月 270 元，使得厦门市企业退休人员平均养老金达到 2268 元，居全国第五位。基本养老金的提高有助于保障企业职工的基本生活水平，增进社会和谐发展。

二是妥善解决宗教教职人员社会保障问题。在基督教、天主教、伊斯兰教教职人员参加社会保险基础上，重点为佛教教职人员办理社会保险，将符合参保条件的 693 名佛教教职人员纳入社会保险范围中，参保人员占全部教职人员总数 721 名的 96%，努力做到应保尽保，符合条件的直接享受养老保险等相关待遇。

三是推进统筹城乡基本养老保险制度建设。在全国率先实现城乡居民医疗保险制度的统一，完善城乡居民养老保险与被征地人员养老保险的衔接，免除城镇计生对象中独生子女残疾、死亡或患有计生手术并发症的参保人员所应缴纳的最低标准养老金。2011 年 12 月末，城乡居民月人均养老金达到 200 元以上，其中，被征地人员月均领取养老金达到 740 元，有力地保障了这部分人员的基本生活水平。

四是做好养老保险关系的转移接续工作。继续做好养老保险关系转移接续工作，2011 年厦门市共转入 7354 人，养老保险金 1148.95 万元，转出 13283 人 8835.14 万元。[①]同时，出台《妥善解决企业职工基本养老保险有关问题的意见》，解决缴费年限不足 15 年的参保人员基本养老问题，将他们纳入 2012 年企业退休人员待遇调整范围之内，使他们可以更加公正地享受相关退休待遇，很好地推进了养老保险制度的普遍整合。

3. 完善城乡整合医疗保险制度

早在 1997 年，厦门市就将公费医疗和劳保医疗统一并轨为城镇职工基本医疗保险，当年参保人员达 17.8 万人。经过 15 年的努力，厦门市医疗保险覆盖面从小到大、从特定群体到全体民众，保障水平由低到高，基本实现了医疗保险制度的全面覆盖。例如，在参保对象上，最初仅仅面向机关、企事业单位的城镇职工，后来逐步拓展到外来从业人员、失业人员、灵活就业人员，在厦门市就业的台、港、澳人员，城镇居民、未成年人、农村居民以及高校大学生等，同时，将宗教界人员纳入其中，真正建立了覆盖全体居民的基本医疗保险体系。在医疗保险经办机构上，2008 年政府将新型农村合作医疗移交劳动保障部门统一管理和经办，并将其升级为农村居民医疗保险，由此使得厦门市基本医疗保险进入到统筹城乡、全民医保、全民覆盖的崭新发展阶段。2011 年末全市共有 259.29 万人参加基本医疗保险制度，在全国率先实现城乡居民医疗保险制度的统一。

另外，统一城乡居民基本医疗保险的筹资标准，将城镇居民、农村居民、未成年人和大学生筹资标准统一为每人每年 380 元。为此，政府提高城乡居民基本医疗保险待遇，参保的城乡居民住院医疗费统筹基金报销比例提高到 70%。为了利用好医保卡中的个人账户资金，自 2012 年 8 月 1

① 厦门市人力资源与社会保障局门户网站，http://www. xmhrss. Gov.cn。

日开始实施《厦门市医疗保险健康综合子账户管理试行办法》，从参保人员个人医疗账户实际结余资金中划出部分资金，用于本人及其父母、子女、配偶等医疗费用支出，这不仅有效地释放了个人账户的沉淀资金，提高了个人账户资金的使用效率，还可以实现家庭成员之间互助共济。

同时，积极推进卫生资源城乡均衡发展。自 2008 年开始，厦门市逐步推进“医疗重组计划”，由三级综合性医院直接举办社区医疗服务中心。课题组于 2011 年 11 月起相继到湖里第一社区卫生服务中心、滨海社区卫生服务中心进行调研，这两家社区卫生服务中心与三级医院整合后，社区医疗服务中心的收支均由挂靠医院负责，社区医疗服务中心成为三级医院的延续，可以弥补三级医院床位不足问题。这两家社区卫生服务中心的门诊量呈现出上升态势，民众对社区卫生服务中心的认同程度逐渐提升。

4. 加快其他社会保险制度的普遍覆盖

失业、工伤和生育保险关系到劳动者的劳动权益保护，是和谐劳动关系的重要保证。在失业保险方面，厦门市不仅出台了失业保险人员基本医疗保险缴费办法，免除失业人员领取失业保险金期间所应缴纳的职工基本医疗保险费，而且建立了失业保险金与物价水平动态调整机制，切实保障失业人员领取的失业保险金不因副食品价格上涨而实际购买力下降；在工伤保险方面，出台了财政核拨事业单位人员参加工伤保险规定，将财政核拨事业单位职工约 2 万人纳入工伤保险制度中，从而加快该制度的普遍覆盖；在生育保险方面，政府修订企业职工生育保险暂行办法，简化生育保险办事程序。全年累计发放生育保险待遇 2.97 万人次 19761.27 万元，其中农民工 1.48 万人次 9459.9 万元。

5. 推进义务教育资源的整合与均衡发展

义务教育的核心不在于是否全面覆盖，而在于能否更加公正地配置义务教育资源，推进义务教育均衡发展，这是整个教育发展的战略问题。一方面，厦门市统筹规划各区之间、学校之间义务教育的均衡发展，2011 年底，厦门市已经批准了五批义务教育标准化学校，从而实现了学校之间的均衡发展；另一方面，为了提升薄弱学校的教育教学质量，厦门市实行了普通学校挂靠名校、名校副校长或教务处长到普通学校担任校长等办法，名校教师到普通学校进行至少一学期的教学交流活动，从而提升普通学校的办学理念、教学管理水平与学生培养质量，通过资源整合使弱势学校由弱变强。同时，注重教育资源的均衡与公正发展，切实解决外来工等弱势群体的子女教育问题，要求各公办学校进一步吸纳农民工子女入学，并进行相应的财政补贴。

（三）厦门市社会福利体系建设的特点与经验

围绕社会福利体系的普遍整合建设，促进社会福利更加公正地发展，提升人民群众的福利水平与生活质量，促进厦门市经济社会的和谐发展，厦门市社会福利体系的建设形成了以下几个特点。

1. 加快社会保险制度的普遍整合，实现社会保险事业的协调发展

厦门市努力整合养老、失业和城镇居民最低生活保障三条保障线，政府将那些未参加社会保险而又停产多年的企业退休和下岗职工直接纳入城市居民最低生活保障范围，按规定享受最低生活保障待遇；对领取失业人员保险金期满，又有就业意愿但尚未找到就业岗位的失业人员，继续列为最低生活保障对象及时给予救助；对符合条件的城市困难居民也及时给予救助；对符合规定的下岗职工根据其意愿，可将其应享受的失业保险金一次性发放作为生产扶持资金，以促进下岗职工、失业人员再就业；对灵活就业人员的参保缴费政策做出具体规定，使保障待遇与经济发展紧密联系起来。

2. 推进社会福利政策法规的整合，为社会福利体系的完善提供保证

完善的法规体系可以降低交易成本。厦门市在不断完善社会福利体系建设中，加快建立统筹城乡的社会福利体系，相继出台了《厦门市城乡居民最低生活保障办法》、《厦门市农村社会养老保险暂行规定》、《厦门市企业职工基本养老金计发办法改革暂行办法》、《厦门市职工基本养老保险条例》、《厦门市失业保险条例》、《厦门市被征地人员基本养老保险暂行办法》、《厦门市事业单位职工基本养老保险试行办法》、《城镇居民医疗保险管理办法》、《未成年人医疗保险管理办法》等，有效保证了社会福利体系建设的普遍覆盖与公正建设。为了建设城乡一体化社会福利体系，厦门市颁布了《关于完善城乡一体化基本医疗保险制度建设的意见》、《关于提高城乡居民基本医疗保险待遇的通知》等，为城乡一体化基本医疗保险的形成提供了制度支撑。

3. 实现各种资源的有机整合，促进社会福利信息系统的健全

一方面，政府率先整合社会保险管理中心，集中统一管理各项社会保

险业务，实行基本养老、基本医疗、失业、工伤和生育“五险合一”的社会保险管理服务体系，这不仅促进了社会保险事业的统一协调发展，而且为参保单位和个人提供了极大的便利。另一方面，厦门市在全国较早地启动社会保障卡，完善社会保障卡信息管理系统，重新整合社会保险各项业务流程，将个人的就医购药、养老保险、职业技能培训、劳动合同签订等方面的事项整合在一张卡中，实现了相关信息资源的共享，不仅提高了政府相关部门的工作效率，而且也提升了参保群众的满意度。

（四）厦门市社会福利体系建设未来面临的主要问题

1. 城乡之间利益的平衡

社会福利体系的普遍整合建设，需要加快户籍制度改革，改革传统上与户籍捆绑的社会保障和社会福利制度，建立完善统一的城乡社会保障平台。但城乡社会保障制度衔接之后，原来差距较大的城乡待遇水平十分明显地表露出来，政府必须逐步地缩小这种差距，这实际上牵涉到一个现存利益格局调整的问题。如何在不降低原有城镇社会保障待遇的同时，加快提高农村社会保障的待遇水平，需要在各利益主体之间找到平衡点，建立各方都能认同的利益调整机制，使城乡社会保障制度得以平稳衔接。

2. 合理地划分各社会福利项目在财政支出中的合理关系与结构

从厦门市近几年实施的城乡居民养老保险和医疗保险制度看，参保者主要是农民和城镇无工作的居民，他们的缴费能力有限，保费来源主要依靠政府的财政补贴。按照厦门市现行规定，政府补贴许多是由市、区两级财政各按 50%分摊。这容易使得农村居民越多、财政收入越困难的区镇（比如岛外的区镇），需要补助的社会保障开支越大，最终可能导致当地财政无法承受，使农村居民因财政补贴不到位而被排斥在社会保障体系之外，从而阻碍全市城乡社会保障体系一体化的推进。因此，厦门市在城乡社会保障制度衔接中，应全面实现各项社会保障资金的市级统筹，进一步加大财政对社会保障（尤其是农村地区社会保障）的支持力度。对于目前政府补贴城乡居民参保定的费用由市、区两级财政各分担 50%的规定，建议改为：岛内区由市、区两级财政各分担 50%，岛外区则全部由市财政负担。

3. 鼓励社会力量参与社会福利体系建设

加强社会福利体系普遍整合的法律法规建设，尤其要鼓励社会力量投资于托儿服务、养老服务、康复服务、社区照顾等社会服务领域，使民众能够获得更加便捷、优质的社会服务。

二、苏州市社会福利体系建设

苏州市位于江苏省南部，现辖张家港、常熟、太仓、昆山、吴江 5 市以及吴中、相城、平江、沧浪、金阊、苏州工业园区和苏州高新区 7 区，是江苏省“城乡一体化发展综合配套改革试点区”，2010 年荣获全国首个“统筹城乡社会保障典型示范区”称号。

（一）苏州市经济与社会发展状况

2011 年末全市户籍总人口 642.3 万人，其中市区 245.2 万人，地区生产总值和地方一般预算收入分别为 10716.99 亿元和 1100.88 亿元，均位列全国第六位，规模以上工业总产值 28212.78 亿元，位列全国第 2 位。2011 年地方一般预算支出 996.8 亿元，比 2010 年增长 21.5%，用于民生方面的支出为 500.4 亿元，增长 23.4%，占全部支出的 50.2%；用于社会保障与就业、科技、教育、文化、医疗卫生和环境保护等方面的财政支出 372.7 亿元，比 2010 年增长 26.1%。下表汇总了苏州市近年来地区生产总值与财政收支情况，发现 2000~2011 年的 12 年间地区生产总值增长了 582%，人均生产总值增长了 501%，2011 年的一般预算收入和一般预算支出分别为 2000 年的 13.7 倍和 12.8 倍（见表 2–5），各项民生指数在全国城市中名列前茅（见表 2–6）。

表 2-5　苏州市近年地区生产总值与财政收支情况①

年份	地区生产总值（亿元）	人均生产总值（元）	一般预算收入（万元）	一般预算支出（万元）
2000	1540.68	26692	803864	781116
2001	1760.28	30384	1088083	1103617
2002	2080.37	35733	1237382	1363942
2003	2801.56	47693	1704977	1835976
2004	3450.00	57992	2195667	2331312
2005	4138.21	68618	3167841	3352789
2006	4900.63	80116	4002284	3861990
2007	5850.11	94318	5418177	4969424
2008	7078.09	112872	6689063	6223668
2009	7740.20	122565	7451800	6867778
2010	9228.91	145229	9005527	8256650
2011	10500.00	162760	11009000	9968000

表 2-6　苏州市部分社会福利指数全国排名②

	科学发展综合排名	民生指数	居民生活指数	就业与收入分配指数	公共服务指数	社会保障指数
1	深圳	深圳	广州	鄂尔多斯	深圳	珠海
2	北京	珠海	宁波	北京	厦门	厦门
3	上海	厦门	福州	深圳	珠海	宁波
4	广州	宁波	东莞	东营	北京	佛山
5	东营	北京	温州	大庆	东莞	深圳
6	苏州	广州	长沙	广州	宁波	克拉玛依
7	青岛	杭州	呼和浩特	昆明	广州	大连
8	无锡	大连	苏州	上海	上海	葫芦岛
9	天津	无锡	中山	苏州	佛山	杭州
10	杭州	上海	杭州	朔州	大连	本溪
11	—	佛山	—	—	—	—
12	—	苏州	—	—	—	—

① 《苏州市统计年鉴》。

② 根据中国社会科学院《2011 年城市蓝皮书》整理，不包括港澳台和拉萨市。

（二）苏州市社会福利体系建设的成就

1. 社会养老服务体系的日益完善

2011年底，苏州市60岁以上老年人达到137.3万人，占户籍人口总数的21.4%，预计到2020年全市老年人将达到180万人，老龄化比重将达26.4%。老年人口特别是高龄老年人口、空巢老人数持续增长。为此，2011年苏州市出台了加快发展“养老服务事业的若干补充意见”，提出“9064”的养老服务格局①，并由此推动民办养老机构的发展，规范民办养老机构管理，扶持、吸引更多社会力量参与养老服务事业。

自助式养老是苏州市主要的养老服务方式，包括“虚拟养老院”、“家庭养老院”、“日间照料中心”、“助餐点”等居家养老模式，实现居家养老服务网络化。根据老年人不同的需求开展日间照料、家政服务等多种形式服务，实现养老服务管理的网络化、虚拟化。市民政部门建立了市级信息管理平台，形成家庭养老服务市、区、街道三级服务管理网络。民政服务热线“12349”率先用于居家养老服务，建立老年应急呼叫系统。

截至2012年上半年，全市养老机构达到191家、养老床位总数达39672张、千名老人拥有床位28.87张、日间照料中心21家、助餐点39家。全市所有街道、镇全部建有居家养老服务中心，1900多个社区、村均建立居家养老服务站，覆盖率达到100%。同时，苏州市大力发展老年文体事业，建设各类老年大学（学校）1086所，参加老年学校学习的老年人达到16.5万人，占老年人口总数13%；各类老年文艺团体2252个，老年人体育协会1035个。老年文化体育活动的蓬勃开展，极大地丰富了老年人的精神文化生活，提高了老年人的生活质量。

2. 基本公共教育服务体系的普遍覆盖

苏州市政府历来重视教育事业的发展，1982年率先基本普及小学教育，1992年基本普及九年制义务教育、基本扫除青壮年文盲，1998年普及高中段教育，2004年普及高等教育，2007年基本实现教育现代化，

① “9064”即：全市老年人口中，90%享受由社会化服务提供的自助式养老（居家养老），6%享受由日间照料中心等服务组织提供的互助式养老（社区照料），4%享受由养老机构提供的集中式养老（机构养老）。

2010年出台了《中长期教育改革和发展规划纲要（2010~2020年）》，2011年发布了《教育事业发展“十二五”规划》，提出了“办好每一所学校、教好每一个学生、发展好每一位教师”的要求。苏州市近几年教育经费情况如表2-7所示。

表2-7 苏州市教育经费投入情况①

项目 年份	全市教育经费投入（亿元）	比上年增长（%）	市本级教育经费投入（亿元）	比上年增长（%）	全市小学生均公用经费（元）	市本级小学生均公用经费（元）	全市初中生均公用经费（元）	市本级初中生均公用经费（元）
2008	131	20			520	556	690	720
2009	140.81	10	15	9.80	588	576	754	740
2010	160	15	17.35	15.66	595	586	780	750
2011	195	15	19	11.22		645		825

在增加教育经费的同时，苏州市非常注重基础教育的均衡发展，推进城乡基础教育一体化建设，例如2010年出台的《关于加快实现城乡教育一体化、现代化的意见》，提出了教育管理“六个统一”，实现城乡学校“六个一样”②。制定了《苏州市城乡教育一体化示范区评估验收标准》，引导各地有序推进城乡教育一体化工程。

再如，苏州市着力推进义务教育均衡发展，持居住证的流动人口子女与常住户口学生平等接受义务教育，外来务工人员子女公办吸纳不低于70%，在免费实施义务教育基础上率先实施中小学免费健康体检和市区义务教育阶段学生凭教育E卡通免费乘坐公交。要求城乡教师交流比例每年不低于专任教师总数的15%，教师参加各级评先评优和职称评定时，必须具有一定年限的农村学校工作经历。

3. 社会救助体系网络的梯次覆盖

苏州市以全面建立城乡最低生活保障制度和城乡“五保”供养制度为

① 苏州市教育工作总结及工作思路（2008~2011年），“全市教育经费投入”及增长为工作总结中的政府初步统计数据。

② 中共苏州市委，苏州市人民政府：《关于加快实现城乡教育一体化现代化的意见》，http://www.nb.suzhou.gov.cn/newsview.asp? id=924。即市（区）政府实现对学前教育、义务教育、高中段教育统一管理体制、统一规划布局、统一办学标准、统一办学经费、统一教师配置、统一办学水平，以积极引导城乡学校实现校园环境一样美、教学设施一样全、公用经费一样多、教师素质一样好、管理水平一样高、学生个性一样得到弘扬。

基础，以医疗、教育、就业、住房、法律等专项救助为辅助，建立并实施低保标准自然增长机制、物价上涨动态补贴机制，社会救助体系日臻完善，实现梯次型广覆盖。

（1）居民最低生活保障标准实现城乡并轨，建立低保标准与居民收入直接挂钩的增长机制。苏州市分别于 1996 年和 1998 年建立城市、农村居民最低生活保障制度，2005 年，苏州工业园区在全省率先实现低保标准城乡并轨，2008 年的昆山市，2010 年的吴江市、吴中区、相城区、高新区先后实现低保标准城乡并轨。2011 年 7 月起，苏州市城乡最低生活保障标准统一提高到 500 元/月，这标志着苏州市城乡最低生活保障制度实现了并轨（见表 2-8）。实施并轨后，全市 6.93 万城镇、农村低保对象享受到了相同标准的最低生活保障待遇。

表 2-8　苏州市市区城乡最低生活保障标准

单位：元

项目 年份	城镇最低生活保障标准	农村最低生活保障标准	20 世纪 60 年代初精减退职老职工生活补助标准
2009	420	340	660
2010	450	400	690
2011	500	500	750
2012	570	570	855

资料来源：关于调整苏州市市区社会救助（补助）标准的通知。

（2）实行城乡统一标准的五保制度。苏州市把五保供养经费纳入当地财政预算，月总收入不高于当地五保生活供养标准者，也有权利申请五保。其中，生活供养标准按照当地城镇低保标准的 140%全额保障，本人如有收入实行差额保障。同时享受医疗救助政策，另外，子女减免就学费用。[①]

（3）积极探索其他困难群众的救助。一是对低保边缘家庭进行救助。家庭人均月收入在 2 倍低保标准内的 8 类大病重残患者可享受救助，生活上参照低保标准享受差额救助，同时享受医疗、教育等救助。二是重度残疾人救助。个人收入低于当地低保标准的所有重度残疾人，生活上参照低保标准享受差额救助。全市共有 1.9 万多重度残疾人享受重残救助。三是特殊残疾人救助。家庭人均月收入在 2 倍低保标准内的一户多残以及无业

① 苏州市人民政府办公室：《关于进一步做好城乡五保供养工作的通知》，2010 年 6 月 25 日。

3 级（4 级）精神（智力）残疾患者，均可享受当地低保标准 60%的生活救助。截至 2011 年，全市近 5000 人享受救助。四是年度专项医疗救助。家庭人均月收入在 2 倍低保标准内且全年自负医疗费用累计达到当地年度医疗救助标准的患者，可享受 60%的年度专项医疗救助。由原来按人、按病种救助拓展到按医疗费用多少实施救助。2011 年全市 2000 余人享受救助。五是开展临时救助。当家庭突发灾害和遇到困难时，均可向当地政府提出临时救助申请，通过临时救助缓解暂时出现的生活困难。2011 年，全市 6.9 万人得到临时救助。六是拓展物价补贴范围。低保户、五保户、低保边缘户、孤儿、重点优抚对象、特困职工、在领失业保险金人员和大龄失业困难人员等都能享受物价补贴。[①] 七是对于职业乞讨人员建立“特殊档案”，针对性地加强劝导，采取信息化手段查找流浪人员的身份信息，积极与“流出地”救助管理机构合作，与当地社区、学校建立联系，帮助其回归家庭、融入社会。

4. 城乡统筹的就业帮扶机制逐步健全

（1）城乡人力资源和就业服务体系逐渐完整。2009 年苏州市实施了《社会登记失业率统计工作试行意见》，把社会登记失业率统计范围扩大为本市户籍的城乡所有劳动力，为推进城乡统一的就业与社会保障制度提供了条件。另外，按照“城乡一体”原则制定出台了《充分就业社区（村）认定标准》，有效地整合了村居就业工作，最大限度地增进城乡劳动力的就业。

（2）重点人群的就业帮扶机制逐步健全。在高校毕业生就业方面，一方面，基层劳动保障服务机构对大学生事先调查摸底、事中订立“援助协议”、事后加强跟踪服务；另一方面，积极探索建立青年就业见习制度，健全完善高校毕业生“四级”就业信息网络[②]。2011 年，全市全年累计提供高校毕业生就业岗位 37.2 万个，其中苏州市户籍生源的应届高校毕业生就业率达 95.7%。

在被征地农民就业方面，政府鼓励用人单位录用被征地农民，建立被征地农民就业培训和失业登记制度，发放《就业登记证》，对其中的

---

① 《苏州形成广覆盖梯次型救助网络》，《城市商报》2012 年 6 月 15 日。

② “四级”就业信息网络，即市、县（区）、乡镇（街道）、村（社区）的“四级”高校毕业生就业工作网络。

“3545”人员发放《再就业优惠证》，并对被征地农民提供免费职业培训、创业培训等，同时不断提高征地补偿标准。

在就业困难人员就业方面，政府实施“确保城乡零就业和零转移贫困家庭实现1人以上比较稳定就业”的项目，统一就业困难群体的认定，扩大认定范围，建立了动态补贴的长效机制；配套出台了《苏州市社会保险补贴办法》、《灵活就业社会保险补贴》等，改定额补贴为全额补贴，将享受对象由原有“商服型企业”放宽至“各类用人单位”；积极开发城乡公益性岗位，妥善安置困难人员就业，确保城镇零就业家庭实行动态清零。

5. 统筹城乡的社会保障体系全面建设

苏州市在城乡区域统筹改革发展中，以实现社会保障城乡一体化发展为目标，形成了广覆盖、多层次、城乡贯通、转换衔接的运行机制，真正建立起以政府为主导、制度为主体、社会为主力的与经济社会发展相适应的社会保障体系。

（1）持续推进城乡社会养老保障制度一体化进程。通过加大财政补贴力度，推进劳动年龄段农保参保人员纳入城镇企业职工基本养老保险制度，有效实现城乡社会养老保障并轨。另外，各地建立了以纯农人员为参保主体的新型农村基本养老保险制度和被征地农民基本生活保障与征地补偿调整机制，将原郊区乡镇退养人员基本生活保障纳入社会保险，参照企业退养人员进行管理。

（2）建立了统一的社会医疗保险制度。2009年启动的职工医疗保险政策框架“五统一”，积极推进全市各统筹区域实现职工医疗保险统一覆盖范围、统一保障项目、统一待遇标准、统一医疗救助和统一管理制度的“五统一”，出台了《关于全市统一职工医疗保险政策的实施意见》。2010年发布了《关于加快推进全市职工医疗保险“五统一”工作意见》，2011年，全面实现了市职工医疗保险的“五统一”。

2011年市区发放各类医疗救助资金达4442.33万元，救助人群制度范围内自负比例仅为8%，率先建立完善了“保费减免、实时救助、年度救助、专项救助”[①]四位一体的城乡社会医疗救助体系。同时，进一步提高新农合的筹资水平，人均筹资达500元左右，与城镇居民基本医疗保险水

① “保费减免”帮扶弱势群体、“实时救助”帮扶特困人群、“年度救助”帮扶大费用人群、“专项救助”帮扶贫困家庭。

平基本相当，规范完善新农合补偿方案，基本药物全部纳入新农合报销药物目录，住院费用补偿实际比达到55%左右，县乡两级政策范围内补偿比例达70%以上。

6. 保障住房建设深得民心

苏州市建立和完善公共租赁住房制度，实现廉租住房、经济适用住房、公共租赁住房三大制度无缝对接。2003~2011年，共建廉租房1987套，累计建设针对中等偏低收入家庭的经济适用房20500套，公共租赁住房（含优租房）86655套，限价商品房244807套，各类保障性住房35.39万套。城区居民人均住房保障面积从2000年的6平方米提高到18平方米以上；保障对象从低保家庭逐步扩大到人均1380元以下的低收入家庭、人均月收入1900元以下的中等偏低收入家庭。

2011年底，苏州市城镇居民享受住房保障的有15246户，全市城镇保障性住房供给达到99.08%，保障性住房覆盖达到了24.99%，领先于全国平均水平。

（三）苏州市社会福利体系建设未来面临的主要问题

苏州市在推进社会福利体系建设进程中，面临着如何进一步完善城乡一体化的社会保障体系，提高城乡各类参保人员社会保障水平等一些深层次问题，需研究破解的对策措施。

1. 劳动力外流造成社会保障资金短缺

随着经济转型升级和产业结构调整步伐的不断加快，低端制造业企业及劳动密集型企业逐步向中西部地区和苏北地区转移，在苏州市用工就业登记的262万名外来农民工也会随之流失一部分。若干年后，苏州市就业及参保人数就会下降，导致社会保险基金缴费减少，进而为苏州市工业经济及社会保险带来的巨大人口红利将逐渐消逝。而苏州市享受社会保障的人数基数和待遇总量在不断扩大，加上人口老龄化、高龄化程度加快，社会保险基金收支出现缺口是必然的。

2. 土地财政缩减影响对民生领域的投入

近年来，苏州市财政收入呈快速增长态势，其中土地财政收入占总财政收入的三成以上，总体处于较高水平。但随着经济转型和结构调整的不断深入，以及受国家对楼市宏观政策影响，土地财政收入在未来一段时间内将趋少。由于近三年社会保障待遇水平的不断提高主要得益于苏州市财政收入的快速增长，一旦财政收入增长减慢，预算内财政收入对民生领域投入比重降低，随之势必影响社会保障待遇水平的提高。

3. 社保基金的筹集渠道亟待拓宽

苏州市社保基金的来源同全国大多数地方一样，主要来自于企业缴费、个人缴费和财政补贴三方面。目前，企业对职工养老保险的缴费比例达到了缴费基数的 20%，医疗保险为 8%，再加上工伤、失业、生育保险等，企业缴费的负担很高。一些企业并没有为所有的职工缴纳社会保险，还有的企业通过实行低工资、高福利的工资制度以减少社会保障费用的支出。因此，若是进一步提高企业的缴费比例势必起到反效果。随着地方土地财政功能的弱化，经济增长速度放缓，地方财政对社会保障的补贴压力十分巨大。因此，就目前苏州市现有的社保基金筹资渠道而言，若不进行筹资渠道的拓宽，想要快速增加社保基金的规模，难度较大。由于国家对地方政府进行社保基金投资的政策还没有完全放开，因此，苏州市社保基金一般用于银行存款和购买国债，银行的利息有时候还无法补偿通货膨胀带来的风险，社保基金的增值空间有限。

三、重庆市社会福利体系建设

重庆市地处较为发达的东部地区和资源丰富的西部地区的接合部，东邻湖北、湖南，南靠贵州，西接四川，北连陕西，是长江上游最大的经济中心、西南工商业重镇和水陆交通枢纽。重庆市地势由南北向长江河谷逐级降低，西北部和中部以丘陵、低山为主，东南部靠大巴山和武陵山两座大山脉；南北长 450 千米，东西宽 470 千米，总面积 8.24 万平方千米。重庆市是我国的 4 个直辖市之一，是国务院批准的“全国统筹城乡综合配套改革试验区”，具有“大城市、大农村”的特点，代表我国城乡结构的一种特殊类型。

（一）重庆市经济社会发展概况

1. 重庆市的基本市情

重庆市集大城市、大农村、大库区、大山区和民族地区于一体。

一方面，重庆市是一个综合性的老工业城市。截至 2011 年底，全市共辖 19 个区、19 个县，全市户籍总人口 3329.81 万人，常住人口 2919.00 万人。全市城镇人口 1605.96 万人，常住人口城镇化率为 55.02%。截至 2011 年，重庆市形成了以汽车摩托车、电子信息、装备制造、材料工业、石油天然气化工、轻纺劳动密集型产业和能源工业“6+1”的重点产业体系。2011 年全市实现工业销售值 1.39 万亿元，增长 27.5%；工业增加值 4690 亿元，其中规模以上工业实现产值 1.2 万亿元，规模以上工业增加值 3524 亿元；工业实现利润 558.4 亿元，增长 28%；工业经济效益综合指数达到 257.7%，提高 26.9 个百分点。通信设备、计算机及其他电子设备制造业实现产值 827.92 亿元，同比增长 2.7 倍。全年生产计算机整机 2547.82 万台，增长 11.9 倍；其中，“重庆造”笔记本电脑 2407.39 万台，增长 25.4 倍，全球最大的笔记本电脑生产基地加速成型。

另一方面，重庆市的农村地域广阔，农业人口众多，具有“大农村”的特点。2011 年末，全市农业人口 2052.17 万人，占户籍总人口的 61.63%，户籍城镇化率为 38.37%，比常住人口城镇化率低近 17 个百分点。2011 年，全市完成农业增加值 844.52 亿元，其中种植业 560.77 亿元，畜牧业 217.56 亿元，林业 27.82 亿元，渔业 27.26 亿元。实现粮食总产量 1126.9 万吨，人均粮食占有量居西南省市第一。蔬菜总产量 1407.97 万吨，出栏生猪 2021 万头，肉类总产量 196.28 万吨，增长率高出全国平均水平 1.6 个百分点。建成 16 个国家级农业标准化示范县，农业标准化示范面积达到 970 万亩。累计认证认定无公害农产品、绿色食品、有机食品和农产品地理标识产品 2734 个；登记注册农民专业合作社 13403 个，农民参合率 32%、居西部地区第 1 位。

2. 重庆市经济发展情况

2003 年以来，重庆市经济发展速度较快。2003~2011 年，全市 GDP 总量从 2250.11 亿元增加到 10011.13 亿元，增长了 4.45 倍；常住人口人均 GDP 从 8075 元增加到 34500 元，增长了 4.27 倍。第一产业增加值从 2003

年的 343.07 亿元增加到 2011 年的 844.52 亿元，增长了 2.46 倍；第二产业增加值从 2003 年的 975.95 亿元增加到 2011 年的 5542.80 亿元，增长了 5.68 倍；第三产业增加值从 2003 年的 931.09 亿元增加到 2011 年的 3623.81 亿元，增长了 3.89 倍。三次产业在国民经济中的比重从 2003 年的 15.2：43.4：41.4 调整为 2011 年的 8.4：55.4：36.2，第一产业比重下降较快，第二产业比重上升，第三产业比重总体呈下降趋势。具体如表 2-9 所示。

表 2-9 重庆市 2003~2011 年 GDP 总量和三次产业发展统计

单位：亿元

年份	GDP 总量	常住人口人均 GDP（元）	第一产业增加值	第二产业增加值	第三产业增加值	三次产业在国民经济中的比例（%）
2003	2250.11	8075	343.07	975.95	931.09	15.2：43.4：41.4
2004	2665.39	9608	431.32	1181.24	1052.83	16.2：44.3：39.5
2005	3069.10	10978	463.42	1258.32	1347.36	15.1：41.0：43.9
2006	3486.20	12437	428.54	1500.07	1557.59	12.3：43.0：44.7
2007	4111.82	14622	531.65	1832.22	1747.95	12.9：44.6：42.5
2008	5096.66	18025	575.40	2433.27	2087.99	11.3：47.7：41.0
2009	6528.72	22916	606.80	3447.48	2474.44	9.3：52.8：37.9
2010	7894.24	27367	685.39	4356.41	2852.44	8.7：55.2：36.1
2011	10011.13	34500	844.52	5542.80	3623.81	8.4：55.4：36.2

资料来源：重庆市统计局：《重庆市 2003~2011 年国民经济和社会发展统计公报》。

2003~2011 年，全市地方财政一般预算收入从 161.56 亿元增加到 1488.25 亿元，增长了 9.21 倍；地方财政一般预算支出从 341.93 亿元增加到 2573.54 亿元，增长了 7.53 倍；社会保障补助支出从 28.99 亿元增加到 339.04 亿元，增长了 11.70 倍。如表 2-10 所示。

表 2-10 重庆市 2003~2011 年地方财政预算收支状况统计表

单位：亿元

年份	地方财政一般预算收入	地方财政一般预算支出	社会保障补助支出
2003	161.56	341.93	28.99
2004	200.67	400.34	32.82
2005	256.81	487.65	43.25
2006	317.72	595.64	52.61
2007	442.70	769.73	135.98
2008	577.24	1010.69	170.03

续表

年份	地方财政一般预算收入	地方财政一般预算支出	社会保障补助支出
2009	681.83	1317.46	228.74
2010	1018.36	177.96	231.68
2011	1488.25	2573.54	339.04

资料来源：重庆市统计局：《重庆市 2003~2011 年国民经济和社会发展统计公报》。

3. 重庆市常住人口城镇化水平

从 2003 年到 2011 年，重庆市常住人口从 2777.47 万人增加到 2919 万人，增加了 141.53 万人；常住人口城镇化率从 41.9%增加到 55.02%，增加了 13.12 个百分点。具体如表 2-11 所示。

表 2-11　重庆市 2003~2011 年常住人口城镇化率统计

年份	人口自然增长率（‰）	常住人口（万人）	常住人口城镇化率（%）
2003	2.69	2777.47	41.90
2004	2.85	2770.98	43.50
2005	3.00	2798.00	45.20
2006	3.40	2808.00	46.70
2007	3.80	2816.00	48.30
2008	3.80	2839.00	49.99
2009	3.70	2859.00	51.59
2010	3.79	2884.62	53.00
2011	3.17	2919.00	55.02

资料来源：重庆市统计局：《重庆市 2003~2011 年国民经济和社会发展统计公报》。

4. 重庆市城乡居民收支情况

从 2003 年到 2011 年，重庆市城镇居民人均可支配收入从 8094 元增加到 20249.70 元，增长了 2.50 倍；城镇居民人均消费性支出从 7118 元增加到 14974.49 元，增长了 2.10 倍。农村居民人均纯收入从 2215 元增加到 6480.41 元，增长了 2.93 倍；农村居民人均生活消费性支出从 1583 元增加到 4502.06 元，增长了 2.84 倍。如表 2-12 所示。

表 2-12 重庆市 2003~2011 年城乡居民人均收支统计

单位：元

年份	城镇居民人均可支配收入	城镇居民人均消费性支出	农村居民人均纯收入	农村居民人均生活消费性支出
2003	8094.00	7118.00	2215.00	1583.00
2004	9221.00	7973.00	2535.00	1855.00
2005	10244.00	8623.00	2809.00	2142.00
2006	11570.00	9399.00	2874.00	2205.00
2007	13715.00	10876.00	3509.00	2527.00
2008	14368.00	11147.00	4126.00	2885.00
2009	15749.00	12144.00	4621.00	3142.00
2010	17532.00	13335.00	5277.00	3625.00
2011	20249.70	14974.49	6480.41	4502.06

资料来源：重庆市统计局：《重庆市 2003~2011 年国民经济和社会发展统计公报》。

（二）重庆市社会福利体系建设的重要举措

1997 年 3 月，八届全国人大五次会议通过设立重庆直辖市的决议，重庆市成为中国第四个直辖市。2007 年 6 月，国务院批准在重庆市设立全国统筹城乡综合配套改革试验区，要求重庆市大胆创新，全面推进各个领域的体制改革，在重点领域和关键环节率先突破，尽快形成统筹城乡发展的体制机制，促进城乡经济社会协调发展，为推动全国深化改革发挥示范和带动作用。近几年来，重庆市着力推进“五大统筹”即统筹城乡基础设施、统筹城乡劳动就业、统筹城乡基本公共服务、统筹城乡资源要素流动和统筹城乡社会保障，特别是在城乡一体化社会保障体系建设上取得新突破，为构建普遍整合型社会福利体系积累了新经验。

1. 建立城乡统筹的就业保障体系

重庆市坚持把实现充分就业作为经济社会发展的优先目标，坚持劳动者自主择业、市场调节就业、政府促进就业的方针，努力创造就业机会，不断扩大就业规模。通过建立与促进就业和提高收入相联系的目标责任制，强化政府促进就业责任，加大就业资金投入；通过加快经济发展创造更多就业机会，在推进新兴产业发展中拓展就业新领域，在经济结构调整中拓展就业空间；通过促进创业带动就业，完善和落实小额担保贷款、财政贴息、税费减免、场地安排等鼓励自主创业政策，为创业者提供信息、咨询、指导、融资、研发、人力资源和跟踪扶持等服务，提高创业成功率；通过多种措施做好重点群体就业工作，实施高校毕业生“双证”制度和岗前职业技能培训制度，解决转户居民的权益维护、社会保障、子女入学、住房保障、土地流转等问题实现转户居民的稳定就业，加大三峡库区移民的职业教育、技能培训、创业引导、劳务输出和就业援助工作力度；通过建立失业统计报告制度，完善就业失业登记管理办法，开展城镇调查失业率统计，构建就业和失业调控机制。2006~2011 年，全市城镇新增就业人数呈逐年上升趋势，从 23.9 万人增加到 55 万人，累计新增就业人数 193.8 万人；城镇下岗失业人员再就业人数逐年增加，从 16.3 万人增加到 25.5 万人，累计新增下岗失业人员再就业人数 113 万人；就业困难人员再就业人数稳步增长，从 4.6 万人上升到 10 万人，累计新增就业困难人员再就业人数 37.6 万人。2006~2011 年，全市城镇登记失业人数逐年下降，从 15.41 万人减少到 12.96 万人；城镇登记失业率略有下降，从 4.0%下降到 3.5%。具体如表 2-13 所示。

表 2-13　重庆市 2006~2011 年就业保障情况统计

单位：万人、%

年份	2006	2007	2008	2009	2010	2011
城镇新增就业人数	23.90	27.50	27.80	28.10	31.50	55.00
城镇下岗失业人员再就业人数	16.30	16.70	17.30	17.60	19.60	25.50
就业困难人员再就业人数	4.60	5.40	5.50	5.60	6.50	10.00
城镇登记失业人数	15.41	14.12	13.02	13.44	13.02	12.96
城镇登记失业率	4.00	3.98	3.96	3.96	3.90	3.50

资料来源：重庆市统计局：《2010~2011 年度重庆市人力资源和社会保障事业发展统计公报》。

2. 健全城镇职工社会保险体系

2005 年 9 月 1 日，《重庆市职工生育保险暂行办法》正式实施，以基本养老保险、基本医疗保险、失业保险、工伤保险、生育保险为内容的社会保险制度基本建立。之后，重庆市不断扩大社会保险参与面，健全城镇职工社会保险体系。2006~2011 年，参加城镇职工基本养老保险人数由 302 万人增加到 633.22 万人，增长 2.10 倍；参加城镇职工基本医疗保险人数由 257 万人增加到 458.48 万人，增长 1.78 倍；参加失业保险人数从 193 万人增加到 268.61 万人，增长 1.39 倍；参加工伤保险人数从 165 万人增加到 337.09 万人，增长 2.04 倍；参加生育保险人数从 97 万人增加到 216.64 万人，增长 2.23 倍。如表 2-14 所示。

表 2-14　重庆市 2006~2011 年社会保险参保人数统计

单位：万人

年份	2006	2007	2008	2009	2010	2011
城镇职工养老保险	302	329	410	520	570	633.22
城镇职工医疗保险	257	285	326	362	406	458.48
城镇职工失业保险	193	197	210	216	237	268.61
城镇职工工伤保险	165	181	208	230	266	337.09
城镇职工生育保险	97	117	142	155	176	216.64

资料来源：重庆市统计局：《2010~2011 年度重庆市人力资源和社会保障事业发展统计公报》。

3. 创建一体化的城乡居民社会保险制度

2003 年，重庆市开始新型农村合作医疗试点，截至 2007 年底惠及 1807.17 万农村居民，参合率 76.88%。2007 年 9 月，重庆市人民政府发布《关于开展城乡居民合作医疗保险试点的指导意见》，按照“一个平台、两个标准、城乡统筹、资源共享”的原则，探索建立城乡一体化的居民合作医疗保险制度。2009 年 11 月，重庆市人力资源和社会保障局等五部门联合出台《关于将大学生纳入城乡居民合作医疗保险的实施意见》，将重庆市辖区内各类全日制普通高等学校（包括民办高校）、科研院所中接受普通高等学历教育的全日制本专科生、全日制研究生纳入城乡居民合作医疗保险的范围。2008~2011 年，全市参加城乡居民医疗保险人数从 2232 万人增加到 2682.15 万人，增加了 450.15 万人，基本实现了“全民医保”。

截至 2007 年 6 月底，重庆市有 21 个区县开展了传统农村社会养老保险试点，参保人员仅有 45 万人。2009 年 9 月，重庆市人民政府下发《关于开展城乡居民社会养老保险试点工作的通知》（渝府发〔2009〕85 号），提出 2009 年 9 月 1 日起开展一体化的城乡居民社会养老保险试点，到 2012 年实现全市总覆盖。从 2009 年到 2011 年，参加城乡居民社会养老保险的人数迅速增加，从 337 万人增加到 1125 万人，增长 3.34 倍。如表 2-15 所示。

表 2-15　重庆市城乡居民社会保险发展统计

年份	2008	2009	2010	2011
城乡居民合作医疗保险（万人）	2232	2586	2625	2682.15
城乡居民社会养老保险（万人）	—	337	807	1125

资料来源：重庆市统计局：《2010~2011 年度重庆市人力资源和社会保障事业发展统计公报》。

4. 推进城乡一体化的低保制度体系

1998 年 2 月，重庆市人民政府下发《关于建立健全城市居民最低生活保障制度的通知》，要求各个县（市、区）在 1999 年 7 月前建立城镇居民最低生活保障制度。2002 年 3 月，重庆市人民政府发布《城市居民最低生活保障条例》办法，进一步规范城市低保制度。2003 年，重庆市开始在南岸、双桥两区开展农村最低生活保障制度试点，当年享受最低生活保障人数 0.19 万人，2004 年增加到 0.5 万人，2005 年达 1.30 万人。2006 年 11 月，重庆市人民政府下发《关于全面建立农村居民最低生活保障制度的意见》；截至 2006 年底，全市享受农村最低生活保障的农村贫困人口 4.3 万人。2008 年 7 月，重庆市三届人大常委会通过《重庆市城乡居民最低生活保障条例》，提出建立统一的城乡居民最低生活保障制度。2003~2011 年，重庆市逐步建立健全城乡居民最低生活保障制度，基本实现了“应保尽保”，有力地保障了城乡贫困人口的基本生活。如表 2-16 所示。

表 2-16　重庆市 2003~2011 年城乡低保受益人数统计

单位：万人、亿元

年份	城镇低保人数	城镇低保资金支出	农村低保人数	农村低保资金支出
2003	70.21	6.28	0.19	—
2004	70.00	6.49	0.50	0.02
2005	75.74	—	1.30	—
2006	81.28	—	4.29	—
2007	83.32	—	71.85	—
2008	78.78	14.46	78.00	5.20
2009	70.14	14.46	116.63	6.90
2010	60.77	13.83	116.88	10.29
2011	56.85	16.66	101.34	14.16

资料来源：重庆市统计局：《重庆市 2003~2011 年国民经济和社会发展统计公报》。民政部：《2010 年第四季度各省民政事业统计数据》。

5. 建设城乡统筹的基础教育保障体系

2008 年 9 月，重庆市人民政府印发《重庆市统筹城乡教育综合改革试验实施方案》，提出“深化城乡教育改革，加快城乡教育发展，缩小城乡教育差距，促进教育公平和谐”，到 2012 年初步形成城乡教育一体化发展机制。重庆市还是全国范围内率先提出财政教育经费支出要达到 GDP 4%的地区。2011 年 7 月 21 日，中共重庆市第三届委员会第九次全体会议通过《中共重庆市委关于缩小三个差距，促进共同富裕的决定》，提出“保持财政教育经费支出占全市生产总值 4%的比例，建立城乡教育一体化发展机制”。在“十一五”期间，重庆市实施了“优化城乡教育管理行动计划”、“中小学标准化建设行动计划”、“流动人口子女就学行动计划”，财政教育经费投入达到了 932 亿元，加上捐赠、税费减免等教育累计投入高达 1400 亿元，进一步缩小了城乡基础教育差距，促进了基础教育公平。2003~2011 年，全市普通中学布局进一步优化，从 1564 所减少到 1259 所，在校学生人数从 166.37 万人增加到 183.89 万人；普通小学由 10966 所减少到 5248 所，学龄儿童入学率保持在 99.9%以上，普通初中毛入学率保持在 98.8%以上。如表 2-17 所示。

表 2-17 重庆市 2003~2011 年基础教育发展统计

单位：所、万人

年份	普通中学		普通小学		学龄儿童入学率（%）	普通初中毛入学率（%）
	学校数量	在校生人数	学校数量	在校生人数		
2003	1564	166.37	10966	277.94	99.90	105.00
2004	1511	170.75	10409	271.89	99.90	108.00
2005	1414	173.52	9558	260.98	99.90	110.00
2006	1373	179.42	8754	252.38	99.90	108.10
2007	1361	183.44	7990	238.45	99.90	108.30
2008	1325	190.75	7575	224.39	99.98	98.89
2009	1304	192.02	7096	208.14	99.93	98.83
2010	1273	190.81	5544	199.14	99.94	99.10
2011	1259	183.89	5248	195.48	99.96	99.20

资料来源：重庆市统计局：《重庆市 2003~2011 年国民经济和社会发展统计公报》。

（三）重庆市社会福利体系建设的特点

作为全国统筹城乡综合配套改革试验区，重庆市在统筹城乡社会福利体系建设中大胆创新，积累了具有重要参考价值和借鉴意义的经验，归纳起来主要有三点。

1. 以户籍制度改革作为城乡社会福利体系整合的突破口

中国社会福利体系中的最大“区隔”或“断裂”是城乡二元结构，城乡分离的户籍制度是导致这一结果的直接原因，也是建设普遍整合型社会福利体系的最大制度障碍。重庆市在社会福利体系建设过程中，以户籍制度改革作为社会福利体系整合的突破口，打破了城乡社会福利体系区隔的“坚冰”，成为重庆市社会福利体系建设的最大亮点，也是重庆市社会福利体系建设最重要的经验。2010 年 7 月 25 日，重庆市人民政府发布《关于统筹城乡户籍制度改革的意见》（渝府发［2010］78 号），提出户籍制度改革的总体目标是：“分阶段推动人口向小城镇、区县城、主城区 1000 平方千米区域内聚集，实现市域内户籍合理转移，逐步建立城乡人口和资源要素自由流动的制度体系。”实现路径和阶段性目标是：“2010~2011 年，重点推进有条件的农民工及新生代转为城镇居民，解决户籍历史遗留问题，力争新增城镇居民 300 万人，非农户籍人口比重由目前的 29%上升到 37%，实现转户人口在主城、区县城、小城镇三级城镇体系的合理布局。2012~2020 年，通过系统的制度设计，建立完善土地、住房、社保、就业、教育、卫生支撑保障机制，进一步放宽城镇入户条件，力争每年转移 80 万~90 万人，到 2020 年新增城镇居民 700 万人，非农户籍人口比重提升至 60%，主城区集聚城镇居民 1000 万人，区县城集聚城镇居民 600 万人，小城镇集聚城镇居民 300 万人，形成合理流动、权益公平、城乡一体的户籍制度体系。”2010 年 7 月 25 日，重庆市人民政府办公厅印发《重庆市统筹城乡户籍制度改革社会保障实施办法（试行）》（渝办发［2010］202 号），把户籍制度改革与社会保障整合有机结合起来，详细规定了确保农村居民转为城镇居民后，在养老保险、医疗保险、失业保险、工伤保险、生育保险以及最低生活保障等方面享有与城镇居民同等社会保障待遇的操作办法。

2. 扩大社会福利普遍性的同时提高社会福利整合性

2003年以来，我国进入社会福利大发展时期，社会福利新政不断出台，社会福利项目不断增加。“运动式社会福利发展”带来两大结果：一是社会福利的覆盖面和普遍性增加，越来越多的社会成员能够享受到越来越多的社会福利；二是社会福利体系的碎片化和分散化越来越严重，社会福利的公平性和平等性越来越受影响。针对普遍性与碎片化同时增长的情况，有两种整合策略：一是先碎片后整合，二是边普遍边整合。重庆市选择了第二条发展策略，在扩大社会福利普遍性的同时提高社会福利的整合性。代表性的事例有：2007年9月，启动建立城乡一体化的居民合作医疗保险制度；2008年7月通过《重庆市城乡居民最低生活保障条例》，建立城乡统一的居民最低生活保障制度；2008年9月印发《重庆市统筹城乡教育综合改革试验实施方案》，建立城乡教育一体化发展机制；2009年9月下发《关于开展城乡居民社会养老保险试点工作的通知》，开展一体化的城乡居民社会养老保险试点；2010年7月印发《重庆市统筹城乡户籍制度改革社会保障实施办法（试行）》，规定了农村居民转为城镇居民后各种社会保险的参保办法和衔接细则等。

3. 整合基层经办机构，建立劳动就业社会保障服务中心

由于我国社会保障管理体制的“条块分割”，城乡基层社会保障经办机构按项目设立，一个项目一套机构，目前主要有三类基层经办机构即社会保险经办机构、新型农村合作医疗经办机构和社会救助（低保）经办机构。基层经办机构设置分散导致长期存在“自相矛盾”现象：一方面是任务繁重和人员不足，另一方面是各自为政和力量分散。改革基层经办管理体制，实现机构整合已势在必行。如何整合五花八门的基层经办机构？关键在于选择合适的地域基础。在城市应以街道办事处为基础进行整合，在农村应以乡镇为基础进行整合。以街道办事处和乡镇为地域基础进行整合，既能增加基层经办机构的工作人员，提高服务能力，又能整合分散的管理资源，提高经办机构的运行效率。2010年11月24日，重庆市人力资源和社会保障局印发《重庆市街道（乡镇）劳动就业社会保障服务中心建设标准》（以下简称《标准》），提出按照“统一规划、统一标准、统一职能、统一人员配备”原则，在全市现有街道（乡镇）社会保障所基础上，通过新建和改扩建相结合，用3年时间建设600个标准化的街道（乡镇）劳动就业社会保障服务中心。服务中心工作人员数量原则上每5000名服务对象配置1名工作人员，主要负责公共就业服务、五项社会保险（养老

保险、失业保险、医疗保险、生育保险、工伤保险）、社会保障卡服务、劳动保障监察、城乡低保政策宣传和业务经办等社会保障业务。根据《标准》规定，劳动就业社会保障服务中心包括经办服务大厅、档案管理区、办公区和业务支持区四个功能区。经办服务大厅建筑面积为100~300平方米，设置柜台受理服务区、咨询接待区、自助服务区、填单区、休息区，档案库房包括普通档案库房和电子档案库房，办公区根据需要宜设置办公室、会议室等，业务支持区根据需要宜设置业务培训室、业务接待室、业务审单室、资料整理室、值班室等。

（四）重庆市社会福利体系建设未来面临的主要问题

重庆市在推进社会福利体系建设方面取得一定成效和经验，然而今后还要重点关注以下问题。

1. 解决好“农转城”居民的社会保障衔接

根据重庆市政府规划，2012~2020年，重庆市每年将有80万~90万农村居民转变为城镇居民，将新增城镇居民700万人。“农转城”促进了城镇化水平的提高，同时也带来一系列的社会保障问题，特别是“新城镇居民”的社会保障“转轨”与“接轨”。需要通过系统的制度设计，确保农村居民转为城镇居民后，在养老保险、医疗保险、失业保险、工伤保险、生育保险以及最低生活保障等方面享有与城镇居民同等的社会保障待遇，确保农村居民在社会保障方面成功实现“脱农入城”。

2. 完善统筹城乡社会保险体系

推进制度整合和城乡衔接，建立城乡一体的社会保险体系。继续扩大各项社会保险的覆盖范围，将符合条件的各类群体纳入相应的社会保险制度，重点做好城乡居民、农民工、非公有制经济组织从业人员、灵活就业人员和个体工商从业人员的参保工作。制定激励政策引导和鼓励各类人员及早参保、长期参保和连续参保；加大社会保险专项稽核和行政执法监督检查力度，建立部门间扩面征缴联动工作机制，确保社会保险基金应收尽收。

3. 促进不同人群的社会保障待遇公平

继续加大财政投入力度，不断提高社会保障待遇水平，并逐步缩小城乡之间、群体之间的社会保障待遇差距。在养老保险方面，确保企业退休人员基本养老金水平稳步增长，稳妥提高城乡居民基础养老金水平；在医疗保险方面，逐步提高财政对城乡居民合作医疗保险的补助标准，缩小与职工基本医疗保险待遇的差距；健全失业保险待遇正常调整机制，适当提高失业保险、工伤保险和生育保险待遇水平。

4. 改进和加强社会保险管理服务

加强社会保险经办机构能力建设，推进社会保险经办服务规范化、信息化、专业化建设。健全管理体制，整合经办机构，科学核定人员编制，有效保证工作经费；加强基础设施建设，规范服务流程，提升管理手段。积极推行社会保险费统一征缴管理和网上申报、缴费、结算，方便企业和群众参保；建立公民社会保险登记制度，在全市范围内实现社会保障“一卡通”；合理利用各种社会资源提供社会保障公共服务，提高工作效率，降低管理成本。

四、红河州社会福利体系建设

红河哈尼族彝族自治州（以下简称红河州）是云南省的 8 个民族自治州之一，位于云南省东南部，它有 3 个显著特点：一是集边疆、山区、民族、贫困为一体，红河州下辖 13 个市、县（3 市 10 县），拥有 2 个国家级一类口岸，河口、金平、绿春三县与越南接壤，边境线长 848 公里，河口县曾是 1979~1985 年的对越自卫反击战主战场之一；二是全州国土面积 3.29 万平方公里，山区面积占全州国土面积的 85%；三是红河州境内居住着哈尼、彝、苗、傣、壮、瑶、回、布依、拉祜、布朗（莽人）10 个世居民族，民族聚居区占全州国土面积的 98%。2008 年初被云南省委、省政府确定为“推进经济社会和城乡综合改革试点地区”。红河州具有“小城大农”的特征，代表我国城乡发展结构中的一种特殊类型。

（一）红河州经济社会发展概况

1. 红河州的基本情况

截至 2011 年末，全州户籍总人口为 443.57 万人，其中少数民族人口

263.89 万人，占全州总人口的 59.5%。[①]一是红河州农村人口比重大，贫困发生率比较高。截至 2011 年底，按照农民人均纯收入 2300 元的新扶贫标准，全州还有农村贫困人口 135.47 万人，居云南 16 个省州市的第 2 位，贫困发生率 37.9%，比全省平均水平高 10 个百分点。[②]二是“小城市、大农村”。截至 2011 年底，全州城镇户籍人口仅占全州总人口的 16.89%，农业户籍人口高达 83.11%；全州城镇常住人口占总人口的 37.2%，全州户籍人口城镇化率比常住人口城镇化率低 20 个百分点。三是南北发展差距大。红河州以红河峡谷为界分为北部地区和南部地区，北部地区 7 个县（市），南部地区 6 个县，北部地区的经济社会发展程度远高于南部地区。南部的红河、元阳、金平、绿春、屏边、河口 6 县地处哀牢山区，国土面积占全州的 43.7%，人口占全州总人口的 34.6%，少数民族人口的比重达 87%；南部地区资源开发条件差，社会发展程度低，生产力发展水平长期落后于北部 7 县（市）。[③]南部地区的居民主要生活在深山区、石山区、高寒山区、边境地区，是全州扶贫开发的重点区域；全州 6 个国家扶贫开发工作重点县就有 5 个在南部，其中 4 个县人均生产总值在全省排名 110 名以后；截至 2011 年底，全州近 70%的贫困人口分布在南部，还有深度贫困人口 22.44 万人。[④]

2. 红河州的经济发展情况

2003 年以来，红河州经济稳步发展，经济总量逐步增长。从 2003 年到 2011 年，全州 GDP 总量从 207.03 亿元增加到 780.64 亿元，增加了 573.61 亿元，2011 年是 2003 年的 3.77 倍。其中，第一产业从 2003 年的 40.16 亿元增加到 2011 年的 124.56 亿元，增长了 2.1 倍；第二产业从 2003 年的 110.66 亿元增加到 2011 年的 422.54 亿元，增长了 2.82 倍；第三产业增长速度最快，从 2003 年的 56.21 亿元增加到 2011 年的 233.54 亿元，增长了 3.15 倍。三次产业在国民经济中的比重从 2003 年的 19.4∶53.5∶27.2 变化为 16∶54.1∶29.9，第一产业比重有所下降，第二、第三产业略有上升。如表 2-18 所示。

① 红河州统计局：《红河州 2011 年国民经济和社会发展统计公报》。

②④ 红河州扶贫办：《红河州扶贫开发工作及存在困难问题专报》，http://www.fpb.hh.gov.cn/index.aspx。

③ 刘一平，杨福生：《打好南部扶贫开发硬战，促进红河南北协调发展》，《云南日报》2009 年 3 月 18 日。

表 2-18 红河州 2003~2011 年 GDP 总量和三次产业比例统计

单位：亿元

年份	GDP 总量	第一产业增加值	第二产业增加值	第三产业增加值	三次产业在国民经济中的比例（%）
2003	207.03	40.16	110.66	56.21	19.4：53.5：27.2
2004	250.01	49.28	140.86	59.87	19.7：56.3：23.9
2005	308.53	57.4	166.7	84.43	18.6：52.9：28.5
2006	360.33	63.22	199.35	97.76	17.6：55.3：27.1
2007	429.75	78.85	234.76	116.13	18.4：54.6：27.0
2008	514.7	96.36	273.99	144.35	18.7：53.2：28.1
2009	560.88	104.6	286.63	169.65	18.7：51.1：30.2
2010	650.42	104.38	345.15	200.88	16：53.1：30.9
2011	780.64	124.56	422.54	233.54	16：54.1：29.9

资料来源：红河州统计局：《红河州 2003~2011 年国民经济和社会发展统计公报》。

2003~2011 年，全州财政总收入从 60.75 亿元增加到 195.35 亿元，增长了 2.22 倍；地方财政收入从 19.37 亿元增长到 72.79 亿元，是 2003 年的 3.76 倍；地方财政支出从 40.50 亿元增长到 213.19 亿元，增长了 5.26 倍。如表 2-19 所示。

表 2-19 红河州 2003~2011 年财政收支状况统计

单位：亿元

年份	财政总收入	地方财政收入	地方财政一般预算收入	地方财政支出	地方财政一般预算支出
2003	60.75	19.37	—	40.50	—
2004	72.74	23.6	—	47.17	—
2005	80.09	26.74	—	56.12	—
2006	90.69	31.04	29.49	65.77	63.55
2007	112.79	—	37.71	—	81.98
2008	129.36	—	45.14	—	107.34
2009	140.29	—	52.04	—	137.25
2010	160.26	—	61.22	—	169.42
2011	195.35	—	72.79	—	213.19

资料来源：红河州统计局：《红河州 2003~2011 年国民经济和社会发展统计公报》。

3. 红河州常住人口城镇化水平

2003~2011 年，红河州户籍人口从 401.45 万人增加到 443.57 万人，增加了 42.12 万人；常住人口城镇化率从 28.33%增加到 37.2%，增加了 8.87 个百分点。具体如表 2-20 所示。

表 2-20 红河州 2003~2011 年常住人口城镇化统计

年份	户籍人口（万人）	常住人口（万人）	常住人口城镇化率（%）
2003	401.45	—	28.33
2004	404.26	—	29.96
2005	406.35	—	30.50
2006	412.11	434.50	31.34
2007	418.64	437.30	33.00
2008	424.20	441.20	34.00
2009	431.98	444.20	35.20
2010	440.87	450.10	36.20
2011	443.57	453.46	37.20

资料来源：人口数据来源于红河州统计局：《红河州 2003~2011 年国民经济和社会发展统计公报》。2003~2005 年城镇化率来源于李继云：《边疆民族地区城镇化水平测算与分析》，《农业考古》2008 年第 6 期。2006~2008 年城镇化率来源于云南省住建厅：《云南省各州、市 2006~2008 年城镇化水平指标对比》。

4. 红河州城乡居民收入情况

2003~2008 年，红河州在岗职工人均年工资从 11129 元增加到 22256 元，增长了 1 倍；2009~2011 年，城镇居民人均可支配收入从 10256 元增加到 16789 元，三年间增加了 6533 元。2003~2011 年，红河州农村居民人均纯收入从 1634 元增加到 4650 元，增长了 3.4 倍。如表 2-21 所示。

表 2-21 红河州 2003~2011 年城乡居民年均收入统计

单位：元

年份	在岗职工人均年工资	城镇居民人均可支配收入	农村居民人均纯收入
2003	11129	—	1634
2004	12819	—	1807
2005	14862	—	1991
2006	17101	—	2210
2007	19328	—	2528
2008	22256	—	3023
2009	—	10256	3446

续表

年份	在岗职工人均年工资	城镇居民人均可支配收入	农村居民人均纯收入
2010	—	13416	3922
2011	—	16789	4650

资料来源：红河州统计局：《红河州 2003~2011 年国民经济和社会发展统计公报》。

（二）红河州社会福利体系建设的重要举措

作为云南省经济社会和城乡综合改革试点地区，红河州先后制定和实施了《红河州经济社会和城乡综合改革试点工作方案（试行）》和《关于推进统筹城乡发展的意见》，提出从统筹城乡规划、统筹城乡产业发展、统筹城乡基础设施、统筹城乡社会事业、统筹城乡社会保障体系、统筹城乡分配六大方面加快推进城乡综合改革，积极推进社会福利体系普遍整合，为具有“小城大农”特点的民族地区加快建设普遍整合型社会福利体系积累了一定的经验。

1. 加大农村扶贫开发，降低贫困发生率

农村贫困人口比例高是红河州的基本州情，农村扶贫开发是红河州福利体系建设的重要组成部分。21 世纪以来，红河州始终把扶贫开发作为“三农”工作的重要内容，不断加大工作和投入力度，积极探索和创新扶贫开发方式；通过实施整村推进、产业扶贫、易地搬迁、就业促进、以工代赈、兴边富民、老区建设和扶贫试点等专项扶贫工程，加大行业扶贫、社会扶贫力度，构筑扶贫支撑体系，强化扶贫保障措施；通过采取政策倾斜、投入倾斜、项目倾斜等措施，促进南部地区加快发展，努力缩小州域南北发展差距。2005 年，根据当时的国家扶贫标准，红河州有农村贫困人口 80.65 万人，贫困发生率为 23.9%；7 个扶贫开发重点县贫困人口 61.43 万人，贫困发生率为 33%。“十一五”期间，全州累计投入各类扶贫资金近 60 亿元，实施了一系列扶贫开发工程，扶贫开发取得了显著成就，全州农民人均纯收入由 2005 年的 1991 元增加到 2011 年的 3922 元。截至 2010 年，以 1196 元的国家扶贫标准计算，全州贫困人口下降到 38.08 万人，贫困发生率下降到 10.4%。但是，根据国家最新发布的农民人均纯收入 2300 元的扶贫标准，2011 年末全州有农村贫困人口 135.47 万人，居云南省州市第 2 位，贫困发生率 37.9%，比全省平均水平高 10 个百分点；

其中南部 6 县贫困发生率在 70%以上，还有深度贫困人口 22.44 万人。[①]

2. 夯实城乡居民最低生活保障体系

城乡居民最低生活保障制度是红河州社会福利体系建设的“底线工程”。2003 年以来，红河州城乡低保覆盖面不断扩大，受益人数不断增多，财政经费投入不断增加，保障标准不断提高。红河州的城镇居民最低生活保障制度建立于 1998 年，2003~2011 年，城镇低保保障对象从 10.77 万人增加到 11.52 万人，2011 年占全州非农人口的 14.8%。2003~2011 年，全州城镇低保资金支出从 0.62 亿元增加到 2.31 亿元，增长了 3.73 倍。红河州的农村居民最低生活保障制度于 2007 年实施（2007 年之前实行临时性、非制度化的农村救济），随着农村贫困线的不断调整，享受最低生活保障的人数逐年增加。2007~2011 年，农村低保对象从 28 万人增加到 42.01 万人，增加了 14 万人。在贫困人口比例最高的绿春县，全县有农村低保对象 8.8 万人，占全县农村人口的 43%。截至 2011 年底，全州有农村低保对象 45.03 万人，占全州农业人口的 12.78%。从 2007~2011 年，全州农村低保资金支出从 1.01 亿元增加到 4.11 亿元，增长了 4 倍。红河州城乡低保保障标准施行“一年一调”制度，补助水平年均提高 15%以上。根据云南省委、省政府《关于“十二五”期间城镇居民增收的意见》以及云南省财政厅关于“十二五”期间城乡低保保障标准调整工作通知要求，从 2012 年开始，红河州城镇低保标准由原来的 260 元/月和 235 元/月，调整为 300 元/月和 270 元/月两个档次，其中个旧、开远、蒙自、弥勒、河口 5 个县市为 300 元/月，建水、石屏、泸西、屏边、金平、元阳、红河、绿春 8 个县为 270 元/月；农村低保标准由原来的 1450 元/年，调整为 1670 元/年。

3. 建立城乡居民社会养老保险制度

2009 年，红河州出台《新型农村和城镇居民社会养老保险实施办法（试行）》，建立州级统筹的城乡居民社会养老保险制度。农村居民缴费标准设为每年 100 元、200 元、300 元、400 元、500 元 5 个缴费档次；城镇居民缴费标准设定为每年 100 元、200 元、300 元、400 元、500 元、600 元、700 元、800 元、900 元、1000 元 10 个档次。2009 年，红河州在弥勒县启动城乡居民社会养老保险试点；2010 年，石屏县、屏边县被列为第

① 红河州扶贫办：《红河州扶贫开发工作及存在困难问题专报》，http://www.fpb.hh.gov.cn/index.aspx。

二批城乡居民社会养老保险试点；2011 年，在借鉴前两批试点县市工作经验的基础上，个旧市、开远市、泸西县、金平县、绿春县、红河县、河口县成为第三批试点县市。截至 2011 年底，全州新型农村社会养老保险参保人员达 131 万人，城镇居民社会养老保险参保人员达 4 万人。2012 年 7 月，蒙自市、建水县、元阳县全面启动城乡居民社会养老保险，全州城乡居民社会养老保险制度实现了全覆盖。截至 2012 年 9 月底，全州城乡居民参保人数达 169.53 万人。①

4. 健全城乡居民基本医疗保险制度

红河州的新型农村合作医疗（以下简称“新农合”）于 2003 年下半年在蒙自市启动试点，2007 年在全州全面铺开。通过 9 年的不断探索，实现了“四提高、两增加”。“四提高”：一是筹资标准提高，筹资标准从 2003 年的人均 30 元提高到 2012 年的人均 290 元。二是补助封顶线提高，补助封顶线从 2003 年的 9000 元提高到 2012 年的 8 万~10 万元。三是住院报销比例提高，住院报销比例从 2003 年的最高 40%提高到 2012 年的最高 90%。四是农民参合积极性提高，参合人数大幅度增加，参保人数从 2003 年试点时的 209853 人，到 2007 年全州全面推开时的 2776913 人，并发展到 2012 年的 3393325 人；参合率从 2003 年的 81.5%提高到 2012 年的 97.18%。“两增加”：一是参合农民受益人次增加，参合农民受益人次从 2007 年的 240.49 万人次增加到 2011 年的 624.10 万人次；二是基金筹集规模增加，基金筹集规模从 2007 年的 14433 万元增加到 2012 年的 98406 万元。

红河州于 2007 年启动城镇居民基本医疗保险试点，先后制定和出台了《红河州城镇居民基本医疗保险办法（试行）》、《〈红河州城镇居民基本医疗保险办法（试行）〉实施细则》、《红河州城镇居民基本医疗保险门诊补助试行办法》和《红河州城镇居民大病补充医疗保险办法（试行）》，不断完善城镇居民基本医疗保险政策体系。截至 2011 年底，参加城镇居民基本医疗保险人数达到 41.7 万人，参加城镇居民大病补充医疗保险人数达到 31.8 万人。红河州不断扩大城镇居民基本医疗保险覆盖面，同时提高城镇居民基本医疗保险的保障水平。城镇居民基本医疗保险一级、二级、三级医院住院报销比例分别提高到 90%、80%和 60%，城镇居民住院

① 黄鹏辉，朱薇：《红河州社会民生建设纪略》，http://big5.yunnan.cn/2008page/honghe/html/2012-11/08/content_2480801.htm。

起付费分别调整为500元、300元和100元，城镇居民基本医疗保险政策范围内住院费用平均报销比例提高到67.16%；城镇居民大病补充医疗保险赔付比例由70%提高到80%，最高支付限额由6万元提高到9万元，最高支付限额超过可支配收入的6倍以上；城镇居民医疗保险门诊统筹报销比例由20%提高到50%，最高支付限额由200元提高到400元，并将8个慢性病病种纳入报销范围。

5. 逐步扩大城镇职工社会保险覆盖面

红河州从1987年开始建立真正意义上的城镇职工社会保险制度，2003年以来，红河州按照国家政策要求，逐步扩大各项社会保险的覆盖面，目前已基本建立了城镇职工基本养老保险、基本医疗保险、失业保险、工伤保险和生育保险构成的社会保险制度体系。养老保险以非公经济组织、个体工商户和灵活就业人员以及未参保集体企业退休人员为重点，医疗保险以农民工、学生、低保对象、特殊人员为重点，失业保险以非公经济单位参保为重点，工伤保险以农民工、事业单位和服务型企业参保为重点，生育保险以提高职工生育保险待遇和补助标准为重点，不断强化社保基金的征缴和稽核，确保应收尽收，保持各项社会保险覆盖人数和基金收入的快速增长。[①] 2003~2011年，参加基本养老保险人数从15.33万人增加到17.82万人，增加了2.49万人；参加基本医疗保险人数从28.62万人增加到39.1万人，增加了10.48万人；参加失业保险人数从17.32万人增加到20.01万人，增加了2.69万人；参加生育保险人数从4.72万人增加到8.41万人，增加了3.69万人；参加工伤保险人数达到16.8万人。

6. 加强统筹城乡的就业服务体系建设

红河州在贯彻落实《促进就业法》过程中，将就业工作逐步纳入法制化轨道，健全和完善覆盖城乡的公共就业服务体系，逐步形成城乡统一的人力资源市场。通过建立劳动者平等就业制度，做到促进就业与稳定就业相互依托，素质就业与开发岗位同时并举，实现就业与社会保障有机联动，管理服务和维护权益紧密结合。红河州的就业服务体系建设措施主要有五项：一是落实优惠政策，拓宽就业渠道，推进创业培训工作，促进下岗失业人员再就业；二是加强农村劳动力技能提升培训，完善服务措施，

① 柏忠林：《红河州“五条链”加快社会保险体系建设》，《红河日报》2012年3月4日。

促进农村富余劳动力转移就业；三是建立“零就业家庭”的动态管理制度，制定分类援助计划和方案，消除“零就业家庭”；四是充分发挥小额担保贷款促进创业带动就业作用；五是加强基层劳动保障平台建设，发挥其信息枢纽和就业服务的职能作用。2006~2010 年，红河州共新增城镇就业 14.7 万人，比“十五”期间净增 2.19 万人，城镇登记失业率控制在 3.7%以内；共转移农村劳动力 62.46 万人次，比“十五”期间增加 17.34 万人次，帮助就业困难人员就业 3 万多人次，“零就业”家庭实现了动态清零。2011 年，全州就业规模持续扩大，全年新增城镇就业 2.64 万人；开发公益性岗位 4292 个，消除“零就业家庭”178 户。培训农村劳动力 3.94 万人，为 4039 名创业人员提供了“贷免扶补”小额贷款。

（三）红河州社会福利体系建设的特点与经验

作为边疆民族地区“推进经济社会和城乡综合改革试点区”，红河州在推进社会福利体系的城乡统筹和普遍整合过程中立足州情进行探索，积累了一定经验，归纳起来主要有三点。

1. 扶贫开发与低保制度建设“双管齐下”保底线

红河州集“边疆、民族、山区和贫困”为一体，经济社会发展程度不高，社会福利体系建设的基础薄弱，能力有限。在各种资源约束的条件下，社会福利体系建设不能“好高骛远”，必须从“底线工程”起步。社会福利底线制度的目标在于维持贫困群体的最低生活水平，对于红河州而言，实现这一目标的基本途径有两条：一是实施“生产性”的扶贫开发工程，二是加强“补救性”的低保制度建设。二者相辅相成，缺一不可。没有扶贫开发工程，不仅贫困人口难以彻底脱贫，而且会进一步增加低保制度的压力；没有低保制度“保底”，不仅贫困人口难以维持生计，扶贫开发工程也将受到严重影响。红河州始终坚持扶贫开发与低保制度的有机结合，避免了底线保障制度建设中单独依靠“民众自保”与“国家包揽”的弊端，为边疆民族落后地区推进社会福利体系建设积累了可贵的经验。

2. 在缩小社会保障“双重差距”中推进普遍整合

就社会保障体系内部而言，红河州存在着突出的“地域差距”与“城乡差距”，处理和解决好社会保障发展中的“双重差距”成为红河州社会福利体系建设中的重点和难点。州内的北部地区与南部地区之间，在社会保障体系建设的经济基础、发展速度、管理水平和人员素质等方面存在较大差距；在州内的城市与农村之间，城镇居民与农村居民之间比例悬殊，导致城乡社会保障体系建设的难度和速度差异明显。进入 21 世纪以来，红河州委、州政府先后下发了《关于加快南部地区开发建设的决定》(2000 年)、《关于加快红河南部地区发展的意见》(2009 年)；2011 年，红河州提出要在“十二五”期间实行“南部大开发”，编制南北区域发展规划，完善资源共享和利益补偿机制，建立南北相互促进、优势互补的互动机制，实现南北协调发展。在加快社会福利体系建设的过程中，红河州通过资源向南部地区倾斜、向农村倾斜的“双重倾斜”，缩小南北差距和城乡差距，特别是有效缩小了南部农村地区与北部城市地区的巨大差距，避免了全州社会保障发展中的“马太效应”。

3. 探索建立农村转户进城居民的社会保障体系

城镇化水平低是制约红河州城乡统筹社会福利体系建设的瓶颈，为突破发展瓶颈，红河州人民政府于 2012 年 4 月出台《关于加大城乡统筹力度　促进农业转移人口转变为城镇居民的实施办法（试行）》(以下简称《办法》)，提出“加大城乡统筹力度，促进农业转移人口转变为城镇居民，引导、鼓励农业转移人口分阶段向集镇、县城和市区聚集。城镇化率每年提高 1 个百分点。2012 年内，全州完成 16 万农村人口的转户。2013~2015 年，每年实现 15 万农业转移人口转变为城镇居民，逐步使新生代农民工能够全部转变为城镇居民，有条件的农民工大部分转变为城镇居民，农村籍大中专毕业生能够基本在城镇稳定下来并获得发展，地已用未转非人员的城镇居民身份问题能够得到妥善解决。2016~2020 年，每年实现 10 万农业转移人口转变为城镇居民，到 2020 年共实现农业转移人口转变为城镇居民 110 万人以上”。与此同时，《办法》还系统规划和设计了农村转户进城居民的就业创业扶持机制、失业保险政策、教育保障机制、住房保障机制、养老保险和医疗保险政策以及基本公共服务体系。

（四）红河州社会福利体系建设面临的主要问题

结合实地调研的结果，红河州推进社会福利体系普遍整合的任务还比较艰巨，未来进一步的发展要着重关注以下问题。

1. 进一步加大农村扶贫开发力度

红河州是一个农村人口占绝大多数的自治州，2011 年国家将农村扶贫标准从 1196 元/人上调为 2300 元/人后，全州还有农村贫困人口 135.47 万人，贫困发生率 37.9%，占全省贫困人口的 13.36%；其中南部 6 县的贫困发生率在 70%以上，还有深度贫困人口 22.44 万人。因此，有效解决农村扶贫对象温饱并实现脱贫致富仍然是红河州社会福利体系建设的首要任务，需要继续抓好整村推进、连片开发、产业扶贫、贫困人口素质培养提高等重点工作，继续动员社会力量参与扶贫开发，增加扶贫项目，加大扶贫资金投入，构建“大扶贫”格局。

2. 进一步提高社会福利的覆盖面

在城乡居民社会养老保险方面，应该加快试点推进速度，尽快实现城乡居民社会养老保险的全覆盖，提高城乡居民的参保率，确保 60 周岁及以上的城乡老年人享受中央政府提供的普惠性“基础养老金”。城镇职工社会保险方面，红河州的“五大保险”覆盖面还比较低，社会保险“扩面”余地和空间比较大，需要采取有力措施加以推进。

3. 加强社会福利专业队伍建设

红河州社会福利体系建设任务繁重，现有工作人员不仅数量少任务多，而且专业化程度较低，亟须提高专业素质。一是补充和增加城乡基层工作人员数量，合理划分和承担工作任务；二是打破社保、民政、卫生、扶贫等部门之间的壁垒，整合分散设立的城乡基层工作机构，提高基层工作队伍的合力；三是提高工作人员的信息化管理能力。彻底改变落后的手工操作和原始管理，实现基础信息电脑联网和计算机管理。

4. 加快发展南部地区社会福利

红河州南部地区的 6 个县地处哀牢山区，资源开发条件差，经济发展落后，社会发育程度低，少数民族人口的比重达 87%。南部地区既是经济社会发展的难点地区，也是社会福利体系建设的重点地区。唯有对南部地区采取特殊措施和倾斜政策，才能避免社会福利发展中的“南北差距”和“马太效应”，实现社会福利发展的“南北平衡”和“南北公平”。

5. 推进城乡居民福利制度整合

红河州目前仍然沿袭城乡分离的制度设置，推进社会福利普遍整合的意识不强。在普遍整合成为大势所趋的背景下，需要采取具体措施加以改进。一是实现城乡低保制度整合，建立统一制度；二是实现城乡居民社会养老保险制度衔接，建立城乡统一的居民养老保险制度；三是卫生部门移交新农合管理职能给社会保障部门，实现城乡居民基本医疗保险制度衔接，建立统一的城乡居民基本医疗保险制度。红河州的开远市已启动城乡统筹的社会保障体系建设试点，为民族地区推进社会福利体系普遍整合先行探索，并已取得初步成效和有益经验，需要进一步做好总结推广工作。

第三章　养老保障制度的民意状况

近年来，养老保障事业飞速拓展，截至2012年底，社会养老保险已基本实现了制度全覆盖。据人力资源和社会保障部公布的数据，2011年底，全国约有8.7亿人口参加了各类社会养老保险。其中城镇基本养老保险参保人数为28391万，企业基本养老保险26284万，新农保32643万[①]。然而，当前养老保障制度的碎片化状况也甚为突出。城居保、新农保、城职保、公务人员和事业单位离退休制度等多重养老保障制度的分割设立，使得城乡居民之间、企业单位和机关事业单位之间存在着养老保障资源享有的不平等。我国现行的养老保障制度共有六种类型，是根据不同职业身份设计的，它在整合性方面也存在着碎片化程度高、待遇差异大、统筹层次低等问题。

表3-1　我国现行的养老保障制度

制度类型	覆盖人群	经费来源	待遇确定条件	主管部门
机关事业单位职工退休制度	党政机关、社会团体、事业单位在编职工	政府财政	工龄、职务、职称、退休前工资	公务员局
城镇企业职工基本养老保险	城镇企业职工、个体工商户、灵活就业人员等	企业缴费、职工个人缴费	缴费年限、缴费额度	社保部门
城居保	城镇居民	个人缴费、财政补贴	缴费年限、缴费额度	社保部门
新农保	农村居民	个人缴费、财政补贴	缴费年限、缴费额度	社保部门
农村五保供养	农村“五保”老人	财政补贴		民政部门
高龄津贴	城乡80岁以上老人	财政补贴	年龄	民政部门

中国社科院调查与数据中心2012年全国五省市2520位城乡居民的调查结果显示，有47.4%的公众对目前的养老保障制度在“制度公平性”方面的

① 人力资源和社会保障部：《2011年度人力资源和社会保障事业发展统计公报》。

评价为“不公平”和“很不公平”。由此可见，养老保障的制度公平性与整合程度应当引起高度重视。下面我们根据 4 个地（市）的问卷调查结果，进一步解读公众和专业人员群体对于社会养老保险制度的态度和整合意愿。

一、公众和专业人士认为的理想养老方式

调查中首先对 4 个地（市）公众所享有的社会养老保障做了调查。结果显示，目前各地的社会养老保障共有 7 种类型，其中城镇职工社会养老保险的覆盖率最高，受访对象中有 36.3%的人享有；然后为新型农村社会养老保险（以下简称“新农合”），享有率为 22.2%；再次为城镇居民社会养老保险（以下简称“城居保”），有 17.2%的受访者享有；第 4 位、第 5 位分别为事业单位退休养老保障、公务员退休养老保障，此二者即通常所说的退休金，有 11.2%和 9.3%的人享有；最后为农民工社会养老保险和失地农民社会养老保险，享有率分别为 5.3%和 3.6%（见表 3-2）。从数据中还可看出，不同地区社会养老保障覆盖程度不一。厦门市和苏州市由于城镇化率较高，城镇职工社会养老保险的覆盖率大大高于平均水平；重庆市和红河州农村人口较多，新农合的覆盖面大于平均水平。

表 3-2　公众享有的社会养老保障状况

	总计	地区			
		厦门市	苏州市	重庆市	红河州
人数（人）	1654	475	446	419	314
公务员退休养老保障（%）	9.3	9.5	9.2	8.8	9.6
事业单位退休养老保障（%）	11.2	12.0	9.2	7.4	18.2
城镇职工社会养老保险（%）	36.3	40.0	44.4	28.2	30.3
城镇居民社会养老保险（%）	17.2	13.1	17.5	20.8	18.2
新型农村社会养老保险（%）	22.2	17.7	15.7	33.2	23.6
失地农民社会养老保险（%）	3.6	0.8	8.5	2.9	1.9
农民工社会养老保险（%）	5.3	14.7	0.9	2.1	1.6

注：Pearson Chi-Square（18）=321.772，Asymp. Sig.（2-sided）=0.000。
问题：是否参加了下列社会养老保障？
* 由于存在重复参保现象，此题可以多选，百分比之和大于 100%

调查中我们询问了公众理想的养老方式，调查结果显示，在家庭养老、社区养老和机构养老三种养老方式中，2/3 的民众选择传统型的家庭养老，然后是社区养老，总体比例为 17.2%，选择机构养老的比例最低，仅为 12.4%。这说明家庭养老仍是目前大多数民众首选的养老方式，依靠社会力量养老的认同度虽然还嫌不足，但机构养老与社区养老合计接近 30%，说明对社会养老方式也有一定的潜在需求量。在调查的 4 个地区中，苏州市、重庆市和红河州的公众对家庭养老的接受度最高，均在 68% 以上，而厦门的公众与他们相比低 3 个百分点左右。相对而言，厦门公众对社区养老的认同度要比其他地区高，为 21%，见表 3-3。

表 3-3　公众认为理想的社会养老保障方式

	总计	地区			
		厦门市	苏州市	重庆市	红河州
人数（人）	1991	495	496	500	500
家庭养老（%）	67.8	65.9	68.5	68.6	68.2
社区养老（%）	17.2	21.0	15.9	17.6	14.4
机构养老（%）	12.4	10.9	12.1	11.0	15.4
其他（%）	2.6	2.2	3.4	2.8	2.0
总计（%）	100.0	100.0	100.0	100.0	100.0

注：Pearson Chi-Square(9)=21.772，Asymp. Sig.（2-sided）=0.003
问题：您最愿意选择哪一种养老方式？

调查结果还显示，年龄和理想养老方式的选择有一定关联。相比而言，中间年龄组的公众选择社区养老和机构养老等社会养老方式的比例要更高一些，30~59 岁组的公众选择社区养老和机构养老的比例合计都在 30%以上，高于低年龄组（30 岁以下）5 个百分点，高于高龄组（60 岁及以上）8 个百分点。而年龄段两端的公众，即 30 岁以下和 60 岁以上的，选择家庭养老的比例较大幅度高于其他年龄组（见表 3-4）。究其原因，大概是因为中年人群往往面临上有老下有小的抚养赡养境遇，生活和工作压力较大，所以希望能够依靠社会养老的方式缓解压力。而高龄段的人口可能受传统家庭赡养方式的观念影响较大，自身又是受赡养一方，因此更加倾向于家庭养老。低年龄段人口由于还未真切面临赡养老人的压力，所以未对社会养老有更多的倾向。

表 3-4　不同年龄分组的公众认为理想的社会养老保障方式

	总计	年龄组				
		30 岁以下	30~39 岁	40~49 岁	50~59 岁	60 岁及以上
人数（人）	1983	360	520	546	313	244
家庭养老（%）	67.8	71.7	66.7	64.3	66.5	74.2
社区养老（%）	17.2	17.5	18.5	17.2	19.2	11.5
机构养老（%）	12.4	8.1	12.7	15.2	11.8	12.3
其他（%）	2.6	2.8	2.1	3.3	2.6	2.0
总计（%）	100.0	100.0	100.0	100.0	100.0	100.0

注：Pearson Chi-Square（12）=32.02，Asymp. Sig.（2-sided）=0.000。
问题：您最愿意选择哪一种养老方式？

然而我们看到，专业人员对理想的社会养老方式的选择却和普通公众有较大差别。四地 987 位专业人员的统计结果显示，他们选择社会养老方式的比例高达 70%以上，其中首推社区养老（46.2%），而后是机构养老为 27.0%，家庭养老的比例居末为 26.8%，而且这一选择模式在地区之间差别不大（见表 3-5）。这说明与普通公众相比，专业人员更明了我国老龄化的总体状况和趋势，也更加理性地认为社会养老是大势所趋。

表 3-5　专业人员认为理想的社会养老保障方式

	总计	地区			
		厦门市	苏州市	重庆市	红河州
人数（人）	987	246	242	249	250
家庭养老（%）	26.8	29.7	24.8	26.1	26.8
社区养老（%）	46.2	46.7	49.2	45.4	43.6
机构养老（%）	27.0	23.6	26.0	28.5	29.6
总计（%）	100.0	100.0	100.0	100.0	100.0

注：Pearson Chi-Square(9)=24.354，Asymp. Sig.（2-sided）=0.000。
问题：您认为养老服务应该以哪种方式为主？

二、城居保与新农保制度的民意分析

调查结果显示，总体来看，专业人员较为赞成把新型农村社会养老保险与城镇居民社会养老保险合并为一种制度。如表 3-6 所示，在整合新农保和城居保中，3/4 的专业人员是持赞同态度的，其中占总体约 40%的专业人员是非常赞成的。选择非常不赞成的比重很小，只有不到 2%。分地区来看，厦门市、苏州市、重庆市、红河州四地的总体趋势相同。除厦门市以外，其他三地都有 40%以上的专业人员非常赞同这一整合。在厦门市，专业人员的态度相对而言更为缓和，持比较赞同态度的最多，占 39%，而非常赞同的占了约 36%。通过表 3-6 可以看到，这四个地区，非常不赞同对新农保和城居保进行整合的专业人员极少，均不到 3%，其中厦门市只有 1.2%的被访专业人员持有非常不赞同的态度。可以说，在对城乡居民社会养老保险的调整中，将两者合并为一个制度得到了绝大多数专业人员的认同。这种整合在一定程度上是符合社会发展的总体趋势的。在社会养老保险上的城乡一体化，也是消除城乡二元格局所带来的城乡收入差距的有效手段。

表 3-6　专业人员对新农保与城居保合并的意见

	总计	地区			
		厦门市	苏州市	重庆市	红河州
人数（人）	999	251	249	249	250
非常赞成（%）	39.7	35.9	40.2	43.0	40.0
比较赞成（%）	35.3	39.0	36.5	34.5	31.2
不太赞成（%）	23.1	23.9	21.3	20.9	26.4
非常不赞成（%）	1.8	1.2	2.0	1.6	2.4
总计（%）	100.0	100.0	100.0	100.0	100.0

注：Pearson Chi-Square(9)=28.125，Asymp. Sig.（2-sided）=0.000。
问题：您赞成把新型农村社会养老保险与城镇居民社会养老保险合并为一种制度吗？

我们对不同年龄专业人员的态度进一步分析发现：30 岁及以下的专业人员中有 70.7%赞同新农保和城居保合并为一类，这一比例在 30~39 岁人群中有 77.6%，40~49 岁中有 74.5%，50~59 岁及以上中有 76.7%。可以看出，随着年龄的增长，持赞同态度的专业人员数量也在增加。这说明年龄对城乡养老保险的合并意愿有所影响，越是年长者，越关注并且期待养老保险制度的城乡合一（见表 3-7）。

表 3-7　分年龄段专业人员对新农保与城居保合并的意见

单位：%

	非常赞成	比较赞成	不太赞成	非常不赞成	总计
30 岁以下	31.4	39.3	26.8	2.5	100.0

续表

	非常赞成	比较赞成	不太赞成	非常不赞成	总计
30~39 岁	42.0	35.6	20.9	1.4	100.0
40~49 岁	41.0	33.5	23.9	1.6	100.0
50 岁及以上	49.4	27.3	20.8	2.6	100.0
总计	39.8	35.3	23.1	1.8	100.0
样本人数（人）	393	349	228	18	988

注：Pearson Chi-Square(9)=37.681，Asymp. Sig.（2-sided)=0.000。
问题：您赞成把新型农村社会养老保险与城镇居民社会养老保险合并为一种制度吗？

三、公务员、事业单位、企业职工养老保障制度的民意分析

对于城镇居民内部存在的三类养老保障制度区分——公务员、事业单位人员、企业职工的养老保障，大多数公众认为三者应该实行同一个制度。专业人员群体对此持有相同的意见，并认为这种整合也具有较高的可行性。

从公众的视角看，首先，多数公众认为，绝大多数公务员和事业单位人员在养老保障制度上都认为应该实行同一种制度。通过对表 3-8 的分析可以看出，这一比重达到了 75%左右，只有 12.3%的公众认为两者应该实行不同制度。另外，还有约 13%的公众对这一问题持不清楚的态度。从不同地区来看，公众对待这一整合问题的总体趋势基本相同。调查所在的四个地区，均有 70%以上的被访者认为公务员和事业单位人员应该采取同一种养老保障制度。其中，厦门市有 73%，苏州市和重庆市在 77%左右，红河州有 71%。除红河州，厦门市、苏州市和重庆市认为应采取不同制度的都只占 10%左右。在红河州的被访公众中，有 18%认为应该采取不同的制度，相较于其他三个地区较多。就城市和农村的被访者来看，城市公众中认为应采取同一种制度的人数占城市总被调查人数的比重要高于农村，其中城市有 78.7%，农村则有不到 68%。这主要是因为农村的被访者中，有将近 21%的公众对公务员和事业单位人员养老保障制度并不了解所致。这一比例在总体中相对较高，这与农村居民对这一问题的实际参与度较低有关。综上分析，不论是从总体还是从不同地区或者城乡来说，公众大都认

表 3-8　公众对公务员和事业单位人员养老保障的整合意见

	总计	地区				城乡	
		厦门市	苏州市	重庆市	红河州	城市	农村
人数（人）	1971	493	478	500	500	1222	749
同一种制度（%）	74.5	73.0	76.8	77.4	71.0	78.7	67.7
不同的制度（%）	12.3	10.5	10.9	9.8	18.0	12.8	11.5
不清楚（%）	13.1	16.4	12.3	12.8	11.0	8.4	20.8
总计（%）	100.0	100.0	100.0	100.0	100.0	100.0	100.0

注：Pearson Chi-Square(8)=16.157，Asymp. Sig.（2-sided）=0.008。

问题：您认为公务员（国家机关工作人员）和事业单位人员（如学校和医院的职工）的养老保障应该实行吗？

为公务员和事业单位的养老保障制度应该整合为同一种制度。

其次，大多数公众认为，事业单位人员和企业职工应实行同一种养老保障制度。分析表 3-9 可以发现，总体来看，有 71.3%的公众认为事业单位人员和企业职工的养老保障应该实行同一个制度。只有不到 20%的被访者认为两者应该采取不同的制度，有 10%左右的公众对于这一问题是不清楚的。就事业单位和企业的养老保障整合上来看，不同地区间的差异较小。4 个地区分别有 63%~74%的被访公众认为二者应该采取同一种制度。相较而言，红河州选择采取不同制度的公众较多一些，占了当地总人数的 26%，其他三个地区都只有不到 20%。就城市和农村的公众来说，对待这一问题的差异不大。分别有 75%和 65%的公众认为要采取同一种制度。但是在农村受访者中，有 16.1%的人是不清楚应该如何实行这两者的养老保障制度的，这应该与农村居民大多数并不直接参与这两种保障制度有一定的关系。在事业单位人员和企业职工的养老保障制度的调整中，将二者整合形成同一制度是绝大多数公众较为认可的和赞同的。这表明，对机关事业单位人员和企业职工养老保险进行普遍整合改革十分必要，将机关事业单位人员和企业职工的养老保险制度整合成一种制度将成为一种共识，这

表 3-9　公众对事业单位人员和企业职工养老保障的整合意见

	总计	地区				城乡	
		厦门市	苏州市	重庆市	红河州	城市	农村
人数（人）	1975	492	483	500	500	1223	752
同一种制度（%）	71.3	74.4	74.3	73.6	63.2	75.1	65.2
不同的制度（%）	18.2	14.2	17.2	14.8	26.4	17.8	18.8

续表

	总计	地区				城乡	
		厦门市	苏州市	重庆市	红河州	城市	农村
不清楚（%）	10.5	11.4	8.5	11.6	10.4	7.0	16.1
总计（%）	100.0	100.0	100.0	100.0	100.0	100.0	100.0

注：Pearson Chi-Square(8)=22.442，Asymp.Sig.（2-sided）=0.002。
问题：您认为事业单位人员和企业职工的养老保障应该实行吗？

与我国努力打破社会福利的职业身份界限，建设普遍整合的社会福利制度，让民众分享公正的社会福利待遇基本改革方向相一致。

在公务员和事业单位人员养老保险制度的整合上，专业人员和公众的意见甚为一致。78.1%的专业人员认为，公务员和事业单位人员实行一种养老保险制度是可行的。如表 3-10 所示，在对专业人员的调查中，在公务员和事业单位人员的养老保险制度的整合问题上，分别有 39%和 39.1%的专业人员认为是非常可行和比较可行的，认为非常不可行的不到 4%。值得关注的是，厦门市、苏州市、重庆市三地的专业人员群体的意见模式较为一致，而红河州的专业人员则与其他各地有所不同。厦门市的专业人员中选择了非常可行和比较可行的比例合计占 83.2%，苏州市的专业人员做同样选择的占 79.6%，重庆市专业人员同样选择的比重也高达 82.4%，红河州情况较前 3 个地区略有不同，认为非常可行和比较可行的专业人员占了 67.2%，比前 3 个地区低了 12~14 个百分点，他们认为不太可行的人数相对较多，占了 27.6%。这一现象可能和地区之间的经济发达程度有关。越是欠发达地区，公务员职业的含金量越高，和事业单位人员的各类待遇差距也越大，反映在专业人员群体中，便认为公务员和事业单位人员养老保障制度的整合障碍越强。即便存在区域之间的态度差别，但是在对公务员和事业单位人员实行同一种养老保险制度这一问题上，专业人员大多数认为是可行的。认为这一整

表 3-10　专业人员对公务员和事业单位人员实行一种养老保险制度的可行性评估

	总计	地区			
		厦门市	苏州市	重庆市	红河州
人数（人）	998	249	250	249	250
非常可行（%）	39.0	39.8	38.8	43.4	34.0
比较可行（%）	39.1	43.4	40.8	39.0	33.2
不太可行（%）	18.2	10.8	18.4	16.1	27.6

续表

	总计	地区			
		厦门市	苏州市	重庆市	红河州
非常不可行（%）	3.7	6.0	2.0	1.6	5.2
总计（%）	100.0	100.0	100.0	100.0	100.0

注：Pearson Chi-Square(9)=36.609，Asymp. Sig. (2-sided) = 0.000。
问题：您认为公务员和事业单位人员实行一种养老保险制度是否可行？

合非常不可行的专业人员所占的比重非常少，即使最多的厦门市也只有 6%的人选择了非常不可行。可以说，在专业人员心中，整合公务员和事业单位人员的养老保险的可行度是较高的。

在事业单位人员和企业职工的养老保险制度整合上，专业人员整体上认为是可行的，但地区之间差异较大。如表 3-11 分析可以看出，专业人员的态度虽然较为分散——认为非常可行的占了 27%，比较可行的有 35%，不太可行的有 34%，但从总体来看，60%以上的专业人员还是认为将事业单位人员和企业职工实行一种养老保险制度是可行的。但从不同地区看，专业人员意见并不一致。在厦门市，有 46%的专业人员认为这是比较可行的，而整体上来看，是有 3/4 觉得可以实行整合的。相较而言，在苏州市，分别有 29%、34%、33%的专业人员认为是非常可行、比较可行和不太可行的，可以看到其认为可行的比重占 63%，少于厦门市。这一比例在重庆市和红河州依次递减为 57%和 50%。与之相对的，在这两个地区，认为不太可行的专业人员比例相对较大，分别为 39%和 44%。这一比例和厦门市的不到 20%形成较为鲜明的对比。可以看到，在整合事业单位人员和企业职工的养老保险问题上，不同地区的专业人员持有不同的意见，虽然认为非常不可行的比重都相对较少，但是比较来看，在厦门市将

表 3-11　专业人员对事业单位和企业实行一种养老保险制度可行性评估

	总计	地区			
		厦门市	苏州市	重庆市	红河州
人数（人）	998	249	250	249	250
非常可行（%）	26.5	29.3	28.8	25.7	22.0
比较可行（%）	34.6	46.2	33.6	30.9	27.6
不太可行（%）	34.0	19.7	32.8	39.0	44.4

续表

	总计	地区			
		厦门市	苏州市	重庆市	红河州
非常不可行（%）	5.0	4.8	4.8	4.4	6.0
总计（%）	100.0	100.0	100.0	100.0	100.0

注：Pearson Chi-Square(9)=43.080，Asymp. Sig.（2-sided）=0.000。
问题：您认为事业单位人员和企业职工实行一种养老保险制度是否可行？

事业单位和企业职工的养老保险制度进行统一化的可行性要依次高于苏州市、重庆市和红河州，在红河州开展这一整合的难度在这三个地区的被访专业人员中认为是最不可行的。

在对公务员适合何种养老保险制度上，专业人员的态度差异较为不明晰，要视具体区域而定。如表 3-12 所示，在对专业人员的调查中，对于公务员参加何种养老保险制度合理这一问题，选择事业单位社会养老保险制度、城镇职工社会养老保险制度或单独设立一个养老保险制度的比例分别为 32%、29%和 29%。按照所调查的四个不同调查地点看，区域间差异显著，尤其以红河州与其他 3 个地区的差别更为明显。红河州的被访专业人员中，有 40%认为是应该单独设立一种养老保障制度的。与之相比，厦门市、苏州市、重庆市各有 22%、29%和 25%，都是各地方所占比重最小的选择。同时，在红河州，只有 22%的被访者认为采取事业单位社会养老保险制度是较为合理的，这一比例与另外 3 个地区有着较大的不同。在这 3 个地区中，厦门市的被访专业人员大多数（45%左右）认为城镇职工社会养老保险制度对于公务员来说是比较合理的，而在苏州市和重庆市，40%以上的专业人员认为事业单位社会养老保险制度相对来讲较为合理。在对

表 3-12　专业人员认为公务员更适合参加的养老保险制度

	总计	地区			
		厦门市	苏州市	重庆市	红河州
人数（人）	999	250	249	249	250
事业单位社会养老保险制度（%）	31.8	32.7	40.2	41.4	22.4
城镇职工社会养老保险制度（%）	39.0	45.4	36.5	33.3	37.2
单独设立一种养老保险制度（%）	29.1	21.9	28.9	25.3	40.4
总计（%）	100.0	100.0	100.0	100.0	100.0

注：Pearson Chi-Square(6)=35.853，Asymp. Sig.（2-sided）=0.000
问题：您认为公务员参加哪一种养老保险制度比较合理？

公务员养老保险制度的整合过程中，总体上各种意见的力量较为平均，而就不同地区来看，专业人员持有的意见又不尽相同，因此对于公务员应该参加何种养老保险制度，如何对其进行整合还有待进一步的考察和分析。

总体来看，专业人员大多认为公务员、事业单位人员和企业职工实行一种养老保险制度是必要的。如表 3-13 所示，有将近 62%的专业人员这样认为，其中认为非常必要和比较必要的被访者各占 50%左右，另外有 34%的专业人员认为这一整合是不必要的，所占比重也较大。认为非常不必要的专业人员极少，不到 5%。从不同地区来看，整体上都有超过 50%的专业人员认为这种整合是必要的，但具体来看，还是有一定的差距。比较厦门市、重庆市、苏州市和红河州四地可以发现，认为非常必要和比较必要的专业人员所占比重之和，分别为 75%、62%、58%、53%，依次递减。其中，厦门市和苏州市认为非常重要的专业人员要多于态度较为缓和的比较重要，重庆市和红河州则正好与之相反。相对而言，红河州的被访专业人员在选择上有一定的特殊性，有 40%的专业人员认为这种整合是不必要的，明显高于总体和其他 3 个地区。但在这四地之间及其与总体的比较中可以发现有一点是相同的，即认为非常不必要的专业人员所占的比重都十分小，均在 5%左右。将公务员、事业单位人员和企业职工三类就业人员的养老保险制度统一为一个制度具有必要性，但这种必要性在不同的地区也有不同的迫切程度，在对不同地区进行制度整合的过程中，也应该依据不同的必要性，因地制宜。

表 3-13 专业人员对公务员、事业单位和企业实行一种养老保险制度必要性态度

	总计	地区			
		厦门市	苏州市	重庆市	红河州
人数（人）	1000	251	250	249	250
非常必要（%）	30.0	39.8	31.2	30.1	25.2
比较必要（%）	31.6	34.7	26.8	32.1	27.6
不必要（%）	33.6	20.3	37.2	33.7	40.4
非常不必要（%）	4.8	5.2	4.8	4.0	6.8
总计（%）	100.0	100.0	100.0	100.0	100.0

注：Pearson Chi-Square (9)=36.202，Asymp. Sig. (2-sided) =0.000。

问题：您认为公务员、事业单位人员和企业职工实行一种养老保险制度是否必要？

我们对不同年龄专业人员的态度进一步分析发现：30 岁及以下的专业人员中有 60.9%认为比较必要和非常必要，30~39 岁中有 61.5%，40~49 岁中有 62.2%，50 岁及以上中有 59.8%。可以看出，中间年龄段的专业人员更加认为公务员、事业单位人员和企业职工三类就业人员的养老保险制度统一为一种制度具有必要性，见表 3-14。

表 3-14　分年龄组专业人员对公务员、事业单位和企业实行一种养老保险制度必要性评估

	总计	年龄分组			
		30 岁以下	30~39 岁	40~49 岁	50 岁及以上
人数（人）	989	240	421	251	77
非常必要（%）	33.0	28.8	36.1	31.1	35.1
比较必要（%）	28.4	32.1	25.4	31.1	24.7
不必要（%）	33.4	32.9	33.5	33.5	33.8
非常不必要（%）	5.3	6.3	5.0	4.4	6.5
总计（%）	100.0	100.0	100.0	100.0	100.0

注：Pearson Chi-Square(9)=42.010，Asymp. Sig.（2-sided）=0.000。
问题：您认为公务员、事业单位人员和企业职工实行一种养老保险制度是否必要？

不同年龄专业人员对养老保险制度的整合的态度差异可能是教育程度差异的反映。通过教育程度分组的进一步分析发现：教育程度越低，专业人员认为养老保险一体化整合的可行性越高。高中及以下教育程度的人认为可行的比例高达 74.2%，大专学历者认为可行的比例为 68%，大学本科和研究生学历者相应的比例降至 56.6%和 62.4%（见表 3-15）。这在某种程度上说明了具有较高的教育水平和社会地位的专业人员，担心养老保险制度整合后会降低自身的养老保险待遇，希望养老制度有所区隔，不愿和

表 3-15　分教育程度专业人员对公务员、事业单位和企业实行一种养老保险制度必要性评估

	总计	教育程度分组			
		高中及以下	大学专科	大学本科	研究生
人数（人）	1000	89	244	558	109
非常可行（%）	30.0	48.3	36.5	25.4	23.9
比较可行（%）	31.6	25.8	31.6	31.2	38.5
不可行（%）	33.6	24.7	27.5	37.3	35.8

续表

	总计	教育程度分组			
		高中及以下	大学专科	大学本科	研究生
非常不可行（%）	4.8	1.1	4.5	6.1	1.8
总计（%）	100.0	100.0	100.0	100.0	100.0

注：Pearson Chi-Square(9)=49.12，Asymp. Sig. (2-sided) =0.000。
问题：您认为公务员、事业单位人员和企业职工实行一种养老保险制度是否必要？

企业人员共存于一个社会保障的平台上。这也从另一个侧面表明，在社会政策制定过程中，作为社会精英的专业人员并不是纯粹理性或客观地“统筹”社会事务，他们自身的利益得失往往会导致公共政策制定的失衡。

总体来看，在对整合公务员、事业单位人员和企业职工到实行一种养老保险制度的可行性分析中，专业人员大多数是认为可行的。从表 3-16 可以看到，被访的 1000 位专业人员中，有 60%以上的人认为是可行的，其中，认为非常可行的占 26.5%。但同时，也有 34%的专业人员认为这一整合是不太可行的。这一问题在不同地区的专业人员看来，整体趋势是相似的。从厦门市、苏州市、重庆市和红河州的整体信息来看，分别有 63%、61%、55%和 50%的被访专业人员认为是可行的。虽然不论从总体来看还是分地区来看，认为非常不可行的专业人员比重都非常小，最大也只有 6%，但相较于其他 3 个地区，红河州认为可行和不可行的比重几乎各占一半，其推行这一整合的可行性争议较大。相比较而言，厦门市的可行性最强。

表 3-16　专业人员对公务员、事业单位和企业实行一种养老保险制度可行性评估

	总计	地区			
		厦门市	苏州市	重庆市	红河州
人数（人）	1000	249	250	249	250
非常可行（%）	26.5	33.5	28.8	25.7	22.0
比较可行（%）	34.6	39.8	33.6	30.9	27.6
不太可行（%）	34.0	23.1	32.8	39.0	44.4
非常不可行（%）	5.0	3.6	4.8	4.4	6.0
总计（%）	100.0	100.0	100.0	100.0	100.0

注：Pearson Chi-Square(9)=27.354，Asymp. Sig. (2-sided) =0.001。
问题：您认为将来我国公务员、事业单位人员和企业职工实行一种养老保险制度是否可行？

从年龄分组来看，专业人员年龄越大，越认为养老保险制度的一体化整合可行性越高。40~49 岁以及 50 岁及以上的专业人员中，认为非常可行和比较可行的比例分别为 64.1%和 63.6%，都高于 30 岁及以下、30~39岁两个相对年轻的群体。可以看出，随着年龄的增长，更多的专业人员认为这是必要的而且是可行的，而年轻的专业人员对其可行性有所质疑，见表 3-17。

表 3-17　分年龄组专业人员对公务员、事业单位和企业实行一种养老保险制度可行性评估

	总计	年龄分组			
		30 岁以下	30~39 岁	40~49 岁	50 岁及以上
人数（人）	989	240	421	251	77
非常可行（%）	30.2	28.8	31.6	29.1	31.2
比较可行（%）	31.3	32.5	28.3	35.1	32.5
不可行（%）	33.6	32.5	35.4	32.3	31.2
非常不可行（%）	4.9	6.3	4.8	3.6	5.2
总计（%）	100.0	100.0	100.0	100.0	100.0

注：Pearson Chi-Square(9)=43.080，Asymp. Sig. (2-sided)=0.000。

问题：您认为公务员、事业单位人员和企业职工实行一种养老保险制度是否可行？

综合考量表 3-8 至表 3-17 的信息分别展现了专业人员对将来我国公务员、事业单位人员和企业职工实行一种养老保险制度的必要性与可行性。相对而言，实行这一整合的必要性要更强，说明在现实中，推行这一整合可能会遇到较多的实际问题，这在一定程度上，降低了其可行性。同时可以看到，必要性和可行性在不同区域间是同步变化的，认为可行的专业人员数越多，相对而言认为必要的专业人员也越多。在整合过程中，要同时考虑可行性和必要性，既要基于现实条件，又要考虑解决这一问题的迫切性，这样才能行之有效地推进整合工作进行。

四、农民工、失地农民的养老保险的民意分析

在农民工或外来工及失地农民养老保险整合过程中，专业人员认为城镇职工社会养老保险和新型农村社会养老保险都较为合适。而公众认为，

失地农民和农民工都比较适合新型农村社会养老保险。

总体来看，专业人员在建议农民工或外来工最适合参加的社会养老保险的险种上，选择城镇职工社会养老保险和新型农村社会养老保险的人数相当，分析表 3-18 可以发现，分别占总人数的 31%和 36%。而选择参加城镇居民社会养老保险或单独建立养老保险制度的比重都较小，分别为 15%和 18%左右。对于这一问题，不同地区的专业人员持有不尽相同的意见，差异显著。在厦门市、苏州市和重庆市，其选择的趋势和总体比较接近，选择城镇职工社会养老保险和新型农村社会养老保险的比重相差不大，但这 3 个地区都与总体相反，其中选择前者的比重都高于后者，差距最大的是苏州市，专业人员人数比重相差 9%。在红河州，有近 50%的专业人员认为，农民工或外来工最适合的是新型农村社会养老保险。比较特殊的是，在红河州，有 23%的专业人员选择了为农民工或外来工单独建立养老保险制度，这一比例高于城镇职工社会养老保险的 12%和城镇居民社会养老保险的 16%。通过上述分析可以发现，不同地区的专业人员在这一问题上意见较有分歧，正是由于红河州较大比重的专业人员选择了新型农村社会养老保险制度提高了其在总体中的比例。在为农民工或外来工单独建立养老保险制度最合适的选择上，厦门市和重庆市的专业人员都较少选择，但在苏州市和红河州，都有 20%以上的专业人员认为这一方式是最合适的。

表 3-18　专业人员建议农民工或外来工最适合的社会养老保险

	总计	地区			
		厦门市	苏州市	重庆市	红河州
人数（人）	998	249	250	249	250
城镇职工社会养老保险（%）	30.8	35.3	38.8	37.3	11.6
城镇居民社会养老保险（%）	15.2	17.7	11.2	16.5	15.6
新型农村社会养老保险（%）	35.9	30.9	29.6	33.3	49.6
单独建立养老保险制度（%）	18.1	16.1	20.4	12.9	23.2
总计（%）	100.0	100.0	100.0	100.0	100.0

注：Pearson Chi-Square(9)=70.901，Asymp. Sig. (2-sided) =0.000。

问题：您认为农民工或外来工最适合参加哪一种社会养老保险？

根据表 3-19 所示，公众普遍（46%）认为，农民工或者外来工最适合参加新型农村社会养老保险。在被访的 1974 人中，有 1/4 的公众认为其参加城镇职工社会养老保险是最合适的。选择城镇居民社会养老保险或者单独建议养老保险制度的公众较少，分别占 17%和 12%。在这一问题上，不同地区间的总体趋势相似，绝大多数公众选择的是新型农村养老保险，其次是城镇职工社会养老保险，最少的是单独建立养老保险制度，但其在比重上还是略有差异。在红河州，选择新型农村社会养老保险最适合农民工或外来工的比例明显高于其他 3 个地区，占了该地区被访公众的58%。相对其他 3 个地区而言，苏州市选择新型农村社会养老保险和城镇职工社会养老保险的人数差距较小。对于农民工或外来工社会保险的选择上，城乡之间的差距较大。相较于城市的 39%，在农村的被访者中，有56%认为新型农村社会养老保险最适合农民工或外来工。但在选择城镇职工社会养老保险、城镇居民社会养老保险上，城乡地区的差距较小，分别都有 25%和 15%上下的被访者选择这两类。在农民工和外来工的社会保险选择上，地区间和城乡间的总体趋势都无较大差异，新型农村社会养老保险更适合农民工或外来工，而单独建立养老保险制度并不恰当。

表 3-19　公众认为农民工或外来工最适合的社会养老保险

	总计	地区				城乡	
		厦门市	苏州市	重庆市	红河州	城市	农村
人数（人）	1974	490	484	500	500	1225	749
城镇职工社会养老保险（%）	25.1	29.2	29.8	28.0	13.8	26.5	22.8
城镇居民社会养老保险（%）	17.3	18.0	15.7	18.4	17.0	19.4	13.8
新型农村社会养老保险（%）	45.7	40.8	38.2	46.0	57.6	39.4	56.1
单独建立养老保险制度（%）	11.9	12.0	16.3	7.6	11.6	14.6	7.3
总计（%）	100.0	100.0	100.0	100.0	100.0	100.0	100.0

注：Pearson Chi-Square(9)=42.554，Asymp.Sig.（2-sided）=0.000。

问题：您认为农民工或外来工最适合参加哪一种社会养老保险？

就失地农民最适合参加的社会养老保险这一问题，公众中绝大多数选择了新型农村社会养老保险。如表 3-20 所示，43%的被访公众认为失地农民最适合参加的是新农保，不到 30%的公众则选择了城居保。分别只有14%和 13%的被访者认为失地农民最适合城镇职工社会养老保险或者单独建立养老保险制度。在这一问题上，不同的地区相较而言有一定的差异。除重庆市外，厦门市、苏州市和红河州的公众，大多数都认为新农保是最合适的，分别占42%、43%和51%。其次是城居保。但在这两种社会养老保险的选择人数上，这3个地区都有较大差距。重庆市的情况与这三地差别较大，在重庆市，分别有39%和38%的被访公众认为城居保或者新农保是最适合失地农民的。但从总体上看，这4个地区选择城镇职工社会养老保险或单独建立养老保险制度的公众都比较少，都在10%上下。就城乡不同区域被访者的回答看，其总体趋势是相同的。不论是城市还是农村绝大多数的被访者都认为新农保对于失地农民来说是最合适的。其次是城居保，所占比重都在30%左右。从这一选择分布上我们可以看到，大多数公众认为失地农民在享受社会养老保险中应该和农村居民相同，很少有被访者认为有必要为失地农民单独建立养老保险制度。

表3-20　公众认为失地农民最适合参加的社会养老保险

	总计	地区				城乡	
		厦门市	苏州市	重庆市	红河州	城市	农村
人数（人）	1971	488	483	500	500	1222	749
城镇职工社会养老保险（%）	14.1	16.4	18.0	14.4	7.6	14.9	12.7
城镇居民社会养老保险（%）	29.5	27.0	25.5	38.6	26.8	29.4	29.8
新型农村社会养老保险（%）	43.4	41.6	43.3	37.8	50.8	40.3	48.3
单独建立养老保险制度（%）	13.0	15.0	13.3	9.2	14.8	15.4	9.2
总计（%）	100.0	100.0	100.0	100.0	100.0	100.0	100.0

问题：您认为失地农民最适合参加哪一种社会养老保险？

五、基础养老金统筹的民意分析

（一）基础养老金统筹的意愿

目前我国的社会养老保险实行的是社会统筹与个人账户相结合的方式，养老金待遇由基础养老金和个人账户养老金组成，支付终身。调查结果显示，在基础养老金的统筹意愿上，公众对农村居民和城镇居民享受相同标准的基础养老金是持赞同态度的。专业人员认为城乡居民的基础养老金标准制定时，是应该实行一个标准的，同时城镇居民低保标准应该与基础养老金标准相同。

从专业人员的视角看，他们绝大多数（82.8%）认为我国社会养老保险制度应该实行“基础养老金与个人账户相结合”的筹资模式（见表 3-21）。

表 3-21　专业人员对社会养老保险制度筹资模式的看法

	人数（人）	百分比（%）	有效百分比（%）	累计百分比（%）
只建立基础养老金制度	86	8.6	8.6	8.6
只建立个人账户养老金制度	79	7.9	7.9	16.5
基础养老金与个人账户相结合	826	82.8	82.8	100.0
合计	991	100.0	100.0	

注：Pearson Chi-Square（12）=49.126，Asymp.Sig.（2-sided）=0.000
问题：您赞成农村居民与城镇居民享受相同标准的基础养老金吗？

从公众视角看，他们绝大多数（80%左右）对农村居民和城镇居民享受相同标准的基础养老金是持赞同态度的。如表 3-22 所示，其中，2/3 是非常赞成这一统一标准的。只有 13%左右的被访者对于城乡基础养老金的统一标准持不赞成的观点，另外有 6%的人对于此事不清楚。在统一城乡基础养老金问题上，选取的 4 个调查地的公众的观点基本相同，从厦门市、苏州市、重庆市和红河州，各有 83%、81%、83%和 76%的人是赞同的。相对而言，红河州公众的态度比前 3 个地区较为平缓，选择非常赞同和比较赞同的人数比例较小。这 4 个地区不赞同统一标准的公众都较少，尤其非常不赞成的人数都少于 3%，苏州市最少，只有不到 2%。从城乡区分来看，不论是城市还是农村的被访者，绝大多数都赞同统一城乡基础养老金标准。但相比较而言，农村居民选择赞成的比例稍高于城市居民，其中，农村居民有 85%选择了赞成，而城市居民中只有 77%。在农村居民中，仅有不到 8%对这一统一标准持有不赞成的态度，而城市居民中有 17%是不赞同这一观点的。虽然城乡间有一定的差距，但是总体趋势是较为相同的。在整合城乡基础养老金的过程中，绝大多数的公众是赞成的，而且很大一部分是持非常赞成的态度的。在这一问题上，地区间的差异也基本没有，某种程度上说，统一城乡基础养老金标准是不同经济发展水平的地区的一致需求。

表 3-22　对城乡居民享受相同标准的基础养老金的公众态度

	总计	地区				城乡	
		厦门市	苏州市	重庆市	红河州	城市	农村
人数（人）	1981	494	487	500	500	1228	753
非常赞成（%）	51.9	53.6	50.9	57.4	45.8	47.2	59.6
比较赞成（%）	28.9	29.4	30.6	25.8	30.0	30.3	26.7
不太赞成（%）	11.3	8.9	9.4	10.4	16.4	14.0	6.9
非常不赞成（%）	2.2	2.4	1.8	2.0	2.6	3.1	0.8
不清楚（%）	5.6	7.9	7.2	4.4	5.2	5.4	6.0
总计（%）	100.0	100.0	100.0	100.0	100.0	100.0	100.0

问题：您赞成农村居民与城镇居民享受相同标准的基础养老金吗？

专业人员对城乡居民的基础养老金标准制定，大多数认为是应该实行一个标准的。由表 3-23 可以看出，在施行城乡居民基础养老金整合时，62%的专业人员认为这两者的标准应该是相同的，取消城乡差别对待。同时，有 36%的专业人员认为城镇居民的基础养老金应该高于农村居民。只有极少数（2%）被访者认为要将城镇居民的基础养老金调到低于农村居民的水平。在这一问题上，不同地区的专业人员几乎持有较为一致的观点。在我们开展调查的 4 个调查地点，分别有 60%、63%、59%、65%的被访者认为应该将城乡居民的基础养老金调整到同一个标准，而不是差别对待。但同时，在这 4 个地区，也有不到 40%的被访者认为城镇居民的基础养老金是应该高于农村居民的。无论什么地区，都极少有专业人员认为城镇居民的基础养老金是要低于农村居民的，均不到 3%。可以说，在对城乡居民基础养老金的制定过程中，城乡间的差异应该是逐渐降低的，并且应该逐渐趋于相同化，取消城乡的差别对待，更好地对基础养老金进行整合，缩小城乡保障性收入的差距。

表 3-23　对城乡居民的基础养老金所采取标准的专业人员意见

	总计	地区			
		厦门市	苏州市	重庆市	红河州
人数（人）	996	249	248	249	250
城乡居民实行一个标准（%）	61.8	60.2	63.3	58.6	65.2
城镇居民高于农村居民（%）	36.1	37.8	35.5	38.6	32.4
城镇居民低于农村居民（%）	2.1	2.0	1.2	2.8	2.4
总计（%）	100.0	100.0	100.0	100.0	100.0

注：Pearson Chi-Square(9)=4.285，Asymp. Sig. (2-sided)=0.638

问题：您认为城乡居民的基础养老金标准应该采取哪一种比较合理？

总体来看，专业人员认为低保标准应该与基础养老金标准相同。从表3-24可以看到，被访专业人员中，有44%的人认为城镇居民的低保标准应该与基础养老金标准相同，但同时，也有36%的人认为低保标准应该低于基础养老金标准。相对而言，选择低保标准高于基础养老金的专业人员较少，不到20%。在不同地区，专业人员的意见差距显著。在厦门市、苏州市、红河州，分别有46%、47%、48%的被访者认为低保标准应该与基础养老金相同，分别占这3个地区被访专业人员的绝大多数。与这三地不同的是，在重庆市，有将近50%的专业人员认为低保标准应该是低于基础养老金标准的，而只有36%的专业人员认为两者应该相同。相对于厦门市、苏州市、重庆市选择低保标准高于基础养老金标准的专业人员所占比重都不到25%，后两个地区甚至低于15%而言，红河州的专业人员各有26%左右认为低保标准或者高于或者低于基础养老金标准。综合看，在确定低保标准和基础养老金标准的过程中，专业人员更多地倾向于将二者相同化，与此同时，在调整二者标准时，较少有专业人员认为应该将低保标准调整到高于基础养老金标准。虽然不同地区间有一定的差异，但总体的趋势相差不多。

表3-24　专业人员对城镇居民的低保标准与基础养老金标准关系的意见

	总计	地区			
		厦门市	苏州市	重庆市	红河州
人数（人）	996	249	248	249	250
低保标准与基础养老金标准相同（%）	44.2	45.8	46.8	36.1	48.0
低保标准高于基础养老金标准（%）	19.5	22.9	14.5	14.9	25.6
低保标准低于基础养老金标准（%）	36.3	31.3	38.7	49.0	26.4
总计（%）	100.0	100.0	100.0	100.0	100.0

注：Pearson Chi-Square（12）=56.580，Asymp.Sig.（2-sided）=0.000

问题：您认为城镇居民的低保标准与基础养老金标准的关系怎样确定比较合理？

（二）对基础养老金统筹层次的态度

在进行基础养老金的统筹过程中，公众认为如果要统一城乡的基础养老金标准，应该在全国进行统一，但不同区域间的差距较大，需要因地制宜。而就统一城镇居民社会养老保险方面，绝大多数专业人员认为在全省统一更好。

公众认为，如果要统一城乡的基础养老金标准，则应该在全国进行统一。分析表 3-25 可以发现，被访公众中有 34%认为如果要统一农村居民和城镇居民的基础养老金则应该在全国层面进行统一。将近 30%的被访者认为应该在州市级统一。认为在省级和县级统一的公众所占比例较小，分别为 17%和 13%。在不同地区，公众的意见差别很大。在厦门市和苏州市两地，分别有 42%和 34%的公众认为应该在州市级进行统一的，相较而言，在重庆市和红河州，比重最大的却是在全国统一，分别占 43%和 47%。在厦门市、重庆市和红河州，60%以上的被访者都集中在了全市（州）统一和全国统一，而苏州市的公众选择相比之下较为分散，在县级和省级层面都各有将近 20%的被访者选择。就城乡来看，城市和农村的被访者的观点较为相似，都有 60%以上的被访者认为应该在全市（州）和全国进行统一。但两者又有一定的区别，在城市被访者中，有 31%的人认为应该是全市（州）统一，占据了最大的比重；在农村被访者中，占据最大比重的是有 34%的被访者认为应该在全国统一农村居民和城镇居民的基础养老金。在统一城乡基础养老金问题上，不同地区的差异较大，而城乡的差异较小，但不论从地区看还是城乡看，大部分被访者倾向于全国统一，而选择在全县统一的被访者都是最少的。可以看到，被访者主要集中认为在全国统一或在全市（州）统一，跳过了省级，同时也不倾向于最小级别的县级来进行城乡基础养老金的整合。

表 3-25 公众对城乡基础养老金标准统一层次的意见

	总计	地区				城乡	
		厦门市	苏州市	重庆市	红河州	城市	农村
人数（人）	1980	494	486	500	500	1227	753
全县统一（%）	12.9	10.1	19.3	10.2	12.0	13.6	12.9
全市（州）统一（%）	28.9	41.7	34.4	23.8	16.2	31.3	28.9
全省统一（%）	17.0	14.0	19.3	15.2	19.4	17.2	17.0
全国统一（%）	33.7	24.5	20.0	43.2	46.8	29.9	33.7
不清楚（%）	7.5	9.7	7.0	7.6	5.6	8.0	7.5
总计（%）	100.0	100.0	100.0	100.0	100.0	100.0	100.0

问题：如果统一农村居民与城镇居民的基础养老金标准，您认为应在哪个层次上统一？

和普通公众的意见不同的是，绝大多数专业人员认为在全省统一城镇居民社会养老保险的基础养老金更好。如表 3-26 所示，从总体看，42%

的被访者认为城镇居民的社会养老保险金基础养老金应该是全省统一的。分别有26%和27%的被访者认为，应该在全市（州）和全国进行统一。仅有不到6%的被访者认为应该在全县层次统一基础养老金。在被调查的4个地区，专业人员的意见也有着较大的不同。厦门市和苏州市的基础养老金统一层次划分差距较重庆市和红河州并不十分明显。在厦门市和苏州市两地，认为应该在省级和州市级层次统一的被访专业人员基本保持在32%~37%，认为需要在全国统一的专业人员占22%~23%，而认为应该在县级统一的比例较小，均不到10%。在重庆市和红河州，均有45%以上的专业人员认为应该在全省层次进行基础养老金的统一。排在全省层次统一之后的，是认为在全国层次进行统一，两地分别有32%和29%的专业人员选择了这一选项。排在后一位的是在州市级统一，占17%~18%。同厦门市、苏州市两地相似的是，重庆市和红河州的被访专业人员很少认为应该在县级统一基础养老金，所占比例都不到10%。分析可知，在厦门市和苏州市，被访专业人员主要认为基础养老金的统一层次应该是居于中间的省级和州市级。但在重庆市和红河州，认为省级统一的专业人员较多，其次认为在全国进行统一，认为在州市级及县级统一的专业人员相对较少。

表3-26　专业人员认为城镇居民社会养老保险基础养老金较好的统一层次

	总计	地区			
		厦门市	苏州市	重庆市	红河州
人数（人）	997	249	249	249	250
全县统一（%）	5.6	3.2	7.6	5.6	6.0
全市（州）统一（%）	25.5	36.1	31.3	16.9	17.6
全省统一（%）	41.9	37.8	36.9	45.8	47.2
全国统一（%）	27.0	22.9	24.1	31.7	29.2
总计（%）	100.0	100.0	100.0	100.0	100.0

注：Pearson Chi-Square(9)=42.119，Asymp. Sig. (2-sided)=0.000

问题：您认为城镇居民社会养老保险的基础养老金应该在哪个层次上统一比较好？

（三）对基础养老金财政分担的意见

政府相关部门、高校专业人员学者、企业人力资源经理等专业人员被访者普遍认为，分税制改革后，中央和省级财政应该承担基础养老保险金的60%以上，县区级财政只能负担很少一部分，这与我国财政收入情况基本相符合。专业人员还认为，不论是城镇居民社会养老保险还是新型农村社会养老保险，中央财政都应该负担最大的比重，财政负担额度随政府级别逐级递减。但就不同区域而言，其比例额度的实际分配又有较大的区别。

专业人员认为，中央财政应该负担城镇居民社会养老保险的较大部分。从表 3-27 可以看出，被访专业人员认为中央财政负担城镇居民的社会养老保险基础养老金的比例最高，占 43%。其次为省级财政，占 24%，州市级财政及县区级财政相对较小，为 17%和 15%。在厦门市、苏州市、重庆市和红河州 4 个调查地，各级政府应负担的比例平均值的分布有较大区别。虽然从总体上看，这 4 个地区的专业人员在财政分配上都是认为中央财政需负担最大的份额。但是，红河州和重庆市两地的专业人员认为中央财政应承担的份额均值明显高于厦门市和苏州市两地。前两者的比例为 54%和 49%，而后两者为 36%和 31%。这似乎表明区域经济发达程度与对中央财政转移支付的期许有关。越是经济欠发达地区，越会倾向于依靠中央财政解决地方社会养老金的缺口。在四级财政的负担比例分配中，苏州市的被调查专业人员的分配均值较为平均，从中央财政到县区财政分别为 31%、25%、22%和 22%，而红河州的分配则最为分散，从中央财政的 54%，到省级财政的 23%，到州市级的 13%，再到县区级财政的 10%，份额跨度较大。在其他两个地区中，厦门市的被调查专业人员在省级财政和州市级财政的分配额度较为接近，都在 20%~25%，而重庆市则是州市级财政和县级财政的分配额度基本保持在 12%~13%。不论从总体来看还是分地区来看，专业人员都给予中央财政较大的期望，在城镇居民的社会养老保险基础养老金中都将中央财政放在了最为重要的位置，但同时，省级、州市级和县区级财政不能单单依靠中央财政，也需要根据实际的地区经济发展情况和财政级别分摊不同程度的责任。

表 3-27 专业人员对各级财政负担城镇居民养老保险基础养老金比例意见

	总体均值	地区				Pearson Chi-Square	Asymp. Sig. (2-sided)
		厦门市	苏州市	重庆市	红河州		
人数（人）	966	239	228	249	250		
中央财政（均值）（%）	42.89	36.23	31.32	48.52	54.18	312.341	0.000
省级财政（均值）（%）	24.35	24.41	24.78	25.47	22.79	172.336	0.000

续表

	总体均值	地区				Pearson Chi-Square	Asymp. Sig. (2-sided)
		厦门市	苏州市	重庆市	红河州		
州市级财政（均值）（%）	17.41	21.92	22.11	12.90	13.33	401.953	0.000
县区级财政（均值）（%）	15.35	17.44	21.79	13.11	9.7	258.430	0.000
总计（%）	100.00	100.00	100.00	100.00	100.00		

问题：您认为各级财政负担城镇居民社会养老保险的基础养老金比例应为多少？

专业人员也同样认为，中央财政应该负担新型农村社会养老保险的较大部分。如表 3-28 所示，被调查者在负担新型农村社会养老保险的基础养老金的分配中认为，中央财政平均应该承担超过 40%的比例，其次是省级财政应承担 24%，而州市级及县区级财政承担的平均份额较小，分别占到 15%左右。分地区看，厦门市和苏州市两地的被调查者相较于重庆市和红河州的被调查者，认为中央财政所要负担的比例较小，为 30%~40%，而后两地在 50%~55%。相比较而言，厦门市和苏州市在省级财政和州级财政的分配比例比较接近，平均值在 20%~25%，而重庆市和红河州两地相较而言，州市级及县级财政所需负担比例较小，在 12%~13%，其中红河州的县级财政负担更是小于 10%，该两地的省级财政支出基本也保持在 22%~25%。较为特殊的是苏州市，四级财政的分配比例均值较为接近，从中央财政一直到县区级财政分配比例分别为 32%、25%、22%和 22%。而红河州在四级财政中的分配差距最大，从中央财政到县区级财政的分配比例为 55%、25%、13%、10%。但 4 个调查地区的总体趋势都是中央财政的承担份额最大，其后依次是省级财政、州市级财政，最小的为县区级财政。在被调查者看来，中央财政应该承担新型农村社会养老保险的基础养老金的绝大部分，而县区级财政相较而言的责任较小，不过同时也可发现，被调查者认为基础养老金应该由不同级别的政府分别按照份额承担，而不是由某一级政府单独负担。不仅如此，专业人员认为，对城镇居民以及农村居民两种养老保险的基础养老金财政负担比例与负担结构基本一致，这反过来也意味着从财政供给角度看，可以对这两种养老保险制度加以整合。

表 3-28　专业人员对各级财政负担新农保基础养老金比例的意见

	总体均值	地区				Pearson Chi-Square	Asymp. Sig. (2-sided)
		厦门市	苏州市	重庆市	红河州		
人数（人）	965	239	227	249	250		
中央财政（均值）（%）	43.68	37.58	31.65	49.34	54.75	301.109	0.000
省级财政（均值）（%）	24.20	24.52	24.67	25.13	22.56	158.904	0.000
州市级财政（均值）（%）	16.96	20.80	22.03	12.55	13.09	392.062	0.000
县区级财政（均值）（%）	15.16	17.10	21.64	12.98	9.60	246.599	0.000
总计（%）	100.0	100.0	100.0	100.0	100.0		

问题：您认为各级财政负担新型农村社会养老保险的基础养老金比例应为多少？

第四章　医疗保障制度的民意分析

我国目前存在四种形式的医疗社会保障，即“公费医疗”、“城镇职工基本医疗保险”、“城镇居民基本医疗保险”和“新型农村合作医疗”。

“公费医疗”指国家为保障国家工作人员而实行的、通过医疗卫生部门按规定向享受人员提供免费医疗及预防服务的一项社保制度，覆盖人群为各级国家机关、党派、人民团体由国家预算内开支工资的、在编制的工作人员。

“城镇职工基本医疗保险”是为补偿劳动者因疾病风险遭受经济损失而建立的一项社会保险制度。通过用人单位和个人缴费，建立医疗保险基金，参保人员患病就诊发生医疗费用后，由医疗保险经办机构给予一定的经济补偿，以避免或减轻劳动者因患病、治疗等所承受的经济风险。覆盖范围主要包括城镇所有用人单位，包括企业、社会团体、民办非企业单位及其职工。

“城镇居民基本医疗保险”（以下简称“城居医保”）是为实现基本建立覆盖城乡全体居民的医疗保障体系的目标而建立起的以政府为主导，以居民个人（家庭）缴费为主，政府适度补助为辅的筹资方式，按照缴费标准和待遇水平相一致的原则，为城镇居民提供医疗需求的医疗保险制度。参保范围包括不属于城镇职工基本医疗保险制度覆盖范围的中小学阶段的学生（包括职业高中、中专、技校学生）、少年儿童和其他非从业城镇居民都可自愿参加城镇居民基本医疗保险。城镇居民基本医疗保险以家庭缴费为主，政府给予适当补助。参保居民按规定缴纳基本医疗保险费，享受相应的医疗保险待遇，有条件的用人单位可以对职工家属参保缴费给予补助。

“新型农村合作医疗”(以下简称“新农合”)，是指由政府组织、引导、支持，农民自愿参加，个人、集体和政府多方筹资，以大病统筹为主的农民医疗互助共济制度。采取个人缴费、集体扶持和政府资助的方式筹集资金。

据人力资源和社会保障部公布的《2011 年度人力资源和社会保障事业

发展统计公报》，截至 2011 年底，全国参加城镇职工基本医疗保险人数为 25227 万人，参加城居医保人数为 22116 万人；据国家卫计委公布数据，截至 2011 年底全国参加新农合人数为 8.32 亿人，参合率超过 97%[①]。这样累计，全国至少有 13 亿人已经覆盖在社会医疗保障的范围之中。

在我国现行医疗保障体系建设取得巨大成就的同时，我们也应看到现行的医疗保障制度基本上是按照职业类型和户籍身份设置，各项医疗保障制度的整合程度低，“碎片化”状况十分明显。部分机关工作人员仍然享有几乎免费的公费医疗，城镇企业职工通过缴费获得社会医疗保险待遇，而灵活就业人员、农民以及居民等无雇主人员只能获得较低的、以大病补偿为主的医疗保障待遇。由此形成了针对各个职业阶层或不同户籍设置的多样化医疗保障制度，使得参保人员的保障待遇各不相同，制度区隔非常明显，这种区隔逐渐演变成为强势群体与弱势群体之间的“博弈”。

一、新农合制度的民意分析

关于医疗保障，调查中首先询问了普通公众目前享有的医疗社会保险类型。统计结果显示，2000 位受访者共参与了 5 类医疗社会保险。有 42.1%的人拥有城镇职工基本医疗保险，其次有 32.5%的人参加了新型农村合作医疗，而后为城镇居民基本医疗保险（16.9%）、公费医疗（10%）。参与农民工社会医疗保险的比例甚低，为 5%。还有 5.1%的人没有参加任何医疗社会保险，见图 4-1。

而后又进一步询问了专业人员对新型农村合作医疗的统筹和整合的态度。分析结果表明，专业人员群体认为“新农合”应该在省级层次统一更为合适，而个人的筹资比例不应占总筹资额过高比例，1 : 10 的比重较为适宜。同时根据当地经济发展情况，可以适时将新型农村合作医疗的管理职能移交给人力资源和社会保障部门。而对于取消新农合中个人（家庭）账户，公众的意见大相径庭，区域间的差异也较为明显，需要因地制宜，

① 中华人民共和国国家卫生和计划生育委员会：《新农合工作 2011 年进展和 2012 年重点》，http://www.nhfpc.gov.cn/mohbgt/s3582/201202/54209.shtml。

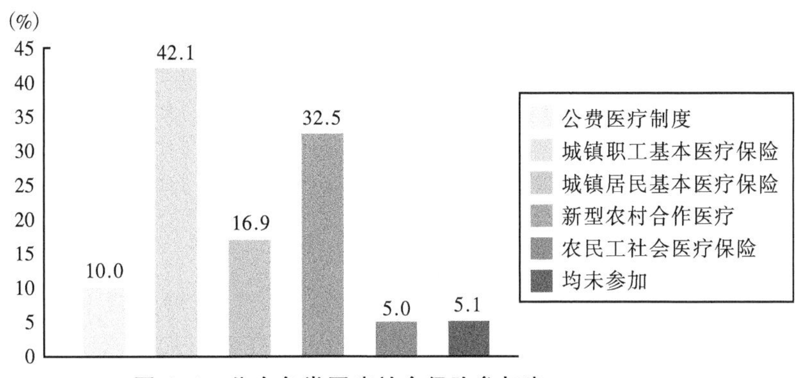

图 4-1　公众各类医疗社会保险参与率

注：由于存在重复参保，此图中百分比之和大于 100%。

不可“一刀切”，应该更为深入地调查和了解实际情况。

（一）对新农合统筹层次的态度

总体看，多数专业人员认为新型农村合作医疗应该在全省层次进行统筹，如表 4-1 所示，有近 41%的专业人员持有这种观点。认为适合在全市（州）层次统一的专业人员占了将近 31%，还有 21%左右的专业人员选择了全国统一新型农村合作医疗，只有不到 8%的专业人员认为适合在全县统一。分地区看，在新型农村合作医疗整合层级这一问题上，4 个被调查地之间的专业人员意见差距显著，综合分析，重庆市和红河州的专业人员倾向于全省统一新型农村合作医疗，苏州市的专业人员则认为全市（州）统一更为合适，而厦门市选择州市级和省级的专业人员比例相当。其中，在厦门市，持市级统一和全省统一意见的专业人员各占 38%和 39%左右，相较而言，苏州市的被访专业人员的选择也主要集中在这两个级别，但比例有一定的差别，分别为 41.9%（全市统一）和 35.5%（全省统一）。经济水平相对较低的重庆市和红河州，专业人员意见和前两个区域区别较大。在重庆市，有将近 45%的专业人员认为适合在全省进行统一，而选择州市级和全国统一的各占 1/4 左右。在红河州，专业人员更倾向于全省统一（45.6%），另有 1/4 的专业人员选择了全国统一，而对于市级（18.8%）和县级（10.4%）的统一层次，较少有专业人员认为是合适的，但相比较而言，在红河州选择全县统一的专业人员比例相较于其他 3 个地区是最高的。

表 4-1　专业人员对新型农村合作医疗统一层次的观点分布

	总计	地区			
		厦门市	苏州市	重庆市	红河州
人数（人）	998	251	248	249	250
全县统一（%）	7.7	6.8	6.9	6.8	10.4
全市（州）统一（%）	30.5	37.8	41.9	23.3	18.8
全省统一（%）	41.1	38.6	35.5	44.6	45.6
全国统一（%）	20.7	16.7	15.7	25.3	25.2
总计（%）	100.0	100.0	100.0	100.0	100.0

注：①Pearson Chi-Square(9)=47.775，Asymp. Sig. (2-sided)=0.000。
②问题：您认为新型农村合作医疗在哪个层次上统一比较合适？

（二）对新农合的个人缴费比例的态度

分析专业人员对新型农村合作医疗个人缴费占筹资总额的合适比例数据可以发现，从整体来看，1∶10 的分布得到了绝大多数专业人员的支持，如图 4-2 所示，选择这一比例的专业人员占了总人数的 34%。同时，1∶5 和 1∶8 两种比值也得到了相对较多的专业人员支持，赞同比例分别为 16.6%和 10.8%。

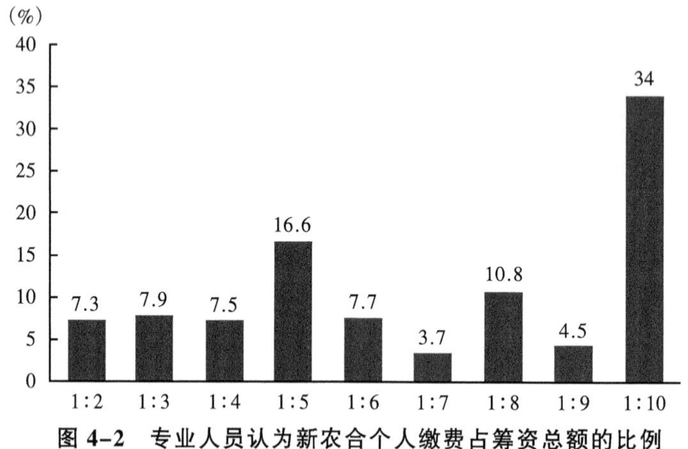

图 4-2　专业人员认为新农合个人缴费占筹资总额的比例

在 4 个被调查地，被访专业人员最支持的个人缴费筹资比例都为 1∶10。其中，厦门市为 32.1%，苏州市为 30.0%，重庆市为 34.5%，红河州为

39.2%。但在其他比例的选择中，各地区间的差异是显著的。在厦门市，专业人员认为 1 : 5（18.9%）、1 : 8（14.5%）和 1 : 4（12.4%）是较为合理的。在苏州市，1 : 5（18%）、1 : 3（11.6%）得到一定专业人员认可。相较而言，在重庆市和红河州，1 : 5 的比例分布得到了较多的专业人员的支持，两地分别为 16.5%和 13.2%。综合看，专业人员认为在新型农村合作医疗的筹资比例中，个人的筹资不应占据筹资总额太大的比重，认为个人筹资占比为 1 : 5~1 : 2 区间的专业人员比例不到 40%。比较来看，经济的发达程度与否，与专业人员认为个人缴费的合理比例关系不大，在这 4 个地区，50%左右的专业人员都选择了 1:10~1:8 的比重为合适分布（见表 4-2）。这说明专业人员认为在进行新型农村合作医疗的个人缴费调整中，不应该给予个人过高的负担，个人承担的只是其中较小的比重是相对合理的。

表 4-2　专业人员认为在新农合筹资比例中个人缴费占筹资总额的合理比例

	总计	地区			
		厦门市	苏州市	重庆市	红河州
人数（人）	998	249	250	249	250
1 : 2	7.3	2.8	8.0	10.0	8.4
1 : 3	7.9	5.6	11.6	8.8	5.6
1 : 4	7.5	12.4	6.0	5.2	6.4
1 : 5	16.6	18.9	18.0	16.5	13.2
1 : 6	7.7	7.6	8.0	6.0	9.2
1 : 7	3.6	2.4	3.6	4.0	4.4
1 : 8	10.8	14.5	10.0	11.2	7.6
1 : 9	4.5	3.6	4.8	3.6	6.0
1 : 10	34.0	32.1	30.0	34.5	39.2
总计（%）	100.0	100.0	100.0	100.0	100.0

注：Pearson Chi-Square (24) =46.148，Asymp. Sig. (2-sided) =0.004。

问题：您认为在新型农村合作医疗的筹资比例中，个人缴费占筹资总额的比例应该为多少比较合理？

通过进一步的交叉分析发现，虽然各教育程度分组对新农合 1 : 10 的个人缴费比例认可度差异不大，均在 31%~35%，对于缴费高占比（1 : 5~1 : 2）和中占比（1 : 9~1 : 6）的认可度有所差别。相比而言，高中及以下学历的专业人员和研究生学历的专业人员认为高占比更为可取，赞同比例分别为46.0%和47.7%；而大专和大本学历的专业人员相对赞同的比例就低些，分别为39.9%和36.5%，见表4-3。

表4-3 不同教育程度分组专业人员认为在新农合筹资比例中个人缴费占筹资总额的合理比例

	总计	教育程度分组			
		高中及以下	大学专科	大学本科	研究生
人数（人）	998	89	243	557	109
1:5~1:2	39.3	46.0	39.9	36.5	47.7
1:9~1:6	26.7	22.5	27.2	28.5	19.3
1:10	34.0	31.5	32.9	35.0	33.0
总计（%）	100.0	100.0	100.0	100.0	100.0

注：Pearson Chi-Square(6)=54.010，Asymp. Sig. (2-sided) =0.000。

问题：您认为在新型农村合作医疗的筹资比例中，个人缴费占筹资总额的比例应该为多少比较合理?

（三）对于取消新农合个人账户的态度

公众对于取消新型农村合作医疗的个人（家庭）账户的态度较为分散，相对而言，总体上不赞成的人数略高于赞成的人数。如表4-4所示，有38%的公众表示赞成取消个人（家庭）账户，同时，也有41%的人不赞成这种取消行为。但也可以看到，对于这一问题，有21%的被访者没有明确态度，表示其不清楚是否该取消新农合中的个人（家庭账户）。在这一问题上，区域间的差异十分明显。在厦门市，表示不赞同的人数和赞同的人数基本持平，各自占37%、38%。在苏州市，这之间的差距相对明显，赞成的人数相对较多，占了将近45%，而不赞成的约为32%。重庆市和厦门市较为相似，赞成和不赞成的态度区分不是十分明显，分别为45%和39%。而红河州的公众态度最为鲜明，且与苏州市明显相反，55%的公众是不赞成的，相对只有37%的公众持赞同态度。不可忽视的是，在厦门市和苏州市，对这一问题没有发表个人态度的公众占了超过1/4的比例。就城乡区分看，城市被访者和农村被访者对这一问题的态度趋同。城市有38%表示赞同。农村被访公众的不赞成比例略高于城市，为45%（城市为38%）。城市被访者的不清楚比例要明显高于农村被访者。就数据分析看，是否取消新型农村合作医疗体系中的个人（家庭）账户现在尚存争议，公众的意见也较为分散，需要进一步深入地进行调查访问，也需根据不同地区提出针对该地区的行之有效的方案。

表 4-4　公众对取消新农合个人（家庭）账户的态度

	总计	地区				城乡	
		厦门市	苏州市	重庆市	红河州	城市	农村
人数（人）	1979	493	486	500	500	1227	752
非常赞成（%）	18.0	17.4	20.4	21.6	12.8	18.8	16.8
比较赞成（%）	19.9	19.3	22.4	24.0	14.0	18.9	21.5
不太赞成（%）	32.2	29.6	25.1	30.4	43.4	29.3	36.8
非常不赞成（%）	8.8	8.3	6.4	8.8	11.8	9.0	8.6
不清楚（%）	21.1	25.4	25.7	15.2	18.0	24.0	16.2
总计（%）	100.0	100.0	100.0	100.0	100.0	100.0	100.0

注：Pearson Chi-Square（12）=49.858，Asymp.Sig.（2-sided）=0.000。
问题：您赞成取消新型农村合作医疗的个人（家庭）账户吗？

（四）对于新农合主管部门的倾向

就专业人员群体而言，绝大部分专业人员对把新型农村合作医疗的管理职能移交给人力资源和社会保障部门是持赞同意见的。如表 4-5 所示，有超过 3/4 的专业人员选择了非常赞成或者比较赞成，两者的比例分别为 34%和 41%。对此职能移交持非常不赞成态度的专业人员极少，只有不到 5%。分地区看，被调查的四地区域间的差异显著。比较看，厦门市和苏州市较为相似，重庆市和红河州意见结构趋同。在厦门市和苏州市，选择比较赞同的专业人员明显占据了最大比重，分别为 50%和 46%，在这两个地区，赞同的专业人员均超过了 80%。而在重庆市和红河州，赞同的态度没有前两个地区那么明显，表示赞同的专业人员分别为 70%和 65%左右。虽然 4 个地区强烈不赞成的专业人员比重都不高，均未超过 7%，但重庆市和红河州选择不太赞成的专业人员比例较高，都超过了 20%，红河州甚至快达到了 30%。可以看到，经济发展较为落后的地区对于将新型农村合作医疗的管理职能移交给人力资源和社会保障部门的支持度较低。这一趋势对于在经济相对落后地区进行职能整合的方式提出了一定的挑战，专业人员不赞成这种职能移交的背后因素还需要进一步地探讨。但可以看到，这种职能的移交是新型农村合作医疗整合过程中应该逐渐推行的趋势，只是在实际操作中应根据具体地区就时间和方式进行适当的调整。

表 4-5 专业人员对将新农合管理职能移交给社保部门的态度

	总计	地区			
		厦门市	苏州市	重庆市	红河州
人数（人）	998	250	249	249	250
非常赞成（%）	34.4	33.6	36.1	34.9	32.8
比较赞成（%）	41.2	50.0	46.2	36.5	32.0
不太赞成（%）	20.0	13.6	15.3	22.9	28.4
非常不赞成（%）	4.4	2.8	2.4	5.6	6.8
总计（%）	100.0	100.0	100.0	100.0	100.0

注：Pearson Chi-Square（12)=31.561，Asymp.Sig.（2-sided)=0.000。
问题：您赞成把新型农村合作医疗的管理职能移交给人力资源和社会保障部门吗？

二、城镇居民医保制度的民意分析

在城镇居民基本医疗保险的整合问题上，专业人员认为全省层级的统一比较合适，在这个过程中，个人缴费占筹资总额的 1/10 是更为合适的。

（一）城镇居民医保的统筹层次

从被访的 1000 名专业人员总体看，大部分人认为城镇居民基本医疗保险在全省进行统一比较合适。分析表 4-6 可知，有 41.5%的专业人员选择了全省统一，另外分别有不到 30%和 24%的专业人员选择了全市（州）统一和全国统一。而选择在县级进行统一的专业人员极少，只占 5%。根据统计结果可以看到，不同调查区域间的差异比较显著。具体看，厦门市和苏州市情况较为相似，选择在全市（州）统一和在全省统一的专业人员比重相当，厦门市的比例分别为 40%和 36%，苏州市的比例分别为 39%和 35%。而在重庆市和红河州，选择全省层级统一的专业人员比重明显高于其他 3 个层级，两地分别为 47%和 48%。与厦门市、苏州市比较，重庆市和红河州的另一个不同是，选择全国统一的专业人员比重相对略高，分别为 27%和 28%。可以说，相对较为发达的厦门市和苏州市，全省或全市（州）统一较为合理，而对于经济略微落后的重庆市和红河州，全省或全国的统一则在专业人员眼中更为合理。根据地域间的差距和整体的情况来看，在各个省份进行城镇居民基本医疗保险的统一是更为合适和恰当的，县级或州市级的统一过于小范围也不利于更好地整合，而全国统一在一定程度上推行起来难度较大，更难考虑到不同发展地区的经济发展水平。

表 4-6 专业人员对城居医保统一层次的意见

	总计	地区			
		厦门市	苏州市	重庆市	红河州
人数（人）	1000	251	250	249	250
全县统一（%）	5.0	4.8	5.6	5.2	4.4
全市（州）统一（%）	29.7	39.8	39.2	20.5	19.2
全省统一（%）	41.5	36.3	34.8	47.0	48.0
全国统一（%）	23.8	19.1	20.4	27.3	28.4
总计（%）	100.0	100.0	100.0	100.0	100.0

注：①Pearson Chi-Square(9)=38.665，Asymp. Sig. (2-sided)=0.000。
②问题：您认为城镇居民基本医疗保险在哪个层次上统一比较合适？

（二）城镇居民医保的个人缴费比例

从被调查的专业人员的总体看，大部分专业人员认为在城镇居民基本医疗保险的筹资比例中，个人缴费占筹资总额的 1/10 是比较合适的。表 4-7 数据显示，有接近 29%的专业人员支持这一观点。同时，1:5 的比例也得到了不到 20%的认同率。除 1:6 和 1:8，其他比例结构都只有不到 10%的专业人员选择。可以看到，高于 1/5（含 1/5）的比例分配相对来说只有 30%左右的专业人员认为是合理的，而低于 1:8（含 1:8）的筹资比例则得到了超过 40%的专业人员认同，是更为合理的。分地区看，不同地区之间的差异是显著的，虽然 1:10 的比例都是获得最高专业人员选择比例的。具体看，厦门市 45%左右的专业人员认为 1:8 及以下比例是合理的，苏州市则为 42%，重庆市和红河州分别为 45%和 48%。而厦门市和苏州市支持 1:5 以上比例的专业人员略高于重庆市和红河州，这一比例在这 4 个地区分别约为 41%、44%、40%和 38%。在这一问题上，专业人员的意见较为分散，分地区看，趋势较不明显。在对个人筹资比例进行调整和制定的过程中，何种比例更为恰当，一是根据当地的经济发展水平而定，二是考虑到实际的社会环境。但总体看，较低的比例还是有相对较多的专业人员支持，不应该在城镇居民基本医疗保险筹资中给居民过大的压力和负担。

表 4-7　专业人员认为居民医保筹资比例中个人缴费占筹资总额的合理比例

	总计	地区			
		厦门市	苏州市	重庆市	红河州
人数（人）	998	250	249	249	250
1:2	7.0	2.4	7.2	9.6	8.8
1:3	8.1	6.4	10.8	8.8	6.4
1:4	7.4	10.8	5.6	6.0	6.8
1:5	18.5	22.0	20.9	16.9	14.4
1:6	10.0	11.6	10.0	8.0	10.4
1:7	3.9	2.4	3.2	4.8	5.2
1:8	10.8	14.0	10.4	10.8	8.0
1:9	5.8	5.2	5.2	4.0	8.8
1:10	28.5	25.2	26.5	30.9	31.2
总计（%）	100.0	100.0	100.0	100.0	100.0

注：Pearson Chi-Square (24)=43.464，Asymp. Sig. (2-sided) =0.009。

问题：您认为在城镇居民基本医疗保险筹资比例中，个人缴费占筹资总额比例应该为多少比较合理?

三、城镇职工医保制度的民意分析

在对城镇职工基本医疗保险进行整合过程中，专业人员认为全省统一更为可行，而在考虑纳入这一制度体系时，企业职工、公务员和事业单位人员相对更为适宜。同时，公众认为，不应该取消城镇职工基本医疗保险的个人账户。

（一）对于城镇职工医保制度整合的人群的看法

专业人员认为，纳入现行城镇职工基本医疗保险制度的参保对象应该包括公务员（含参公人员）、事业单位人员、企业职工、城镇居民和农民工五类人群，但对各类参保人群纳入城镇职工基本医疗保险制度的支持率并不一致。专业人员认为，适宜纳入现行城镇职工基本医疗保险制度的人群，依次为企业职工、事业单位人员、公务员、城镇居民和农民。如表4-8所示，在问及专业人员哪些人群应该纳入现行的城镇职工基本医疗保险制度时，有 83.6%的专业人员选择了企业职工，76.5%选择了事业单位人员，72.5%选择了公务员，71.9%选择了城镇居民，相对较少的 59.5%选择了农民。分地区看，在是否纳入企业职工、城镇居民和农民三部分人群，4 个被调查地的区域差别显著，而对另两个人群，专业人员意见差别不大。具体来看，厦门市按照专业人员意见适宜纳入城镇基本医疗保险制度的被访者比例排序，依次为企业职工 82.9%，事业单位人员 79.3%，公务员 72.5%，城镇居民 68.5%，农民 66.5%。在苏州市，这一比例分布排序与厦门市有一定的差别，最大的不同是其中排在第 2 位的是城镇居民，为 81.5%。重庆市除选择企业职工比例较高，选择农民比例较低，其他 3 个人群的比例接近，基本都为 70%左右。红河州情况较为特殊，公务员、事业单位人员、企业职工比例相当，有 75%左右的专业人员选择。而城镇居民和农民选择的专业人员相对较少，分别为 65%和 55%。综合看，在考虑将哪部分人群纳入城镇职工基本医疗保险制度时，农民工相对来讲不太适宜，而企业职工、事业单位人员和公务员在这一问题上争议不大，较为适宜，至于城镇居民是否应该纳入，不同地区之间的差异较大，需要进一步进行考察，因地制宜。

表 4-8　专业人员对纳入现行城镇职工基本医疗保险制度的适宜人群意见

	总计	地区				Pearson Chi-Square	Asymp. Sig. (2-sided)
		厦门市	苏州市	重庆市	红河州		
人数（人）	999	251	249	249	250		
公务员（%）	72.5	72.5	71.9	70.7	74.8	1.122	0.772
事业单位人员（%）	76.5	79.3	75.5	73.1	78.0	3.138	0.371
企业职工（%）	83.6	82.9	86.3	89.2	76.0	17.592	0.001
城镇居民（%）	71.9	68.5	81.5	72.3	65.2	18.396	0.000
农民（%）	59.5	66.5	60.2	56.2	54.8	8.607	0.035

问题：您认为下列哪些人群应该纳入现行的城镇职工基本医疗保险制度？（可多选）

（二）对于城镇职工医保制度统筹层次的态度

在整合城镇职工基本医疗保险系统的过程中，专业人员认为全省统一应该更为适当。如表 4-9 所示，有 40%以上的专业人员持有该意见。在州市级和国家级进行统一，分别得到近 30%和 25%的支持。很少（4%）有专业人员认为这种整合适宜在县级进行。在医疗系统整合层级问题上，不同地区的专业人员意见差异显著，在执行过程中，需深入具体考察不同地区的整合方式。具体来看，在厦门市，有 41%的专业人员认为在全州市进行统一是更为可行的。但同时选择全省统一的专业人员为 36%。在苏州市，选择这两个选项的专业人员比例基本相当，都在 38%左右。而重庆市和红河州的数据与前两个地区有着明显的差别。在重庆市，46%的专业人员选择了在全省统一，在红河州，这一选项的比例有 42%。除这一选项外，与前两地更为不同的是，重庆市和红河州各有 29%和 33%的专业人员认为应该在全国层次统一城镇职工基本医疗保险。而选择在全市（州）统一的比例都较低，分别为 22%和 19%，这明显和厦门市、苏州市两地有很大的不同。综合分析，虽然说在全省统一在不同地区都得到了绝大多数的专业人员支持，但不同经济发展水平的地区在这一问题上的差别很大。相对经济较为发达的厦门市和苏州市，省级和市级是更为合适的，而重庆市和红河州的专业人员则认为省级或国家级的整合更为可行。

表 4-9　专业人员对城镇职工基本医疗保险统一层次意见

	总计	地区			
		厦门市	苏州市	重庆市	红河州
人数（人）	998	251	248	249	250
全县统一（%）	4.3	3.6	4.4	3.2	6.0
全市（州）统一（%）	29.8	41.0	37.5	21.7	19.2
全省统一（%）	40.5	35.9	38.3	45.8	42.0
全国统一（%）	25.4	19.5	19.8	29.3	32.8
总计（%）	100.0	100.0	100.0	100.0	100.0

注：Pearson Chi-Square(9)=50.028，Asymp. Sig. (2-sided)=0.000。
问题：您认为城镇职工基本医疗保险在哪一个层次上统一比较可行？

（三）对取消城镇职工医保个人账户的态度

从总体看，绝大多数的公众不太赞成取消城镇职工基本医疗保险个人账户。如表 4-10 所示，有 48%的人选择了不太赞成或非常不赞成。只有不到 32%的人赞成这一措施。同时，在被访者中，有 20%左右的公众对这一问题没有自己明确的意见，不清楚是否该取消个人账户。分不同地区看，不太赞成都占了 4 个地区被选择的最大比重，就厦门市、苏州市、重庆市、红河州来看，分别有 47%、44%、45%和 56%的被访者持不赞成态度，其中以红河州的不赞成比例最高。相对而言，重庆市的赞成比例略高于其他 3 个地区，将近 40%，厦门市、苏州市和红河州则都在 30%左右。但同时也要注意，在这一取消城镇职工基本医疗保险问题上，不太了解的公众的比例较高，分别为 24%、22%、16%和 19%。情况较为特殊的是，经济越发达的地区这一比例越高，公众对于这一问题的参与度越低。从城乡区域的被访者反映的情况来看，城市和农村分别有 50%和 45%的公众是不赞成取消个人账户的，基本趋势相同。比较看，农村被访者对这一问题的不清楚比重要略高于城市公众。综合分析认为，取消城镇职工基本医疗保险的个人账户在公众中并不能得到较大的支持，人们大多持反对意见，如果强行取消医疗保险的个人账户，势必会引起较多公众的不满。

表 4-10　公众对取消城镇职工基本医疗保险个人账户的态度

	总计	地区				城乡	
		厦门市	苏州市	重庆市	红河州	城市	农村
人数（人）	1973	490	483	500	500	1223	750
非常赞成（%）	15.1	14.9	17.2	17.4	11.0	14.9	15.5
比较赞成（%）	16.4	14.5	15.7	22.0	13.4	16.4	16.5
不太赞成（%）	34.4	33.1	30.8	33.6	40.0	34.5	34.3
非常不赞成（%）	13.9	14.1	13.9	11.2	16.4	15.7	10.9
不清楚（%）	20.2	23.5	22.4	15.8	19.2	18.6	22.8
总计（%）	100.0	100.0	100.0	100.0	100.0	100.0	100.0

注：Pearson Chi-Square(12)=31.561，ASgmp. sig. (2-sided) = 0.000。
问题：您赞成取消城镇职工基本医疗保险的个人账户吗？

（四）对农民工适合的医保制度的看法

在公众眼中，新型农村合作医疗是最适合农民工或外来打工者的社会医疗保险。总体来看，对于农民工或外来工最适合参加的社会医疗保险这一问题，公众较为明显地认为新型农村合作医疗更为合适。如表 4-11 所示，有将近 43%的公众选择这一选项。另外，各有 26%和 21%的公众选择城镇职工基本医疗保险和城镇居民基本医疗保险。相对而言，单独设立医疗保险只得到了不到 11%的公众认可。整体分析被调查的 4 个地区，新型农村合作医疗都得到了最大比重的支持，但各地的具体情况又有所差别。在厦门市，虽然 35%的公众选择了新型农村合作医疗，但认为城镇职工基本医疗保险和城镇居民基本医疗保险最适合农民工或外来工的比重也相对不低，分别达到 29%和 25%。在苏州市，选择城镇职工基本医疗保险的比重和选择新型农村合作医疗的比重差别不大，都在 30%以上。相对经济水平落后一些的重庆市和红河州，新型农村合作医疗明显得到了被访者的认可，分别有 44%和 55%的公众这样认为。从城乡区分看，得到最多认可的也是新型农村合作医疗，但相对比重上有一定的差别，农村公众有将近 50%的人这样选择，略高于城市居民的 39%。城镇职工基本医疗保险在公众眼中，也较适用于农民工或外来工。在对农民工或外来工的医疗保险进行整合的过程中，新型农村合作医疗保险是更为恰当和合适的，是公众最为认可的。虽然城镇职工基本医疗保险、城镇居民基本医疗保险和单独设立医疗保险也依次得到了一定的支持，但支持的比重较低，如此整合可能会遇到更大的现实问题。

表 4-11　公众眼中农民工或外来工最适合参加的社会医疗保险

	总计	地区				城乡	
		厦门市	苏州市	重庆市	红河州	城市	农村
人数（人）	1975	489	486	500	500	1225	750
城镇职工基本医疗保险（%）	25.5	29.0	30.5	27.8	14.8	25.8	24.9
城镇居民基本医疗保险（%）	21.2	25.2	19.3	21.4	19.0	22.7	18.8
新型农村合作医疗（%）	42.8	34.8	36.4	44.2	55.4	38.8	49.3
单独设立医疗保险（%）	10.5	11.0	13.8	6.6	10.8	12.7	6.9
总计（%）	100.0	100.0	100.0	100.0	100.0	100.0	100.0

注：Pearson Chi-Square(9)=29.814，Asymp.Sig.（2-sided）=0.000。

问题：您认为农民工或外来工最适合参加哪一种社会医疗保险？

四、失地农民适合的医保制度的民意分析

公众认为，新型农村合作医疗最适合失地农民。同时，将其纳入城镇居民基本医疗保险也得到了较多公众的支持。

在公众眼中，总体看，失地农民最适合参加的社会医疗保险是新型农村合作医疗。对表 4-12 的数据进行分析可以发现，有 42%的被访者支持了这一观点；同时，也有较大比重（34%）的人认为城镇居民基本医疗保险是最为合适的。而城镇职工基本医疗保险和单独设立医疗保险都只有 10%左右的公众选择。分地区看，城镇居民基本医疗保险和新型农村合作医疗分别得到了较大的认同。在厦门市，被访公众有 40%选择了新型农村合作医疗、32%选择了城镇居民基本医疗保险，比例相当。而在苏州市和红河州，较大比重的公众认为新型农村合作医疗更为适合失地农民，各占 41%和 50%。重庆市较为特殊，有 43%的公众认为城镇居民基本医疗保险是更适合农民的，相较而言，选择新型农村合作医疗的被访者比重低一些，为 36%左右。城乡被访者对于这一问题的意见基本相同，认为新型农村合作医疗最适合失地农民。但相比较而言，农村公众选择新型农村合作医疗的比例（46%）较城市（39%）略高一些。城乡居民认为城镇居民基本医疗保险也较适于失地农民。综上所述，在对失地农民设立医疗保险的过程中，或将其与新型农村合作医疗进行整合，或将其与城镇居民基本医疗保险进行整合都有其现实的基础，而单独设立医疗保险或参与城镇职工基本医疗保险都较不合适。

表 4-12 公众眼中失地农民最适合参加的社会医疗保险

	总计	地区				城乡	
		厦门市	苏州市	重庆市	红河州	城市	农村
人数（人）	1968	486	482	500	500	1220	748
城镇职工基本医疗保险（%）	13.9	16.5	18.3	13.4	7.8	14.6	12.8
城镇居民基本医疗保险（%）	33.6	31.7	29.7	43.0	29.8	33.5	33.7
新型农村合作医疗（%）	41.7	39.5	40.9	36.4	49.8	38.9	46.1
单独设立医疗保险（%）	10.8	12.3	11.2	7.2	12.4	12.9	7.4

续表

	总计	地区				城乡	
		厦门市	苏州市	重庆市	红河州	城市	农村
不清楚（%）	0.1	0	0	0	0.2	0.1	0
总计（%）	100.0	100.0	100.0	100.0	100.0	100.0	100.0

注：Pearson Chi-Square（12）=58.143，Asymp.Sig.（2-sided）=0.000。
问题：您认为失地农民最适合参加哪一种社会医疗保险？

五、新农合与城镇居民医保制度整合的民意分析

如前所述，当前城乡居民基本医疗保险制度种类多样，以职业类型和户籍身份分类设置的医疗保障制度的整合程度低，“碎片化”十分明显，且涉及公民城乡之间、地域之间、不同层级之间的福利享有的不公平。然而，普遍整合的社会福利体系涉及多个部门、各个方面的利益，需要对现行的职能交叉部门进行必要的统合，将相同、相近、业务交织的部门加以合并，努力提高行政效率，避免因职能交叉导致的职责推诿和懈怠。比如，新型农村合作医疗的管理历来属于卫生部门，但它却是基本医疗保障制度的重要组成部分，理应归属到人力资源和社会保障部门。以医疗保险为基础的社会保障信息管理系统能否形成一个全方位、多维度、高效率的大系统同样需要政府部门的积极介入。因此，对于城乡目前最主要的医疗社会保障“城镇居民基本医疗保险”和“新农合”之间能否整合为一个基本医疗保障制度，成为我们考察公众和专家意见的一个主要议题。

调查结果发现，对于城镇居民基本医疗保险与新型农村合作医疗进行整合这一观点，公众和专业人员表达了高度一致的认可，公众认为这一合并具有现实的必要性，专业人员则支持了两个制度及其制度背后的信息系统合并的可行性。

根据表 4-13 分析可知，对于合并新型农村合作医疗与城镇居民基本医疗保险，绝大多数的被访公众认为是有必要的。总体来看，分别有 28%的公众选择非常必要，41%选择有必要。只有不到 20%的公众认为（非常）没必要。另外，有 11%左右的人对这一问题的必要性并不清楚。从不同地区看，区域间的差距并不明显。综合分析，厦门市、苏州市、重庆市

和红河州各有 70%、70%、77%和 61%的被访公众肯定了整合城乡基础医疗保险的必要性。但具体看，重庆市的公众对这一问题的认知略有不同。相较于其他 3 个地区，重庆市公众选择了非常必要，占了 41%，而厦门市、苏州市和红河州都只有 20%~30%的人是持有非常必要态度的。对比数据可以发现，在厦门市和苏州市，对这一问题不清楚的公众要高于重庆市和红河州，但认为完全没必要的比重 4 个地区大致相当。就城乡看，城市和农村的被访公众的态度基本相同。相对而言，农村的被访者有 75%认为整合是必要的，略高于城市 66%的这一比例。对这一问题不清楚的城乡公众比例都为 11%左右。综上所述，在公众眼中，合并新型农村合作医疗与城镇居民基本医疗保险，不同地区，无论城乡，其都是有必要的。推行这一整合，在公众中得到了较大程度的肯定和支持，70%的公众对这一整合必要性的认同，说明进行城乡医疗保障系统整合具有了现实的基础和需要。

表 4-13　公众认为合并新农合与城镇居民基本医疗保险的必要性

	总计	地区				城乡	
		厦门市	苏州市	重庆市	红河州	城市	农村
人数（人）	1980	493	487	500	500	1227	753
非常必要（%）	28.4	28.2	24.6	40.6	20.0	25.9	32.4
有必要（%）	41.3	42.0	45.2	37.0	41.2	40.7	42.4
没必要（%）	16.1	13.4	15.6	11.6	23.6	18.6	12.0
完全没必要（%）	2.8	1.6	2.1	2.0	5.6	3.6	1.6
不清楚（%）	11.4	14.8	12.5	8.8	9.6	11.2	11.7
总计（%）	100.0	100.0	100.0	100.0	100.0	100.0	100.0

注：Pearson Chi-Square（12）=61.023，Asymp.Sig.（2-sided）=0.000。

问题：您认为新型农村合作医疗与城镇居民基本医疗保险有必要合并吗？

对于评估合并新型农村合作医疗与城镇居民基本医疗保险两个制度的可行性这一问题上，将近 3/4 的专业人员持肯定的态度。如表 4-14 所示，有 43%的专业人员认为这一制度的合并是比较可行的。甚至有近 30%的专业人员对此举措的可行性非常认可。只有 2%的专业人员强烈认为城乡基本医疗制度的合并非常不可行。在不同被调查地区，专业人员态度的差异并不显著，区域间的可行性差异相对并不明显。从厦门市、苏州市、重庆市、红河州四地的专业人员问卷看，各有 74%、74%、68%和 73%的专业人员认为这一合并具有可行性。在对待这一问题上，不同的经济发展水平，初步分析并没有影响专业人员对整合城乡基础医疗体系的可行性评估。在这四个地区，虽然也有一定比重的专业人员选择了不太可行（依次为近 26%、22%、30%和 26%），但分别只有 0.4%、4.4%、2.0%和 1.6%的专业人员持非常不可行态度，所占的比例微乎其微。可以说，在不同区域推行新型农村合作医疗和城镇居民基本医疗保险两个制度的整合的现实可行性较高，不论当地的经济发展水平如何，这种整合都得到了专业人员较高程度的认可。

表 4-14　专业人员对合并新农合与城镇居民基本医疗保险的可行性评估

	总计	地区			
		厦门市	苏州市	重庆市	红河州
人数（人）	1000	251	250	249	250
非常可行（%）	29.3	29.1	30.0	25.7	32.4
比较可行（%）	42.9	44.6	44.0	42.6	40.4
不太可行（%）	25.7	25.9	21.6	29.7	25.6
非常不可行（%）	2.1	0.4	4.4	2.0	1.6
总计（%）	100.0	100.0	100.0	100.0	100.0

注：①Pearson Chi-Square(9)=15.851，Asymp. Sig. (2-sided) =0.070。
②问题：您认为新型农村合作医疗与城镇居民基本医疗保险合并为一种制度是否可行？

在目前的城镇居民基本医疗保险和新农合二者并行，经办、管理部门分割的状况下，跨险种重复参保的情况在所难免。其造成的不良后果在于容易造成财政资金重复补助，增加财政负担；容易造成医疗社会保险参保秩序混乱，引发不同经办机构之间的矛盾；容易造成多头享受医疗保险待遇，影响医疗保险的公平性。现行的政策规定一人只能参加一种医疗社会保险，重复参保必将造成待遇重复享受、多头报销医药费现象。因此，城乡居民的医疗保障不仅要在制度上结为一体，信息系统合并、共享更成为必要的措施。

调查结果显示，专业人员对此有高度的重视，他们不只赞同城乡居民医疗保险制度的合一，并且进一步认为，这两类保险的医疗信息系统应该予以整合。从表 4-15 可以看到，有将近 80%的专业人员对合并这两个信息系统的可行性持肯定意见。其中，有 45.7%的专业人员选择了比较可行，相对比例最高。极少有专业人员认为这种信息系统整合方式是非常不可行的，只有 1.4%的人是持坚决否定可行性态度的。在这一问题上，不同地区间的专业人员评估是较为相似的，差异并不显著。总体看，厦门市、苏州市、重庆市和红河州分别有85%、80%、76%、75%的专业人员认为是可行的。表4-15中数据显示，虽然在评估整合城乡医疗信息系统上，四地大多数专业人员都认为这一举措的可行性较高，但可以发现，随着经济水平的变化，不同地区的可行性评估具有一定的差异。厦门市和苏州市的专业人员相对于重庆市和红河州的专业人员，对合并新型农村合作医疗信息系统与城镇居民基本医疗保险信息系统的评估认为现实可行性更高。不过，在这4个地区，认为这一合并非常不可行的专业人员非常少，没有超过2.5%，在厦门市只有0.4%的专业人员持强烈否定的态度。综合来看，推行城乡基本医疗信息系统的整合得到了专业人员的认可，这一趋势不论地区的经济发达程度如何，都将会是一种可以行之，并且会行之有效的整合途径。

表4-15　专业人员认为新农合与城镇居民基本医疗保险信息系统合并可行性

	总计	地区			
		厦门市	苏州市	重庆市	红河州
人数（人）	998	249	250	249	250
非常可行（%）	33.3	37.8	31.2	29.3	34.8
比较可行（%）	45.7	46.6	48.4	47.0	40.8
不太可行（%）	19.6	15.3	18.8	21.3	23.2
非常不可行（%）	1.4	0.4	1.6	2.4	1.2
总计（%）	100.0	100.0	100.0	100.0	100.0

注：Pearson Chi-Square(9)=13.215，Asymp. Sig. (2-sided) =0.153。

问题：您认为新型农村合作医疗信息系统与城镇居民基本医疗保险信息系统合并为一个系统是否可行？

六、社会统筹与个人账户关系的民意分析

我国目前基本医疗保险制度实行社会统筹和个人账户相结合。基本医疗保险实行社会统筹，可以充分发挥社会保险的互助共济作用，有效缓解参保人患病后，负担高额诊疗费用的风险；充分体现了社会保险的互济性和公平性。但单纯地社会统筹，其结果会导致个人自我约束较弱，过分依

赖社会医疗保险，而不能形成有效的医患制约。社会医疗保障体系建设应该如何协调个人和社会统筹的关系呢？

（一）专业人员对取消个人账户，全面实行社会统筹的态度

在专业人员看来，个人缴费首先不应该占总筹资额过高的比重，以减轻公众的负担。通过图 4-3 可以看出，专业人员无论是对城镇居民基本医疗保险还是新农合，都认为个人缴费占筹资总额的比重以 1:10 为最适宜。

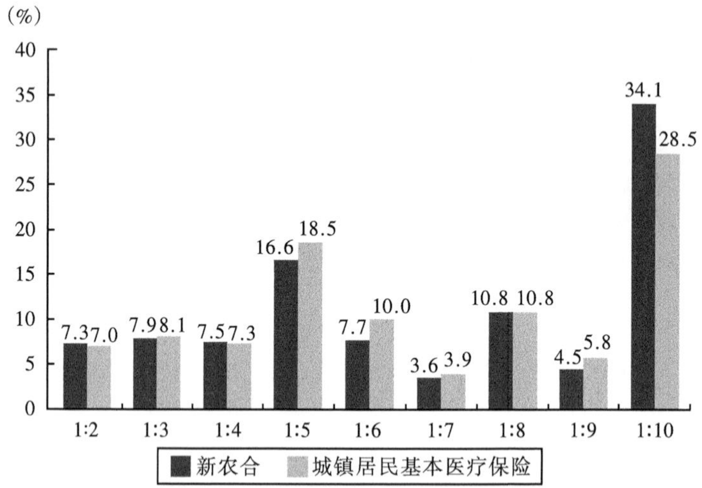

图 4-3 专业人员认为城乡医疗保险个人缴费占筹资总额的比重

如果将来我国所有医疗保障制度都取消个人账户，只实行社会统筹，是否可行？专业人员对此举措的可行性评估出现分歧。大约有 50.3%的专业人员认为可行，有 49.7%的人认为不可行，两者比例基本相当（见表4-16）。从 4 个调查区域来看，重庆市、苏州市的专业人员认为可行的比例更高一些，分别是 58.3%和 53.6%，厦门市居第 3 位，为 49.6%，而红河州的专业人员认为完全取消个人账户，只施行社会统筹的举措可行性比例最低，为 40%，也即有 60%的人认为不可行。地区间的差异表明，个人账户全部以社会统筹替代会导致更多的政府财政投入，对于如红河州这样的经济欠发达地区显然难以承受。

表 4-16　专业人员认为医保制度取消个人账户，只实行社会统筹可行性的评估

	总计	地区			
		厦门市	苏州市	重庆市	红河州
人数（人）	999	250	250	249	250
非常可行	16.6	17.2	18.0	14.9	16.4
比较可行	33.7	32.4	35.6	43.4	23.6
不太可行	42.3	44.0	40.0	36.5	48.8
非常不可行	7.4	6.4	6.4	5.2	11.2
总计（%）	100.0	100.0	100.0	100.0	100.0

注：Pearson Chi-Square(9)=14.323，Asymp.Sig.（2-sided）=0.016。
问题：您认为将来我国所有医疗保障制度都取消个人账户，只实行社会统筹的方式是否可行？

进一步，我们关注如果全面实行社会统筹的医疗保障制度，其优劣何在？通过对专业人员的调查询问可以看到，他们认为全面实行社会统筹的医疗保障制度所带来的影响是积极与消极并存的。就优点而言，51.0%的人认为能够增强社会互济功能，53.9%的人认为能减少个人所承担的医疗费用，36.5%的人认为能提高个人所获得的补偿比例，40.4%的人认为能提高医疗保险金的使用效率；就缺点而言，47.2%的人认为会降低个人缴费积极性，33.9%的人认为会增加向农民及居民收缴参保费用的难度，39.0%人认为可能滥用医疗资源（见表 4-17）。综上所述，整体看，专业人员选择积极影响因素的比例要略高于选择消极影响因素的比例。虽然取消个人账户，只留社会统筹，会降低个人的缴费积极性，但分别只有约34%和 39%的专业人员认为其会增加农民及居民收缴参保费用的难度和滥用医疗资源。分地区看，在 4 个被调查地，被访专业人员最支持的个人缴费筹资比例都为 1:10，而对于减少个人所承担的医疗费用、提高个人所获得的补偿比例、提高医疗保险金的使用效率、降低个人缴费积极性及滥用医疗资源的选择上，地区间的差异显著。具体看，重庆市的专业人员认为取消个人账户、只有社会统筹的影响相较于其他 3 个地区更为积极，而红河州和厦门市则较为消极。综合分析，不论哪个地区，如此调整，可能带来的消极作用是降低个人缴费的积极性，而最重要的积极作用是能够增强社会互济功能和减少个人所承担的医疗费用。

综上所述，可以看出目前我国的基本医疗保险制度还不具备解除个人账户的条件。个人账户的存在，一方面可以在现实的医疗消费中建立医患直接制约机制，促使职工把原“看病不花自己的钱不心疼”的医疗消费心理，转变为自我约束的医疗消费行为；另一方面，促使职工在年轻健康时，就为自己年老、有病时储蓄医疗费，有利于建立基本医疗保险基金积累机制，有效缓解人口老龄化对基本医疗保险基金产生的缴费来源减少而支出增大的压力。实行单一的个人账户制，没有社会统筹的互助共济，由于目前我国职工收入水平较低，而医疗成本高，支出管理控制的手段跟不上，会导致部分大病患者和多发病患者因个人账户支付不足影响医疗或因病致贫影响基本生活。

表 4-17　专业人员认为取消个人账户，只有社会统筹的医保制度所带来的影响

	总计	地区				Pearson Chi-Square	Asymp. Sig.
		厦门市	苏州市	重庆市	红河州		
人数（人）	998	250	249	249	250		
能够增强社会互济功能（%）	51.0	45.2	54.6	53.0	51.2	5.077	0.166
减少个人所承担的医疗费用（%）	53.9	49.6	55.0	61.8	49.2	10.538	0.015
提高个人所获得的补偿比例（%）	36.5	29.2	35.3	44.6	36.8	12.917	0.005
提高医疗保险金的使用效率（%）	40.4	34.4	42.6	46.2	38.4	8.102	0.044
降低个人缴费积极性（%）	47.2	51.6	49.0	38.2	50.0	11.229	0.011
增加向农民及居民收缴参保费用的难度（%）	33.9	32.0	32.5	32.1	38.8	3.640	0.303
滥用医疗资源（%）	39.0	42.8	38.2	32.1	42.8	8.054	0.045

注：此题为多选，百分比之和会大于 100%。
问题：您认为取消个人账户，只有社会统筹的医疗保障制度会有哪些影响？（可多选）

（二）普通公众对取消个人账户，全面实行社会统筹的态度

对普通公众而言，取消个人账户，全面实行社会统筹的看法也存在着分歧。从表 4-18 和表 4-19 的数据看，对于在新农合中取消个人账户而代之以全面社会统筹，赞同比例为 38.1%，反对比例占 40.9%，还有 20.9%

的人回答不清楚；同样对于在城镇居民基本医疗保险中取消个人账户而代之以全面社会统筹，赞同比例为 37.1%，反对的比例占 48.2%，还有 20.1%的人回答不清楚。可见大致而言，反对的意见的比例略高于赞同。

表 4-18　公众对取消新农合个人（家庭）账户的态度

	总计	收入分组				城乡	
		2 万元以下	2 万~4 万元	4 万~8 万元	8 万元以上	城市	农村
人数（人）	1994	577	602	453	362	1227	752
非常赞成（%）	18.3	18.7	17.8	19.4	16.9	18.8	16.8
比较赞成（%）	19.9	21.1	16.9	21.4	20.7	18.9	21.5
不太赞成（%）	32.0	34.1	33.1	29.4	30.4	29.3	36.8
非常不赞成（%）	8.9	9.2	10.1	9.5	5.8	9.0	8.6
不清楚（%）	20.9	16.8	22.1	20.3	26.2	24.0	16.2
总计（%）	100.0	100.0	100.0	100.0	100.0	100.0	100.0

注：Pearson Chi-Square（12）=27.323，Asymp.Sig.（2-sided）=0.000。
问题：您赞成取消新型农村合作医疗的个人（家庭）账户吗？

进一步的统计分析发现，在普通公众中，收入档次和城乡属性影响人们对取消个人账户全面实行社会统筹的举措判断。对于新农合中取消个人账户而言，收入越高，越倾向于支持这一举措。比如对于收入在 2 万元以下、2 万~4 万元中低收入组，不赞同的比例均在 43%左右，而对于 4 万~8 万元、8 万元以上的中高收入组，不赞同的比例下降到 38.9%和 36.2%。从城乡属性看，农村居民反对取消新农合个人账户的比例明显高于城镇居民，前者为 45.4%，后者为 38.3%。

与对新农合的个人账户取消的支持度趋势相反，对于在城镇居民基本医疗保险中取消个人账户的举措而言，收入越高反对的比例越高。比如对于收入在 2 万元以下、2 万~4 万元中低收入组，不赞同的比例分别为 46.9%和 45.5%，而对于 4 万~8 万元、8 万元以上的中高收入组，不赞同的比例上升到 48.3%和 54.8%。从城乡属性看，城镇居民反对取消城镇居民基本医疗保险个人账户的比例要明显高于农村居民，前者为 50.2%，后者为 45.2%。由上述分析可以得知，高收入者更赞同取消新农合的个人账户，更反对取消城镇居民基本医疗保险个人账户这一矛盾的心态。原因是来源于城乡居民的医疗保障享有的差异：无论是农村居民还是城镇居民，都倾向于反对取消自身享有的医疗保险中的个人账户。只不过农村居民大多属于低收入组，城镇居民大多属于高收入组，因此出现了高收入组——即城镇居民——更加反对取消城镇居民基本医疗保险个人账户，而忽视新农合个人账户取消的反对态势。

表 4-19　公众对取消城镇居民基本医疗保险个人账户的态度

	总计	收入分组				城乡	
		2万元以下	2万~4万元	4万~8万元	8万元以上	城市	农村
人数（人）	1994	577	602	453	362	1223	750
非常赞成（%）	15.4	15.8	17.1	16.0	11.1	14.9	15.5
比较赞成（%）	16.3	18.8	14.8	17.6	13.3	16.4	16.5
不太赞成（%）	34.3	34.5	32.7	31.6	39.6	34.5	34.3
非常不赞成（%）	14.0	12.3	12.8	16.7	15.2	15.7	10.9
不清楚（%）	20.1	18.6	22.6	18.0	20.8	18.6	22.8
总计（%）	100.0	100.0	100.0	100.0	100.0	100.0	100.0

注：Pearson Chi-Square（12）=20.710，Asymp.Sig.（2-sided）=0.007。
问题：您赞成取消城镇居民基本医疗保险的个人（家庭）账户吗？

第五章　就业保障制度的民意分析

改革开放以来，我国以充分就业以及更高质量的就业为目标，实施就业优先，采取更加“积极的就业政策”，“促进创业带动就业”，着力解决下岗失业人员的再就业培训，提高各类劳动者的就业创业能力与本领，同时，完善失业调控机制，加强劳动保障监察和争议调解仲裁，健全就业保障制度。1999 年施行的《失业保险条例》和 2011 年实施的《社会保险法》规定各类职工（包含进城务工的农民、被征收土地的农民及在中国境内就业的外国人等）都应当参加失业保险，由用人单位和职工按照规定共同缴纳失业保险费。2002~2011 年，全国总就业人数、城镇就业人数以及参加失业保险人数都呈现出增长态势，展示了失业保险制度的普遍覆盖性不断增强，见表 5-1。

表 5-1　2002~2011 年全国就业与失业保险参保情况[①]

单位：万人

年份	2002	2003	2004	2005	2006	2007	2008	2009	2010	2011
总就业数	73740	74432	75200	75825	74978	75321	75564	75828	76105	76420
城镇就业数	24780	25639	26476	27331	29630	30953	32103	33322	34687	35914
参保数	10181	10372	10583	10647	11186	11644	12399	12715	13375	14317
城镇失业数	770	800	827	839	847	830	886	921	908	922
城乡失业数	1620	1643	1623	2052	1137	1210	1482	1682	2283	2159
失业保险金领取数	657	741.6	753.5	677.8	598.1	538.5	516.7	483.9	209.1	197.0

①《中国统计年鉴》（2010~2012），中国统计出版社 2010~2012 年版。

然而，目前以失业保险制度为核心的失业保障体系在实施过程中还存在着诸多不足。其一是失业保险覆盖面不够普遍。表 5-1 显示，2002~2011 年，我国参加失业保险人数占全国城镇就业人口总数的比值始终在 45%以下，而参加失业保险人数占全国总就业人口的比重更没有超过 16%。其二是失业者享受失业保险金普遍性不足。如表 5-1 所示，失业保险金领取人数不仅远远低于全国城乡失业人数，而且也低于城镇失业人数。其三是失业保险的管理不够科学。例如失业保险金与最低生活保障线以及最低工资之间缺乏对应，由于现行的城市最低生活保障线与最低工资标准之间相差 3 倍以上，因此，将失业保险金简单地规定为高于当地城市居民最低生活保障标准、低于当地最低工资标准过于笼统与随意。因此，研究和探讨公众和专业人员对就业保障的意见与态度甚为重要。

一、对破除就业歧视的态度

就业是民生之本，它与民众的生活息息相关，是经济与社会政策领域关注的重要议题，成为社会稳定与社会和谐的重要方面。就业领域的歧视对于社会公正和经济发展是一大障碍，它的存在降低了劳动力资源的使用效率，而且还阻碍充分就业目标的实现，进而产生社会不稳定因素。目前在我国存在何种就业歧视？对这一问题我们调查并了解了专业人员和公众的看法。调查结果表明，无论是专业人员还是普通公众，都认为我国目前就业市场中，最主要存在的是学历歧视，性别歧视和户籍歧视也较为明显，而民族歧视相对较弱。地区和城乡间，在不同的歧视问题上，存在着一定程度的区别，这与当地的经济发展和文化背景都息息相关。

专业人员认为，目前在我国主要存在的就业歧视包括学历歧视、性别歧视和户籍歧视，相对而言，民族歧视的现象较少。如表 5-2 所示，有接近 80%的被访专业人员认为在就业过程中，存在着学历歧视，同时有 70%以上的专业人员发现性别歧视的存在。在中国城乡二元体制和户籍制度下，户籍歧视依旧存在于我国目前的劳动就业市场，有 65%以上的专业人员对此是认同的。但是，民族歧视在就业中鲜有存在，只有不到 1/4 的专业人员选择此项。分地区看，除学历歧视外，性别、户籍和民族歧视在 4

个调查地区有显著性差异。具体看，学历歧视在4个地区普遍存在，而且也是绝大多数专业人员所认同的，基本上都有80%左右的专业人员选择了学历歧视。厦门市和苏州市两地认为就业中存在性别歧视的专业人员比例要明显高于重庆市和红河州。在厦门市，户籍歧视尤为明显，80%的专业人员比例显著高于重庆市和红河州的55%左右的比例。对比可以发现，经济越发达的地区，相对而言，性别歧视和户籍歧视越明显，越多专业人员认为这两种歧视存在。民族歧视状况在苏州市和红河州较为明显，分别有接近30%和32%的专业人员选择这一选项。民族歧视与地区文化和地域民族分布有关，但整体看，不论在哪个地区，选择民族歧视现象存在的专业人员都不是很多，可以说，在我国目前的劳动力就业市场，属于何种民族较少会影响到实际的就业情况。

表5-2　专业人员分析我国目前存在的就业歧视现象

	总计	地区				Pearson Chi-Square	Asymp. Sig. (2-sided)
		厦门市	苏州市	重庆市	红河州		
人数（人）	997	249	249	249	250		
学历歧视（%）	79.8	80.3	78.3	79.5	81.2	2.359	0.884
性别歧视（%）	71.5	78.7	73.1	65.9	68.4	16.685	0.011
户籍歧视（%）	66.6	82.3	72.3	55	56.8	67.374	0.000
民族歧视（%）	24.4	16.9	28.9	19.7	32	37.252	0.000

注：①此题为回答存在歧视的人的百分比。

②问题：您认为我国目前存在着哪些就业歧视现象？

在公众眼中，绝大多数认为我国就业市场目前存在着学历歧视，同时性别歧视、户籍歧视也得到了较大多数公众的认同，民族歧视相对较少。如表5-3所示，有将近70%的公众选择了学历歧视，认为性别歧视和户籍歧视存在的公众各占了总被调查人数的46%左右，而只有不到19%的公众认为存在民族歧视。分地区看，在这一问题上，红河州和其他3个地区相比有其特殊性。虽然被访4个地区的公众中，绝大多数都认同了学历歧视的存在，但红河州79%的比例明显高于其他3个地区均不到70%的比例。同时，红河州的民族歧视现象较其他3个地区更为严重，有接近30%的被访公众认为在就业中存在民族歧视——这自然和红河州是少数民族聚集地的地方特征有关。关于性别歧视和户籍歧视问题，4个被访地区的情况较为相似，选择这两个选项的公众基本都在50%左右，可以说，性别歧视和户籍歧视依旧存在，但在公众眼中，只有半数人感受到了。分城乡看，除性别歧视问题外，其他 3 个歧视在城乡公众的选择上差别不大。城市和农村都有不到 70%的公众认同学历歧视的存在，有 18%左右认为存在民族歧视，分别有 49%和 41%的人选择了户籍歧视。而在性别歧视问题上，城市公众认为存在这一现象的比例明显高于农村公众，其中，城市 53%，农村不到 35%选择了性别歧视。这在一定程度上说明，城市就业中，性别歧视的存在要明显高于在农村或者农民群体中。

表 5-3　公众眼中我国目前存在的就业歧视现象

	总计	地区				城乡	
		厦门市	苏州市	重庆市	红河州	城市	农村
人数（人）	1977	491	486	500	500	1227	750
学历歧视（%）	69.0	67.0	63.2	66.6	79.2	69.9	67.6
性别歧视（%）	46.1	45.2	44.9	44.2	50.2	53.0	34.9
户籍歧视（%）	45.9	48.9	46.1	43.0	45.8	48.9	41.1
民族歧视（%）	18.6	15.5	18.3	11.6	28.8	18.7	18.4

注：Pearson Chi-Square（12）=39.171，Asymp.Sig.（2-sided）=0.000。
问题：您认为我国目前存在着哪些就业歧视现象？

对比表 5-2 和表 5-3 可以发现，专业人员和公众的认知基本相同，我国目前最主要存在的就业歧视是学历歧视，但同时性别歧视和户籍歧视也较被关注，而民族歧视相对较弱。同时可以看到，在民众那里，学历歧视更为凸显，其余类型的就业歧视相对不明显，而专业人员则认为学历、性别、户籍三方面的就业歧视都甚为严重，这主要与两类样本的经历、视野及其生活背景有关。

二、对政府提供就业服务的期望

（一）对失地农民的就业援助

失地农民是我国快速城市化进程中产生的新失业群体，为失地农民提供就业援助是政府和社会义不容辞的责任。政府和社会应该为失业农民提供哪些就业援助呢？专业人员认为政府和社会主要应该从技能培训、就业信息和创业机会等方面对失地农民提供就业援助，但同时，提供创业补助和工作岗位也较为重要。如表 5-4 所示，有 90%以上的被访专业人员认为应该为失地农民提供技能方面的培训，实际就业技能的提高可以大大提高失地农民的人力资本，这对于其就业机会和工作报酬有积极作用。同时，各有 80%以上的专业人员认为就业信息和创业机会是政府与社会应该提供的援助。虽然选择提供工作岗位和创业补助的专业人员相对少于前三项，但其比例也都在 70%以上，这两方面在政府和社会对失地农民就业方面给予援助时，也是需要考虑和重视的。同时，有一部分被访专业人员提出了个人的观点，认为政府的补贴、社会保障的融入以及就业意识的培养都需要政府和社会给予关注。就这一问题分地区看，除对提供就业信息和提供工作岗位两项援助外，差异并不十分明显。具体分析看，由于经济发展和文化背景的不同，提供技能培训是专业人员最为认同的就业援助方式。所谓“授人以鱼不如授人以渔”，技能水平的提高是从最根本上改善失地农民就业困难的方式。同时，重庆市的被访专业人员选择提供就业信息和工作岗位的比例明显高于其他 3 个地区，两个比例都高出 10 个百分点左右。综合看，政府和社会为失地农民提供就业援助的过程中，首先从失地农民的人力资本本身出发，提高其就业能力，其次从就业和创业两方面共同为其搭建更好的就业平台。

表 5-4　专业人员认为政府和社会应该为失地农民提供的就业援助

	总计	地区				Pearson Chi-Square	Asymp. Sig. (2-sided)
		厦门市	苏州市	重庆市	红河州		
人数（人）	1000	251	250	249	250		
提供技能培训（%）	91.3	90.8	91.2	91.6	91.6	0.122	0.989
提供就业信息（%）	84.3	80.1	85.6	90.0	81.6	11.101	0.011
提供工作岗位（%）	71.0	67.3	71.2	79.9	65.6	14.808	0.002
提供创业机会（%）	80.3	77.7	80.0	80.3	83.2	2.425	0.489
提供创业补助（%）	73.5	74.5	74.4	73.9	71.2	0.932	0.818
其他（%）	3.5	3.6	2.0	5.2	3.2	3.921	0.270

问题：您认为政府和社会应该为失地农民提供哪些就业援助？

公众希望政府和社会为失地农民提供的就业帮助与专业人员的认同较为

相似，认为提供技能培训是重中之重的，但同时提供就业岗位、就业信息，提供创业机会、创业补助也是十分关键的。如表 5-5 所示，有 83%左右的被访者认为，政府和社会应该为失地农民提供技能培训，这一比例明显高于对其他四种帮助的认同。从公众的选择看，被访者认为就业平台的搭建相对要重于创业方面的援助。分地区看，就这一问题，不同地区的公众观点稍有不同，但对技能培训的支持是一致的，都有 80%以上的被访者选择了这一选项。比较而言，重庆市的公众认为就业信息和工作岗位的提供是更为重要的，而红河州和厦门市两地对于创业方面的重视则较为突出。相对来说，苏州市的公众对于创业平台的搭建的认同感最低，其更为重视就业机会的增加。分城乡区域看，农村地区的被访者对于技能培训的认同明显低于城市被访者，在这方面的观点上，农村被访者对于就业技能重要性的认识相对还不深，其认为相对而言，直接提供就业岗位是较为有用的，有接近 73%的被访农民是这样选择的。对于创业方面的帮助，城乡公众的基本认同是相似的，相对于就业帮助平台的搭建，创业机会和补助的关注度要低一些。

表 5-5 公众认为政府和社会应该为失地农民提供的就业帮助

	总计	地区				城乡	
		厦门市	苏州市	重庆市	红河州	城市	农村
人数（人）	1980	494	486	500	500	1227	753
提供技能培训（%）	82.5	80.0	81.5	88.2	80.2	84.8	78.8
提供就业信息（%）	68.3	64.0	64.8	72.8	71.4	70.2	65.2
提供工作岗位（%）	69.2	64.6	68.5	74.6	69.2	67.2	72.5
提供创业机会（%）	63.3	61.7	58.4	65.0	67.8	65.9	59.1
提供创业补助（%）	53.4	57.1	48.6	49.2	58.6	54.2	52.1
其他（%）	1.4	2.8	1.0	1.4	0.4	1.6	1.1

注：Pearson Chi-Square（20）=62.561，Asymp.Sig.（2-sided）=0.000。
问题：您认为政府和社会应该为失地农民提供哪些就业帮助？

对比专业人员和公众对失地农民就业帮助的内容，两个人群的侧重点有所不同。专业人员认为应当对失地农民进行援助的顺序是“技能培训”优先，“就业信息”其次，“创业机会”再次，“就业岗位”最后；而公众也认为“技能培训”优先，但“工作岗位”其次，而后是“就业信息”、“创业机会”。这种差异体现了两个群体生活境遇的不同。一般而言，专业人员多属于体制内成员，有稳定的工作职位，失业的风险极小，因此在就业问题上更关注信息和机会的重要性。而普通公众生活状况较专业人员差，面临较大的就业压力，也缺乏丰富的人脉关系，故而更为看重政府提供工作岗位的援助。

（二）对农民工的就业援助

农民工的就业存在着较大的流动性和不稳定性，在就业过程中面临着更多的困难和问题，需要政府和社会给予更多的帮助和支持。政府和社会应该为农民工提供哪些就业援助呢？专业人员认为，政府和社会最主要为农民工或外来工提供的就业援助是提供技能培训，整体看，不论是从基本就业还是创业，信息和机会的援助重于直接提供岗位和补助，这样的就业援助更有利于农民工或外来打工者就业的可持续发展。如表 5-6 所示，超过 90%的专业人员认为需要提供技能培训，在这一问题上，专业人员的观点和对失地农民工的观点相同，不论对待哪一种群体，技能的提高都尤为重要。同时，就业信息的提供也尤为重要，有接近 90%的专业人员持有此种观点。相对而言，分别只有 69%和 61%的专业人员认为政府和社会应该提供工作岗位与创业补助，这种表面上短时高效的就业援助并不能从根本上解决农民工或外来工的就业困境。就这一问题，分地区看，在提供就业信息、工作岗位和创业机会三种援助方式上，地区间的差异是显著的。四地的专业人员都十分支持政府和社会提供技能培训的就业援助，这一比例在 90%以上。在基本就业方面，经济较为发达的厦门市和苏州市两地，专业人员更多地认为应该提供就业信息，而重庆市和红河州两地更重视提供工作岗位。从创业方面看，重庆市对于创业机会的认同明显高于其他三地，尤其苏州市对创业机会的关注最低。对于创业补助的认同，四地差异不明显，选择的专业人员都在 60%左右。可以看到，不论对于失地农民还是农民工，专业人员都认为技能和信息的提供要重于直接提供就业岗位与补助。

表 5-6　专业人员认为政府和社会应该为农民工或外来工提供的就业援助

	总计	地区				Pearson Chi-Square	Asymp. Sig. (2-sided)
		厦门市	苏州市	重庆市	红河州		
人数（人）	1000	251	250	249	250		
提供技能培训（%）	91.4	91.2	90.4	91.6	92.4	0.654	0.884
提供就业信息（%）	88.8	90.0	93.2	89.2	82.8	14.335	0.002

续表

	总计	地区				Pearson Chi-Square	Asymp. Sig. (2-sided)
		厦门市	苏州市	重庆市	红河州		
提供工作岗位（%）	68.8	61.0	70.4	78.7	65.2	20.405	0.000
提供创业机会（%）	75.5	72.9	69.2	80.3	75.5	11.677	0.009
提供创业补助（%）	61.4	62.5	59.6	63.9	59.6	1.457	0.692
其他（%）	2.0	2.4	1.6	1.6	2.4	0.800	0.849

问题：您认为政府和社会应该为农民工或外来工提供哪些就业援助？

公众在政府和社会应该为农民工提供何种就业帮助问题上，与专业人员相同的是对提供就业技能的支持最高，但其关注的就业帮助结构与专业人员又有差异，公众更关注对基本就业的帮助，而对于创业方面的举措相对而言认同度较低。如表 5-7 所示，有 80%以上的被访者认为，政府和社会应该提供技能培训给农民工。同时，有 71%和 68%的人认为提供就业信息和工作岗位也是应该的。相对而言，61%和 49%的人选择提供创业机会和补助的公众比例就明显低于前 3 个选项。就这一问题，分地区看，公众的总体观点结构是相似的，但其中又有细微的差别。比较而言，红河州和重庆市，在就业平台的搭建中，对于就业信息和工作岗位方面帮助关注的被访者相对于厦门市和苏州市比例较高。同时，红河州对于创业平台的搭建关注度明显高于另外 3 个地区，这可能是由两方面因素导致的。一是红河州的公众对于创业带动就业的认知高于其他 3 个地区，二是厦门市、苏州市和重庆的经济水平高于红河州，当地农民工自主创业的能力和水平明显高于红河州，公众故而对此的关注度相对较低。从城乡看，农村被访者对于技能培训的认知依旧明显低于城市公众，这方面的认知相对较差，但其他四个方面帮助方式的认同结构和认同比例都与城市公众相似。综上所述，在为农民工提供就业援助的问题上，专业人员和民众认为“就业信息”、“技能培训”、“工作岗位”是最重要的。

表 5-7　公众认为政府和社会应该为农民工提供的就业帮助

	总计	地区				城乡	
		厦门市	苏州市	重庆市	红河州	城市	农村
人数（人）	1979	493	486	500	500	1226	753
提供技能培训（%）	82.5	80.3	83.3	86.0	80.4	85.1	78.4
提供就业信息（%）	70.8	69.8	68.1	73.2	72.2	72.7	67.9
提供工作岗位（%）	67.7	61.9	65.4	76.2	67.2	67.1	68.7

表 5-7　公众认为政府和社会应该为农民工提供的就业帮助

	总计	地区				城乡	
		厦门市	苏州市	重庆市	红河州	城市	农村
提供创业机会（%）	61.1	56.0	58.6	63.0	66.8	61.3	61.0
提供创业补助（%）	48.7	48.7	41.8	48.0	56.0	48.0	49.8
其他（%）	1.8	2.4	0.6	3.2	0.8	1.3	2.5

注：Pearson Chi-Square（20）=60.154，Asymp.Sig.（2-sided）=0.000。
问题：您认为政府和社会应该为农民工提供哪些就业帮助？

综合表 5-4~表 5-7 来看，不论对于失地农民还是农民工，专业人员主要从间接援助和直接援助的区分看政府和社会的就业援助，而公众的关注点是以基本就业和创业进行区分的。专业人员和公众的认知是极为相似的，即技能培训应该是政府和社会最应该为失地农民和农民工提供的。

（三）对失业的城镇职工的就业援助

失业城镇职工的就业援助方式有多种，哪一种方式最重要呢？绝大多数专业人员认为对于失业的城镇企业职工提供的最为重要的就业援助方式应该是提供免费的技能培训，同时，提供新的工作岗位也得到了相对较多人数的支持。分析表 5-8 可知，分别有 43%和 35%的人选择了这两个选项，而只有 11%的被访专业人员认为最重要的援助方式是发放失业救济金和提供就业信息。在这一问题上，4 个调查地区的专业人员意见差异显著。厦门市和红河州情况较为相似，认为提供免费技能培训的比重最高都在 42%左右，略高于选择提供新的工作的比重。在苏州市，选择提供免费技能培训的专业人员比重明显高于其他援助方式，为 43%。而重庆市，选择提供免费技能培训和提供新的工作岗位的专业人员比重相当，都在 43%左右。但总体来看，都是选择提供免费技能培训的比重最高。

表 5-8　专业人员认为对于失业的城镇企业职工最重要的就业援助方式

	总计	地区			
		厦门市	苏州市	重庆市	红河州
人数（人）	930	225	206	249	250
发放失业救济金（%）	11.3	16.4	11.2	5.6	12.4
提供免费技能培训（%）	42.9	42.7	43.2	43.8	42.0

续表

	总计	地区			
		厦门市	苏州市	重庆市	红河州
提供新的工作岗位（%）	34.6	31.1	28.6	42.2	35.2
提供就业信息（%）	10.8	8.9	16.5	8.4	10.0
其他（%）	0.4	0.9	0.5	0.0	0.4
总计（%）	100.0	100.0	100.0	100.0	100.0

注：Pearson Chi-Square（12）=30.437，Asymp. Sig.（2-sided）=0.002。
问题：对于失业的城镇企业职工，您认为最重要的就业援助方式是什么？

综上所述，可以看到，对于失业的城镇企业职工，专业人员更认同技能培训是最为重要的就业援助。技能的提高可以从根本上解决城镇企业职工的失业问题，提高其劳动就业的人力资本，改善其就业能力，而除此之外，就业岗位的提供也尤为重要。新的岗位的出现，可以缓解城镇企业职工的失业现状，提供更大的就业平台，而发放失业救济金不能从根本上解决问题，提供就业信息虽然在提高就业率上有一定作用，但其效果并不直接明显，不是最为重要的援助手段。

表 5-9　公众认为对于失业的城镇企业职工最重要的就业帮助方式

	总计	地区				城乡	
		厦门市	苏州市	重庆市	红河州	城市	农村
人数（人）	1882	403	479	500	500	1158	724
发放失业救济金（%）	14.3	12.7	23.0	15.4	6.4	16.8	10.5
提供免费技能培训（%）	34.4	34.7	35.3	31.6	36.2	35.2	33.1
提供新的工作岗位（%）	42.8	43.9	32.8	47.0	47.4	39.5	48.2
提供就业信息（%）	7.9	7.9	8.4	5.8	9.6	7.9	8.0
其他（%）	0.5	0.7	0.6	0.2	0.4	0.7	0.1
总计（%）	100.0	100.0	100.0	100.0	100.0	100.0	100.0

注：Pearson Chi-Square（12）=33.758，Asymp. Sig.（2-sided）=0.003。
问题：对于失业的城镇企业职工，您认为最重要的就业帮助方式是什么？

相较于专业人员的观点，公众中的绝大多数认为直接提供新的工作岗位是对于失业的城镇企业职工最为重要的就业帮助，但同时提供免费技能培训也不可忽视。如表 5-9 所示，有 43%的被访者选择了提供新的工作岗位，而选择提供免费技能培训的为 34%。和专业人员的观点相似的是，选择发放失业救济金和提供就业信息的比重相对都较低。分地区看，地区间的差异明显。具体来看，苏州市的专业人员意见最为特殊，其认为提供免费技能培训最为重要和认为提供新的工作岗位最为重要的公众比重相当，都在 34%左右，同时其选择发放失业救济金最为重要的公众比重也要明显高于其他 3 个地区，为 23%。其他 3 个地区虽然在比重上略有差异，但总体上来说，都是绝大多数认为提供新的工作岗位最重要，其次是提供免费的技能培训最重要。分城乡看，选择比重最大的是提供新的工作岗位，而农村被访者的这一比重明显高于城市公众。城市被访者选择提供免费技能培训和新的工作岗位两项的比重相当，分别为 35%和 40%，差别不大，而农村则差异明显，分别为 33%和 48%。综合分析表 5-8 和表 5-9 可知，专业人员更看重技能的提高，更加关注从根本上改善失业城镇企业职工的就业能力，而公众认为更为直接的提供就业岗位是最为迫切的重中之重。

（四）对无业的城镇居民的就业援助

对待业或无业城镇居民的就业援助方式也有多种，哪一种方式最重要呢？调查结果显示，对于待业或无业的城镇居民来说，大多数专业人员认为最重要的就业援助是提供免费的技能培训，其次是提供新的工作岗位。分析表 5-10 可知，有接近 50%的专业人员认为提供免费技能培训是最为重要的，这一比例明显高于其他 3 个选择。当然，也有 30%左右的专业人员认为提供新的工作机会是最重要的，这两项援助对于待业或无业的城镇居民都十分关键。而认为发放基本生活补贴和提供就业信息最为重要的专业人员较少，都在 10%左右。就业、待业或无业的城镇居民的就业援助这一问题，地区间的差异显著。可以看到，厦门市、苏州市、红河州三地，选择提供免费技能培训的专业人员比例明显高于选择提供新的工作岗位的比重，三地分别为 46.7%、47.9%和 50.8%，可以说，这三地的专业人员意见较为鲜明。而重庆市在这两个选项的比重相当，分别为 45%和 42%，可以说这两者的重要性都得到了相当比例的专业人员支持。由此可见，对于失业和待业人员，专业人员们一致认为提供免费技能培训是最重要的援助方式，其次是提供新的工作岗位，再次是发放基本生活补贴、提供就业信息。可见，专业人员更注重通过积极的方式让失业、待业或者无业的人员重新获得工作，从根本上解决问题，而不是仅仅靠政府的救济。

表 5-10 专业人员认为对于待业或无业城镇居民最重要的就业援助方式

	总计	地区			
		厦门市	苏州市	重庆市	红河州
人数（人）	935	225	211	249	250
发放基本生活补贴（%）	12.5	15.1	13.7	5.6	16.0
提供免费技能培训（%）	47.6	46.7	47.9	45.0	50.8
提供新的工作岗位（%）	29.5	28.9	24.2	41.8	22.4
提供就业信息（%）	10.3	8.9	14.2	7.6	10.8
其他（%）	0.1	0.4	0.0	0.0	0.0
总计（%）	100.0	100.0	100.0	100.0	100.0

注：Pearson Chi-Square（12）=41.844，Asymp. Sig.（2-sided）=0.000。
问题：对于待业或无业的城镇居民，您认为最重要的就业援助方式是什么？

综合分析表 5-8 和表 5-10 可以看到，专业人员认为不论对于失业的城镇企业职工还是待业或无业的城镇居民，最重要的都是为其提供免费的就业技能培训。但同时，为其提供新的就业岗位也是十分重要的。不论对于失地农民、农民工还是失业的城镇企业职工、待业或无业的城镇居民，技能的提高都是专业人员认为政府和社会最应该为其提供的就业援助。

对于待业或无业的城镇居民来说，最重要的就业帮助方式在公众眼中，和对失业的城镇企业职工相似，都应该是提供新的工作岗位，如表 5-11 所示，有 41%的公众这样认为。同时，也有接近 36%的公众选择了提供免费技能培训。而选择发放基本生活补贴的公众为 14.6%，选择提供就业信息的较少，只有 8.4%。在这一问题上，不同地区间的公众意见差异较大。具体看，厦门市和苏州市两地，在提供免费技能培训和提供新的工作岗位两个选项上，公众的意见较不鲜明，比重都较为相当，尤其是厦门市，都在 37%左右。在重庆市，选择提供新的工作岗位的公众比例明显高于其他选项，为 50.2%。红河州情况极为特殊，其最高比重为提供免费的技能培训，为 41.4%，选择提供新的工作岗位要略低，为 38.6%。而对这一群体的就业帮助，城乡公众的意见差距不大。相对而言，城市公众的意见不如农村被访者的意见鲜明。城市公众分别有 38.9%和 37.4%选择了提供新的工作岗位和提供免费的技能培训。在农村，选择前者的比重明显要高，为 44.6%。

表 5-11　公众认为对于待业或无业的城镇居民最重要的就业帮助方式

	总计	地区				城乡	
		厦门市	苏州市	重庆市	红河州	城市	农村
人数（人）	1877	401	476	500	500	1157	720
发放基本生活补贴（%）	14.6	17.5	20.6	11.4	9.8	15.4	13.3
提供免费技能培训（%）	35.5	37.9	33.2	29.8	41.4	37.4	32.4
提供新的工作岗位（%）	41.1	37.2	37.4	50.2	38.6	38.9	44.6
提供就业信息（%）	8.4	6.5	8.4	8.0	10.2	7.9	9.2
其他（%）	0.5	1.0	0.4	0.6	0.0	0.4	0.6
总计（%）	100.0	100.0	100.0	100.0	100.0	100.0	100.0

注：Pearson Chi-Square（12）=38.557，Asymp. Sig.（2-sided）=0.000。
问题：对于待业或无业城镇居民，您认为最重要的就业帮助方式是什么？

综上所述，结合表 5-9~表 5-11 可以看到，不论对于失业的城镇企业职工还是待业或无业的城镇居民，公众更为看重的是对新的工作岗位的提供，都认为这是最重要的。相较于专业人员认为提供免费的技能培训最为重要，公众更关注更为直接的就业帮助。

三、对公务员缴纳失业保险金的意见

在我国现行的社会保险制度中，公务员（参公人员）是不缴纳失业保险的特殊群体，属于就业保险系数最高的“金饭碗”职业。那么，公务员是否有必要缴纳失业保险金参加失业保险呢？虽然公务员相对而言属于“铁饭碗”类的职业，但可以看到，绝大多数的专业人员认为公务员缴纳失业保险金是有必要的。如表 5-12 所示，有 29%的专业人员就这一问题选择了非常必要，同时 37%的专业人员选择了必要，只有不到 35%的专业人员认为公务员是没有必要缴纳失业保险金的。就这一问题分地区看，其差异是显著的。总体看，随着地区经济水平的提高，认为公务员不必缴纳失业保险金的专业人员比例明显降低，从红河州的 44%到重庆市的 34%，再到苏州市的 31%，直至厦门市的不足 30%。不过比较看，这 4 个地区，相对而言，认同公务员缴纳失业保险金具有必要性的专业人员比重都高于认为其不必要的比重。厦门市分别有 33%和 37%的人选择了非常必要和必要，苏州市则分别为28%和41%，重庆市分别为27%和39%，红河州分别为25%和31%。可以看到，公务员这一职业类型相对于其他职业具有较高的稳定性，但专业人员在评估其缴纳失业保险的必要性时，依旧认为其是必要的。随着公务员系统的深化改革，对公务员的工作要求和绩效评价系统势必会更为细致和严谨，在一定程度上会使公务员这一职业存在失业的风险，因此其缴纳失业保险金则需要纳入考虑。

表 5-12 专业人员评估公务员缴纳失业保险金的必要性

	总计	地区			
		厦门市	苏州市	重庆市	红河州
人数（人）	999	250	250	249	250
非常必要（%）	28.5	33.2	28.4	27.3	25.2
必要（%）	36.9	37.2	40.8	39.0	30.8
不必要（%）	34.5	29.6	30.8	33.7	44.0
总计（%）	100.0	100.0	100.0	100.0	100.0

注：①Pearson Chi-Square(6)=16.157，Asymp. Sig.(2-sided)=0.013。
②问题：您认为公务员缴纳失业保险金有必要吗？

从总体看，大多数专业人员认为公务员缴纳失业保险金是可行的。如表5-13所示，有24%的专业人员选择了非常可行，同时有38%的专业人员认为这是比较可行的，只有不到7%的专业人员持有强烈的非常不可行的态度。就这一问题，不同地区间的专业人员态度差异显著。具体看，在评估公务员缴纳失业保险金这一问题上，厦门市认为可行的专业人员比例超过了70%，而苏州市为66%，重庆市为63%，红河州只有48%。可以看到，与公务员缴纳失业保险金的必要性正好相同的是，其可行性随着地区经济水平的提高，可行性是增强的。尤其是在红河州，半数以上的专业人员认为这一举措是不可行的。综合看，专业人员在评估公务员缴纳失业保险金的必要性和可行性上，区域间的差距明显，必要性和可行性随着经济水平的提高而提高。换言之，在经济较为落后的地区，公务员岗位的收入低，但作为稀缺资源更为金贵，他们不太愿意自己出资缴纳失业保险，故而认为不必要且不可行。

表 5-13　专业人员评估公务员缴纳失业保险金的可行性

	总计	地区			
		厦门市	苏州市	重庆市	红河州
人数（人）	1000	251	250	249	250
非常可行（%）	24.3	27.5	25.2	22.1	22.4
比较可行（%）	37.8	43.8	40.8	41.0	25.6
不太可行（%）	31.5	23.1	28.4	32.1	42.4
非常不可行（%）	6.4	5.6	5.6	4.8	9.6
总计（%）	100.0	100.0	100.0	100.0	100.0

注：①Pearson Chi-Square(9)=36.839，Asymp. Sig. (2-sided)=0.000。
②问题：您认为公务员缴纳失业保险金可行吗？

在公务员缴纳失业保险金必要性这一问题上，公众中的大多数认为是必要的。如表 5-14 所示，有 55%左右的被访者认为公务员缴纳失业保险金是非常必要或必要的。但同时，也有超过 18%的公众对这一问题是不清楚的。在这一问题上，地区间的差异较为明显。厦门市认为这一措施具有必要性的公众比重最低，只有 41%，其中认为非常必要的为 16%，认为必要的为 25%。相对而言，苏州市的 63%，重庆市的 60%和红河州的 58%则较高。可以说，四地中经济最为发达的厦门市，在公众眼中，公务员最没必要缴纳失业保险金。同时也可以看到，对于这一问题不清楚的比重，厦门市也是最高的，为 24%，苏州市、重庆市和红河州依次递减，分为别 19.1%、18.8%和 11.6%。分城乡看，城市公众认为这一举措必要的比例要略高于农村被访者。城市有 58%的公众认为是（非常）必要的，农村则刚超过 50%。而农村的被访者中，不清楚的比例明显高于城市被访者，这与农村居民对于公务员系统的了解程度和实际相关度有关。

表 5-14　公众认为公务员缴纳失业保险金的必要性

	总计	地区				城乡	
		厦门市	苏州市	重庆市	红河州	城市	农村
人数（人）	1980	494	486	500	500	1228	752
非常必要（%）	26.1	16.2	34.0	27.2	27.0	29.2	20.9
必要（%）	29.2	24.9	28.8	32.6	30.6	29.0	29.7
不必要（%）	26.3	34.6	18.1	21.4	30.8	26.4	26.1
不清楚（%）	18.4	24.3	19.1	18.8	11.6	15.4	23.4
总计（%）	100.0	100.0	100.0	100.0	100.0	100.0	100.0

注：Pearson Chi-Square(9)=28.120，Asymp. Sig. (2-sided)=0.000。
问题：您认为公务员有必要缴纳失业保险金吗？

对比表 5-13 和表 5-14 可以发现，在对公务员缴纳失业保险金的必要性评价上，专业人员意见和公众意见较为相似，都认为其是有必要的，专业人员对此的肯定更高，这其中也有一部分原因在于公众中有很多人对这一问题是不清楚的，没有自己较为明显的态度。但综合专业人员和公众的观点，公务员缴纳失业保险金还是有其现实需要的。

四、对就业信息服务网络系统建设的意见

加强就业信息服务网络系统建设是为求职者提供就业保障的重要措施，需要改进和提高就业信息服务网络系统的方便性、可得性和可及性。那么，就业信息服务网络系统设置在哪个层次比较合适呢？在统一专门为求职者提供就业信息服务的网络系统建设问题上，专业人员认为其统一层级应该是社区居委会或村委会，这一相对最小行政单位。如表 5-15 所示，有 43%的专业人员持有这种观点。认为在街道办事处或乡镇政府与县级人力资源和社会保障部门统一的专业人员比例较为接近，都在 20%左右。相对而言，选择在州市人力资源和社会保障部门统一的专业人员较少。分地区看，不同地区的专业人员所持有的观点差异显著。虽然四地的专业人员都认同应该在社区居委会或村委会统一信息服务系统，但比例有一定的差距，重庆市明显低于其他三地，只有不到 35%。具体看，厦门市的专业人员，认为应该在县级统一的比例最低，而苏州市认同这一观点的比例仅低于在社区居委会或村委会统一。而在重庆市和红河州，选择街道办事处或乡镇政府与县级人力资源和社会保障部门的比例相当，两地各自在这两个选项上都没有明显差异。综合看，专门为求职者提供就业信息服务的网络系统其统一层级不宜过高，专业人员更支持从最基层的社区居委会或村委会抓起，根据该社区的实际就业人员的受教育程度、性别和年龄结构，提供适合该社区居民的信息服务。过高的层级统一不能考虑到实际的发展需要，进行就业信息服务的时候所提供的支持不具有针对性。

表 5-15　专业人员认为为求职者提供就业信息服务网络系统应建设的级别

	总计	地区			
		厦门市	苏州市	重庆市	红河州
人数（人）	995	250	246	249	250
社区居委会或村委会（%）	43.2	43.2	41.5	34.8	43.2
街道办事处或乡镇政府（%）	20.5	20.4	17.9	23.6	20.5
县级人力资源和社会保障部门（%）	20.1	12.0	26.8	24.4	20.1
州市级人力资源和社会保障部门（%）	16.2	24.4	13.8	17.2	16.2
总计（%）	100.0	100.0	100.0	100.0	100.0

注：Pearson Chi-Square(9)=48.137，Asymp. Sig.(2-sided)=0.000。
问题：您认为专门为求职者提供就业信息服务的网络系统应建设到哪一级？

五、对最低工资标准统筹层次的态度

最低工资标准是确保劳动者“劳有所获”的基本制度，提高最低工资标准的统筹层次是缩小最低工资标准的地区差异、实现收入公平的重要措施。到“十二五”末期，最低工资标准的统一层次要根据不同地区的实际发展情况和现实需求而确定。全国层次的统一较难实现，而县级的统一层级已经明显不满足实际需求。对于经济较为发达的地区，州市级的统一更为可行，而经济相对落后的地区，全省统一可能更行之有效。

专业人员认为，到“十二五”末期，最低工资标准应该在全省层次上进行统一。如表 5-16 所示，有 47%的专业人员持有这种观点。同时，认为应该全市（州）统一的专业人员也占据了一定的比例，为 35%。而认为全国统一和全县统一的人数较少，这两个层级或过高或过低，全国统一的可行性较低，而全县统一的统筹层级作用和意义都明显不大。分地区看，对统筹最低工资标准这一问题，区域间的差异十分明显。具体来看，厦门市的专业人员明显更支持从州市级进行统一，这一比例超过了半数。虽然其同时也有不到 40%的比例选择了全省统一，但明显低于其他三地。苏州市的专业人员意见较难统一，选择州市级和省级统一的专业人员比例相当，在 41%~45%，相对而言州市级的比例略高一些。重庆市和红河州的专业人员意见较为相似，认为应该在省级进行统一的专业人员明显高于其他 3 个层级，重庆市为 50%，红河州为 57%。同时，这两个地区，选择州市级统一和国家级统一的比例是相当的，支持率相对不高。综合上述的情况看，不同区域的专业人员的意见各有千秋，从这一点说，全国统一是很难执行的。但具体应该是省级统一还是州市级统一，需要根据各地的实际情况和可操作性进行评估，在厦门市和苏州市两地，州市级统一相对的可行性更高，而重庆市和红河州明显应该进行全省统一。

表 5-16　专业人员认为"十二五"末期最低工资标准较可行的统一层次

	总计	地区			
		厦门市	苏州市	重庆市	红河州
人数（人）	999	250	250	249	250
全县统一（%）	3.7	3.6	3.6	4.4	3.2
全市（州）统一（%）	34.5	51.6	44.8	22.1	19.6
全省统一（%）	46.7	38.8	41.6	49.8	56.8
全国统一（%）	15.0	6.0	10.0	23.7	20.4
总计（%）	100.0	100.0	100.0	100.0	100.0

注：Pearson Chi-Square(9)=102.291，Asymp. Sig.(2-sided)=0.000。
问题：您认为到"十二五"末期，最低工资标准在哪个层次上统一比较可行？

第六章　教育保障制度的民意分析

教育保障制度是指国家通过资金投入，保障社会成员基本教育权益，提高民众科学文化素质，提升其职业技能，促进其自我发展而进行的制度安排。通过政府投入、社会支持以及民众参与，发展教育事业，保障民众享有基本的教育服务，不断满足其个性化教育服务需求，逐步增进全体社会成员的福利水平，成为社会福利体系的重要组成部分。

新中国成立以来，经过 60 多年的发展，我国已逐渐形成了比较完备的教育保障制度体系。2011 年底，全国共有幼儿园 16.68 万所，在园幼儿人数达到 3424.5 万人，学前教育毛入园率达到 62.3%；全国共有 24.12 万所小学，在校生数为 9926.4 万人，小学学龄儿童净入学率达到 99.79%，小学专任教师学历合格率达到 99.7%，师生比为 1:17.7；2011 年全国拥有初中学校 5.41 万所，在校生为 5066.8 万人，毛入学率达到 100%，初中专任教师学历合格率为 98.9%，师生比为 1:14.4；全国高中阶段教育共有 27638 所学校，在校学生 4686.5 万人，高中阶段毛入学率为 84%，其中普通高中专任教师数为 155.7 万人，师生比为 1:15.8，专任教师学历合格率为 95.7%；2011 年全国共有普通高校以及成人高校 2762 所，各类在校生 3167 万人，高等教育规模位居世界第一，高等教育毛入学率为 26.9%，其中普通高校专任教师 139.3 万人，普通高校师生比为 1:17.4；公办职业技术培训机构 12.95 万所，专任教师 29.8 万人，民办职业培训机构 21403 所，培训了 955.5 万人次；另外，民办教育也得到了较快发展，共有各类民办高校 698 所，在校生 505.1 万人；在校生总数达到 25412.7 万人①。

然而，在教育领域取得成就的同时也应当看到，现行的教育保障制度在普遍性与整合性方面还存在着许多不足，显示出教育资源配置的失衡。

---

①《2011 年全国教育事业发展统计公报》，《中国教育报》2012 年 8 月 31 日。

主要表现在高等学校生均教育财政投入普遍整合性不足，中等教育内部财政经费投入缺乏公正合理性，教育资源地域和省份差异性较大，流动人口子女就学权益得不到保障等系列问题。

一、拓展义务教育范围的意愿

调查结果显示，从专业人员的意见和公众的需求看，目前以小学和初中为主的义务教育区间已远远不能满足社会需求，自幼儿园到高中的15年义务教育区间得到了最广泛的认可。在现实条件下，如果采用12年义务教育制，公众和专业人员都较为支持首先将高中教育纳入其中。从总体趋势和长远发展看，我国应逐步改革义务教育，将教育福利更大范围和更大强度地惠及百姓。

大多数专业人员认为义务教育应该同时包括幼儿园、小学、初中和高中。如表6-1所示，有61%的专业人员持有这种意见，比重明显高于其他观点。其次的选择组合是小学、初中和高中三阶段包含在义务教育阶段（24.3%），再次是“幼、小、初”（10.2%），赞同现行的小学和初中义务教育只有4.5%的专业人员。

分地区看，不同地区的专业人员意见虽有显著性差异，但差异度并不大。具体看，从整体趋势看，四地的专业人员较大多数支持应该将幼儿园、小学、初中和高中都包含在义务教育之内。但相比较而言，苏州市支持这一观点的专业人员比重最少，为52.7%，而重庆市则最大，为65.5%，厦门市和红河州居中，依次为58.8%和61.0%。

表6-1 专业人员认为义务教育应包含的阶段

	总计	地区			
		厦门市	苏州市	重庆市	红河州
人数（人）	994	250	245	249	250
小学和初中（%）	4.5	4.8	7.3	2.8	4.5
幼儿园、小学和初中（%）	10.2	12.0	12.2	10.4	10.2
小学、初中和高中（%）	24.3	24.4	27.8	21.3	24.3

续表

	总计	地区			
		厦门市	苏州市	重庆市	红河州
幼儿园、小学、初中和高中（%）	61.0	58.8	52.7	65.5	61.0
总计（%）	100.0	100.0	100.0	100.0	100.0

注：Pearson Chi-Square(9)=20.426，Asymp. Sig.(2-sided)=0.015。
问题:您认为义务教育包括哪些阶段比较可行?

由上可见，作为公民的基本社会福利之一的义务教育，专业人员认为应该是从学前教育一直延续到高中阶段。义务教育的进一步拓展，更加深入地推行了均衡教育的理念，也从根本上提高了全民的教育水平，更是社会福利结构的深化和改革。

对于义务教育包含阶段问题，公众和专业人员的意见基本相同，绝大多数公众认为应该自幼儿园到高中，都被纳入义务教育的范畴之内。如表6-2所示，有接近62%的公众认同这一选项。随着义务教育所涵盖的阶段越少，支持的公众比例越低，相较于幼儿园和高中，更多公众认为应该将高中纳入义务教育。而目前施行的九年义务教育已经明显不能满足公众的需求。在这一问题上，地区间的总体趋势相同，但也有细微差别。具体看，苏州市认同最大范围地拓展义务教育时间的比例最低，为53.8%，红河州最高，为66.0%，但可以看到四地对于这一观点的支持人数都超过了一半。就城乡看，没有显著差异。农村支持将幼儿园、小学、初中和高中都纳入义务教育的比重略高于城市，分别为64.7%和60%。不论从不同经济发展的地域还是城乡看，九年义务教育获得的认同度都是最低的。同时从专业人员的意见和公众的需求看，延长义务教育时间是势在必行的。现实条件下，如果无法最大范围地施行义务教育，相较于高中和幼儿园，公众和专业人员都较为支持首先将高中教育纳入其中。从总体趋势和长远发展来看，我国应逐步改革义务教育，使教育福利更大范围和更大强度地惠及百姓。

表6-2 公众认为义务教育应包含的阶段

	总计	地区				城乡	
		厦门市	苏州市	重庆市	红河州	城市	农村
人数（人）	1974	489	485	500	500	1223	751
小学和初中（%）	5.6	3.7	6.0	5.8	6.8	6.1	4.7

续表

	总计	地区				城乡	
		厦门市	苏州市	重庆市	红河州	城市	农村
幼儿园、小学和初中（%）	12.4	11.5	18.4	12.2	7.6	12.8	11.6
小学、初中和高中（%）	20.3	20.2	21.9	19.4	19.6	21.0	19.0
幼儿园、小学、初中和高中（%）	61.8	64.6	53.8	62.6	66.0	60.0	64.7
总计（%）	100.0	100.0	100.0	100.0	100.0	100.0	100.0

注：Pearson Chi-Square(9)=24.445，Asymp. Sig.(2-sided)=0.010。
问题:您认为义务教育包括哪些阶段比较可行?

进一步的统计分析发现，子女是否在读、每月读书的费用支出这两项指标对公众义务教育覆盖范围的选择有所影响。通过表6-3可以看到，在公众最赞同将幼儿园、小学、初中和高中均纳入义务教育范围的基础上，家中有在读子女的家庭，更倾向于将高中而不是幼儿园纳入现行的义务教育范围，选择的百分比为21.9%，较之无在读子女的受访者的比例17.5%高出4个百分点；每月子女读书花费高的受访者（月支出在1000元以上）也更倾向于将高中而不是幼儿园纳入现行的义务教育范围，选择的百分比为23.4%，较之500元以下、500~1000元的家庭的受访者的比例分别高出2个百分点和4个百分点。

表6-3　有无在读子女和不同月读书支出的公众认为义务教育应包含的阶段

	总计	有无在读子女		月读书支出		
		无	有	500元以下	501~1000元	1000元以上
人数（人）	1974	793	1181	802	389	384
小学和初中（%）	5.6	7.8	4.1	5.3	6.2	5.1
幼儿园、小学和初中（%）	12.6	13.7	11.9	11.6	12.1	11.1
小学、初中和高中（%）	20.2	17.5	21.9	21.2	19.5	23.4
幼儿园、小学、初中和高中（%）	61.6	60.9	62.1	61.8	62.2	60.4
总计（%）	100.0	100.0	100.0	100.0	100.0	100.0

注：Pearson Chi-Square(4)=18.671，Asymp. Sig.(2-sided)=0.012。
问题:您认为义务教育包括哪些阶段比较可行?

二、教育资源均等化的意愿

教育公平是社会公平的基础，义务教育公平是教育公平的基石。如何促进和实现义务教育公平，实现教育资源均等化，专业人员和普通公众提出了一系列意见和建议。

（一）义务教育生均经费的城乡标准

义务教育生均经费的城乡差距，是城乡社会福利差距的具体体现之一。研究表明，我国义务教育生均经费的城乡差距 30 年来呈现出波动的趋势，1993 年到 1994 年，城乡生均教育经费差距迅速扩大；1994~1997 年城乡之间的差异缓慢下降；1998~2003 年教育经费城乡比持续上升；2004 年之后，城乡义务教育生均经费差距持续下降。[①] 近 10 年来这一差距的相对趋势虽然有所缓解，但城乡的绝对差距是一直在扩大的。[②]

此次调查的结果显示，无论从专业人员意见还是公众看法，统一城乡生均教育经费都是义务教育发展的未来方向。逐步实现两者的统一标准化是具有现实基础和重要的实际意义的，也会是消除城乡二元格局差异的关键一步。

表 6–4 专业人员认为义务教育阶段的城乡生均教育经费合理标准

	总计	地区			
		厦门市	苏州市	重庆市	红河州
人数（人）	999	251	249	249	250
城市高于农村（%）	22.8	25.5	22.9	23.3	19.6
农村高于城市（%）	10.9	9.6	10.8	10.4	12.8
城乡一个标准（%）	66.3	64.9	66.3	66.3	67.6
总计（%）	100.0	100.0	100.0	100.0	100.0

注：Pearson Chi-Square(6)=3.371，Asymp. Sig. (2-sided) =0.761。

问题:您认为义务教育包括哪些阶段比较可行？

①吴春霞.《中国城乡义务教育经费差距演变与影响》，《教育科学》2006 年第 6 期。

②王元京.《中国城乡义务教育差别的制度障碍分析》，《财经问题研究》2009 年第 9 期。

专业人员认为我国义务教育阶段的城乡生均教育经费应该保持在同一个标准较为合理。如表 6-4 所示，有 66%以上的专业人员支持城乡生均教育经费同标准。相对而言，认为农村应该高于城市的比重要低于认为城市高于农村的，前者只有不到 11%。在不同地区的专业人员对于这一问题的观点差异较小，不具有显著性。支持城乡统一标准的比重都在 65%左右。出于现实的考虑，各地专业人员也认为，农村生均经费调整到高于城市的标准是不太可能的，支持农村标准高于城市的专业人员比例最低，只有 10.9%。就目前的现实情况和专业人员认为的合理标准可以看出，我国的城乡生均教育经费需要进行较大力度的调整和改革，城乡间的差距不利于义务教育的未来发展，更为合理的发展趋势是逐渐实现城乡生均教育经费的一体化。

表 6-5 公众认为义务教育阶段的城乡生均教育经费合理标准

	总计	地区				城乡	
		厦门市	苏州市	重庆市	红河州	城市	农村
人数（人）	1973	489	484	500	500	1223	750
城市高于农村（%）	18.0	20.4	21.3	16.2	14.4	22.2	11.2
农村高于城市（%）	11.3	8.8	8.1	12.8	15.2	9.2	14.7
城乡一个标准（%）	70.7	70.8	70.7	71.0	70.4	68.6	74.1
总计（%）	100.0	100.0	100.0	100.0	100.0	100.0	100.0

注：Pearson Chi-Square(6)=11.332，Asymp. Sig. (2-sided)=0.032。
问题：您认为义务教育阶段城乡生均教育经费实行哪一种标准比较合理？

从整体看，公众和专业人员的意见基本相同，绝大多数的公众都认为在生均教育经费这一问题上，城乡应该施行统一标准。根据表 6-5 可知，这样选择的公众超过了 70%。同样，只有 11%的公众认为农村标准应该高于城市。分地区看，公众的意见有一定的区别。虽然 4 个地区绝大多数的公众都认为应该将城乡生均教育经费统一化，这一比例都超过了 70%。但红河州和其他 3 个地区不同的是，认为农村应该高于城市的公众比例要高于城市高于农村的比例。而在厦门市和苏州市两地，这两个选项之间的差异明显比较大。就城乡看，差异也十分明显。农村的公众更认为城乡间应该施行同一个标准，有 74.1%支持一体化，而城市只有 68.6%。相比较而言，农村公众认为农村标准要高于城市标准的比重高于城市的比重，分别为 14.7%和 11.2%，而城市公众则正好相反，认为城市应高于农村的比重达到了 22%以上。这一差别显然体现了城乡公众利益视角的差异。从整体看，对于城乡生均教育经费一体化的需求，农村公众较城市公众更为迫切。并且虽然目前城市户口的学生享受的教育经费高于农村学生，但城市公众也较为认同二者的统一化。综合专业人员和公众意见以及目前我国生均教育经费的城乡差异，逐步实现两者的统一标准化是具有现实基础和重要的实际意义的，也是消除城乡二元格局差异的关键一步。

（二）促进城乡小学教育均衡发展的举措

城乡教育福利的差异还表现在城乡之间师资、办学条件等教育资源的失衡配置。在调查中我们以小学教育为例，征询了专业人员对于城乡教育均衡发展的举措的意见。从专业人员的意见中可以看到，平衡发展城乡教育水平，改善农村小学办学条件、加强农村小学师资培训、引导城市师资下乡任教三项举措是最为重要的。

表 6-6 专业人员认为促进城乡小学教育均衡发展应当采取的措施

	总计	地区				Pearson Chi-Square	Asymp. Sig. (2-sided)
		厦门市	苏州市	重庆市	红河州		
人数（人）	998	249	250	249	250		
加强农村小学的师资培训（%）	84.1	83.5	88.0	79.5	85.2	7.027	0.071
改善农村小学的办学条件（%）	87.5	85.1	89.2	83.5	92.0	10.119	0.018
提供岗位补贴，引导和鼓励城市师资到农村任教（%）	86.3	86.3	81.6	86.3	90.8	8.938	0.030
严格实行划片入学，电脑派位升学（%）	40.6	43.0	44.4	38.6	36.4	4.339	0.227
其他（%）	2.9	3.6	0.8	4.8	2.4	7.831	0.050

从表 6-6 可以看到，分别有 87.5%、86.3%和 84.1%的专业人员选择了三种措施。只有不到 41%的专业人员认为严格实行划片入学、电脑派位升学是有利于城乡教育均衡发展的。分地区看，不同地区的专业人员对于促进城乡小学教育均衡化发展的措施意见基本相同，除改善农村小学的办学条件差异稍微显著。具体看，在厦门市，绝大多数专业人员认为提供岗位补贴是合理有效的措施，其次是改善农村小学的办学条件和加强其师资

培训；在苏州市，有89%的专业人员即绝大多数认为改善办学条件是行之有效的手段。重庆市和厦门市的专业人员意见分布情况较为相似，而红河州选择从改善小学的办学条件和提供岗位补贴两方面均衡发展城乡教育的专业人员比重要明显高于其他3个地区，分别为92.0%和90.8%。这4个地区的专业人员都不是十分支持通过严格施行划片教学和电脑派位均衡教育水平。这一措施从城市内部看，可以相对地提高教育均等化水平，但在城乡之间，不能从根本上改变城乡教育条件的差距。从专业人员的意见可以看到，平衡发展城乡教育水平，最重要的是从师资入手，一方面要加强在职教师的培训，另一方面需要通过提高工资水平和福利补贴，吸引更多的优秀教师到农村任教。同时，农村小学目前较为落后的办学条件也需要有所改善，这也是吸引教育人才到农村发展的有利条件。

（三）缩小重点学校与普通学校差距的举措

除城乡之间义务教育福利的失衡制衡之外，全国重点学校和普通学校的教育资源的不公平状况也十分明显，这也是目前“择校风”屡禁不止的根源。实现义务教育均衡发展与公平发展，必须逐步缩小重点学校与普通学校之间的差距。调查结果显示，专业人员认为想要缩小重点学校与普通学校之间的差距，较为合理的措施是提供岗位补贴，引导和鼓励重点学校师资到普通学校去任教以及加大对普通学校的投入。

表6-7 专业人员认为缩小重点学校与普通学校差距应采取的措施

	总计	地区				Pearson Chi-Square	Asymp. Sig. (2-sided)
		厦门市	苏州市	重庆市	红河州		
人数（人）	995	246	250	249	250		
使普通学校成为重点学校的分校（%）	30.7	32.1	29.6	24.9	36.0	7.617	0.055
重点学校校长（副校长）到普通学校担任学校领导（%）	43.4	45.9	42.4	37.3	48.0	6.609	0.085
提供岗位补贴，引导和鼓励重点学校师资到普通学校去任教（%）	79.4	80.5	83.2	75.1	78.8	5.254	0.154

续表

	总计	地区				Pearson Chi-Square	Asymp. Sig. (2-sided)
		厦门市	苏州市	重庆市	红河州		
严格实行电脑派位、划片入学（%）	45.0	51.6	52.0	36.9	39.6	21.583	0.001
加大对普通学校的投入（%）	69.6	76.0	65.2	69.9	67.6	7.561	0.056

如表 6-7 所示，专业人员认为引导和鼓励重点学校师资到普通学校任教是缩小重点学校和普通学校差距的首要举措（79.4%），其次是加大对普通学校的投入（69.6%）。选择严格实行电脑派位、划片入学的专业人员比例为 45%，认为从领导层抓起，重点学校校长到普通学校担任学校领导的有 43.4%，只有 30.7%的专业人员认为可以将普通学校办成重点学校的分校。在这一问题上，不同区域间的专业人员观点差异并不显著，除对严格实行电脑派位这一措施外。具体看，厦门市和苏州市两地的专业人员均有半数认同电脑派位的作用，但在重庆市和红河州选择这一选项的专业人员都不到 40%，相比而言更认可重点学校校长任职普通学校的举措。从整体看，4 个地区的专业人员最为认同通过岗位补贴的方式，将普通学校和重点学校的师资进行融合，尤其是厦门市和苏州市两地，对这一措施支持的专业人员比重都超过了 80%。其次是应该加大对普通学校的投入，改善其自身的办学条件，厦门市的专业人员尤为支持这一观点，比重达到了 75%以上。相对最不切实有效的方法是将普通学校划分为重点学校的分校，这种方式只是将普通学校附属于重点学校，并不能从根本上解决教育资源的不平等问题。综上所述，要从根本上缩小普通学校和重点学校的较大差距，首先需要从师资水平和办学条件上出发，一方面引进更优秀的教育人才，另一方面加强学校的硬件和软件设施建设。

综上所述，为了实现城乡小学教育均衡发展，缩小重点和普通学校的差距，专业人员认为应当加强农村小学的师资培训、改善农村办学条件、提高农村教师待遇；可以尝试提高教师岗位补贴，引导和鼓励重点学校的师资到普通学校去任教；最关键的是，政府要切实加强对农村和普通学校的投入，大力度支持它们的发展。

三、对教育经费统筹层次的态度

在义务教育经费财政分担的问题上，专业人员意见和公众观点都认为，在今后的较长时间内，更多地还是要依靠中央财政的支持，同时，地方各级随级别的降低来分摊一定份额的经费。经济较为落后的地区需要中央财政更大的倾斜，经济相对发达地区，可以一定程度地降低中央财政的负担，将义务教育的费用由较低级别的财政机构支付。

表 6-8 专业人员认为义务教育阶段各级财政支出的分配情况

	总体均值	地区			
		厦门市	苏州市	重庆市	红河州
人数（人）	963	237	227	249	250
中央财政（均值）(%)	45.57	39.40	34.48	50.53	56.52
省级财政（均值）(%)	23.94	24.22	24.80	24.64	22.20
州市级财政（均值）(%)	16.36	20.82	20.64	12.60	12.02
县区级财政（均值）(%)	14.13	15.56	20.08	12.23	9.26
总计（%）	100.00	100.00	100.00	100.00	100.00

注：Pearson Chi-Square(9)=13.271，Asymp. Sig.（2-sided)=0.009。
问题：您认为义务教育阶段，各级财政支出结构应分别为：

专业人员认为，义务教育阶段，中央财政应该承担最大份额的支出，同时，省级、州市级及县级财政也需要有一定份额的分担，但随着政府级别的降低，所需负担的比重也依次下降。如表 6-8 所示，专业人员认为中央财政应该承担 45%以上的义务教育支出，省级为 24%，州市级为 16%，县区级为 14%。就这一问题，各地的专业人员意见总体趋势相同，但是差异也较为显著。在经济较为发达的厦门市和苏州市两地，专业人员对于财政负担的比重分布较为平均，虽然中央财政也是承担最大比例的，但和其他三级财政相比较而言，差异比重庆市和红河州两地小很多。在重庆市和红河州，专业人员认为中央财政要承担 50%以上的义务教育支持，而州市级及县区级财政承担的比例明显要低于较高两级财政。在厦门市和苏州市两地，专业人员认为，虽然随着财政级别的下降，其所承担的义务教育的支出也在降低，但从省级到县区级财政分担的比重差距不大。通过数据及上述分析可以看到，在义务教育财政分担上，经济较为落后的地区更多地需要依靠中央财政，而经济相对发达地区，可以一定程度地降低中央财政的负担，将义务教育的费用由较低级别的财政机构支付。但总体看，我国义务教育的大力发展，在今后的较长时间内，更多地还是要依靠中央财政的支持，同时，地方财政也需要随着经济的进一步发展在其中扮演更为重要的角色。

表 6-9 公众认为义务教育阶段费用主要承担财政支出的政府级别

	总计	地区				城乡	
		厦门市	苏州市	重庆市	红河州	城市	农村
人数（人）	1972	489	483	500	500	1226	746
中央财政（%）	61.5	54.8	47.2	73.0	70.2	61.3	61.8
省级财政（%）	19.7	21.1	29.0	12.2	16.8	20.4	18.5
州市级财政（%）	10.2	14.1	13.7	6.2	7.2	11.4	8.3
不清楚（%）	8.6	10.0	10.1	8.6	5.8	6.9	11.4
总计（%）	100.0	100.0	100.0	100.0	100.0	100.0	100.0

注：Pearson Chi-Square(9)=26.401，Asymp. Sig.（2-sided）=0.000。

问题：您认为义务教育阶段，各级财政支出结构应分别为：

绝大多数公众认为，义务教育阶段的费用主要应该由中央财政负担。如表 6-9 所示，有接近 62%的公众持有这种观点。认为应该主要由省级财政支付的占不到 1/5，只有 10%左右的被调查者选择了由州市级财政负担。不同地区的公众对于负担义务教育阶段费用的政府级别的意见明显不同。厦门市和苏州市两地较重庆市和红河州，认为应该由中央负担义务教育的公众比重明显偏低，分别只有 54.8%和 47.2%，而重庆市和红河州都达到了 70%以上。与之相对的，厦门市和苏州市两地认为应由省级财政负担的比重要明显高于另外两地，都达到了 20%以上。就城乡看，在这一问题上，城乡公众间的意见区分度不大。分别有 61.3%的城市被访者和 61.8%的农村被访者认为应该由中央财政负担，而省级及州市级的比重相对较低。结合表 6-7 和表 6-8 可以看到，不论是公众还是专业人员，认为主要负担义务教育阶段费用的政府级别都应该是中央财政，但经济较为发达的地区，对于中央财政的依赖度相对较低，公众也较多地认为应该由省级财政负担主要部分。根据不同地区公众和专业人员意见的差别，在负担义务教育阶段费用问题上，中央财政的负担比例应该因地制宜，对于经济较为落后的地区给予更大程度的支持，而对于经济自主性较强，发展较快的地区，则可以适当地将中央财政的负担转移给省级及州市级财政，增强当地的义务教育发展的灵活性。

四、对外来务工人员子女义务教育的接纳的态度

我国目前有两亿多流动人口，外来务工人员子女的教育福利如何实现，是关乎教育公平的一项重大议题。调查中，专业人员和普通公众都集中表明了对外来务工者子女入学的接纳态度，认为打工者的子女更应该和城市户口的适龄学生一样进入公办学校参加义务教育，这一方面减少了将打工者子女送回原籍接受教育所引发的一系列留守儿童问题，另一方面也降低了民办学校所带来的教育风险。在入校后的编班过程中，应该将打工者子女和城市生源混合在一起，加强两个群体之间的交流，也能够更加合理和公平有效地配置师资资源。就目前的情况看，要实现外来务工者子女进入公办学校，专业人员认为首先政府应该给予公办学校一定的财政补贴，另外，本地的公办学校能够接受的名额应该充裕。

（一）对于外来务工者子女在流入地入学的态度

绝大多数专业人员认为外来务工者子女在义务教育阶段适合上打工所在地的公办学校。如表 6-10 所示，有 77%以上的专业人员持有此种观点。认为外来务工者子女适合回原居地读书的为 10.6%，而认为这一群体更适合在打工所在地为其单独建立的民办学校的比重也只有 11.9%。从不同地区看，专业人员的意见显著不同。在重庆市和红河州两地，支持务工者其打工所在地的公办学校更适合其子女义务教育的专业人员比重要明显高于厦门市和苏州市两地。其中，苏州市支持这一观点的专业人员近 70%，厦门市为 72%左右，而重庆市和红河州都在 80%以上。除厦门市外，苏州市、重庆市和红河州的专业人员支持比重最小的方式都是让外来务工者子女回原居地学校就读，厦门市的专业人员最不支持的是就读打工地的民办

学校。上述现象可能和这些地区的劳动力输入输出状况有关。厦门市、苏州市是高度城市化地区，外来务工者流入较多，本地人会考虑到当地教育资源的承载力。而重庆市和红河州是城市化程度较低的地区，是劳动力流出地，更加希望在流入地享受平等的教育福利。

表 6-10 专业人员认为外来务工者子女适合接受义务教育的学校类型

	总体均值	地区			
		厦门市	苏州市	重庆市	红河州
人数（人）	996	248	249	250	250
原居住地学校（%）	10.6	14.5	15.7	5.2	7.2
打工地公办学校（%）	77.4	72.2	67.5	88.4	81.6
打工地民办学校（%）	11.9	13.3	16.9	6.4	11.2
总计（%）	100.00	100.00	100.00	100.00	100.00

注：Pearson Chi-Square(6)=39.428，Asymp. Sig.(2-sided)=0.000。

但就我国目前的义务教育发展情况看，其管理体制与资源配置之间的矛盾在制约着外来务工者子女的受教育机会。[①]目前，我国义务教育的准入手续还是依据户来进行划分的，这让外来务工者子女很难接受其打工所在地的公办学校的教育。随之而产生的民办打工子弟学校，又因为缺乏政府的引导，使管理教学质量和教学环境参差不齐。根据此次调查的专业人员意见可以看到，专业人员认为打工者的子女更应该和城市户口的适龄学生一样进入公办学校参加义务教育，这一方面减少了将打工者子女送回原籍接受教育所引发的一系列留守儿童问题，另一方面也降低了民办学校所带来的教育风险。

与专业人员的意见相类同，公众的绝大多数同样认为外来务工者子女应该在其打工所在地的公办学校就读。如表 6-11 所示，有接近 70%的公众认同这一观点。但与专业人员意见略有差异的是，认同外来务工者子女更适合回原居地学校接受义务教育的比重，明显高于在打工地民办学校接受教育（21.3：9.9）。分地区看，不同地区间的差异显著。在苏州市，支持外来务工子女到当地的公办学校就读的公众比重较其他 3 个地区低，只有 52%；相反，认为其应该回原居住地接受义务教育的比重最高，接近 33%。在红河州和重庆市两地，超过 3/4 的公众认为外来务工者子女更适

① 左光禄：《城市外来务工人员子女义务教育问题研究》，内蒙古师范大学硕士学位论文，2011 年。

合在公办学校就读。从城乡公众意见来看，在这一问题上，其意见基本没有差异。城市和农村都有69%左右的公众是支持就读公办学校的。其次是都有21%上下的被调查者认为回原居住地学校更为合适。认为在打工地民办学校就读合适的都只有9.9%。综合分析可以看到，外来务工者子女更加适合在其打工所在地的公办学校上学，但目前在无法全面实现这一目标的前提下，公众认为回原籍就读更好，而专业人员则较多地认为在打工所在地的民办学校就读更为合适。同时，可以看到，在苏州市，不论专业人员还是公众，支持外来务工者子女进入公办学校接受义务教育的比重较其他3个地区都低。通过上述分析，可以得出两个推论：第一，和专业人员相比，人口流入地的普通公众对外来务工者子女进入本地公办学校有一定的排斥倾向；第二，诸如农民工子弟学校等打工地民办学校的存在，实际上是流入地城市不能对外来人口子女提供公平教育福利的产物，选择在这类学校入学，是打工者的无奈之举。

表6-11　公众认为外来务工者子女适合接受义务教育的学校类型

	总计	地区				城乡	
		厦门市	苏州市	重庆市	红河州	城市	农村
人数（人）	1979	492	487	500	500	1227	752
原居住地学校（%）	21.3	22.0	32.9	17.0	13.6	21.8	20.3
打工地公办学校（%）	68.8	69.7	52.0	75.8	77.4	68.2	69.8
打工地民办学校（%）	9.9	8.3	15.2	7.2	9.0	9.9	9.9
总计（%）	100.0	100.0	100.0	100.0	100.0	100.0	100.0

注：Pearson Chi-Square(6)=38.453，Asymp. Sig.（2-sided）=0.000。
问题：您认为外来务工人员子女在哪里的学校接受义务教育比较合适？

（二）对于外来务工者子女在流入地公立学校编班的态度

对于城市公办学校中，外来务工人员子女应该如何进行编班这一问题，专业人员更多的认为应该将其与城市生源进行混合编班。如表6-12所示，有接近85%的专业人员支持这一观点，而认为应该单独编班的专业人员只有不到16%。分地区看，就这一问题，各地的专业人员意见具有显著性差异，但总体趋势是相同的。虽然苏州市认为应该与城市生混合编班的比重相对于其他 3 个城市较低，只有 76.4%，而其他 3 个地方都达到了 85%左右，但可以看到，专业人员还是绝大多数地支持应该将打工者子女与城市户口的生源混合在一起组成班级，而不应该将其单独编班。这一编班形式，有利于教育资源和教育机会的均等化。如果将打工者子女进行单独编班，学校在考虑师资配备问题上，可能会有偏倚。同时，单独编班也不利于打工者子女的心理健康发展，将其作为独立的班级划分出来，这一群体就更难与城市户口的学生融为一体，对这一群体的社会融入会造成很大的阻力。因此，在城市的公办学校进行班级编排过程中，专业人员更多地是建议将打工者子女和城市生源混合在一起，加强两个群体之间的交流，也能够更加合理和公平有效地配置师资资源。

表 6–12　专业人员认为在城市公办学校上学的外来务工者子女合适的编班形式

	总体均值	地区			
		厦门市	苏州市	重庆市	红河州
人数（人）	1000	251	250	249	250
单独编班（%）	15.6	13.1	23.6	11.2	14.4
与城市生源混合编班（%）	84.4	86.9	76.4	85.6	85.6
总计（%）	100.00	100.00	100.00	100.00	100.00

注：Pearson Chi–Square(3)=17.159，Asymp. Sig. (2–sided)=0.001。

公众大多数认为在城市公办学校上学的外来务工者子女更加适合与城市生源混合编班，表 6–13 显示，有接近 83%的公众持有这种意见。只有不到 20%的公众认为单独编班是合理的。在这一问题上，公众和专业人员的意见基本相同。从不同区域看，苏州市支持与城市生源混合编班的公众比重最低，只有不到 70%，而重庆市达到了 93%，厦门市和红河州基本相同，在 84%左右。对比专业人员意见可以发现，从专业人员到公众，苏州市认为混合编班更好的被访者比重都是最低的。结合表 6–10 和表 6–11 可以看出，在一定程度上，苏州市的外来打工者融入问题相较其他 3 个地区严重。公众和专业人员对于外来务工者子女准入进公办学校及进入公办学校后和城市生源混合编班的支持度都较低。从城乡看，在这一问题上，城市公众认为混合编班合理的比重要高于农村被访者，分别为 84.3%和 79.9%，其差异并不显著。综合分析外来务工者子女应该接受何种类型的学校的义务教育及其编班方式可以看到，随着义务教育的进一步发展和教

表 6–13 公众认为在城市公办学校上学的外来务工者子女合适的编班形式

	总计	地区				城乡	
		厦门市	苏州市	重庆市	红河州	城市	农村
人数（人）	1973	489	484	500	500	1222	751
单独编班（%）	17.4	15.7	32.0	7.0	15.2	15.7	20.1
与城市生源混合编班（%）	82.6	84.3	68.0	93.0	84.8	84.3	79.9
总计（%）	100.0	100.0	100.0	100.0	100.0	100.0	100.0

注：Pearson Chi–Square(3)=27.645，Asymp. Sig.（2–sided）=0.000。
问题：您认为在城市公办学校上学的外来务工人员子女如何编班比较合适？

育资源的合理化配置，不论专业人员还是公众，都支持推行外来务工者子女进入本地公办学校就读的政策，同时应该将这一群体与城市生源混合编班，以加快外来务工者第二代、第三代的社会融入，从根本上解决打工者子女教育目前存在的诸多问题，提高其接受教育的水平。

（三）对于外来务工者子女在流入地公立学校入学的条件的看法

被访者比较赞同外来务工人员子女进入公办学校读书，那么提供给他们的进入公办学校的条件有哪些呢？专业人员大多认为外来务工者子女应该进入打工者所在地的公办学校接受义务教育，但就目前的教育资源情况来说，还需要配套的相应条件才能较好地逐步实现这一目标。专业人员大多数认为，首先政府应该给予公办学校一定的财政补贴，另外，本地的公办学校能够接受的名额应该充裕。如表 6–14 所示，有 84%的专业人员认同第一个条件，同时也有接近 3/4 的公众认为第二个条件也是必备的。只有 35%左右的专业人员认为应该向外来务工人员收取适当的费用才可以将其子女送进公办学校进行就读。在这一问题上，地区间的差异较为显著。在红河州，专业人员尤为支持应该由政府给予公办学校一定的财政补贴，支持这一观点的专业人员达到了 90%。而在厦门市和重庆市，这一比重都不到 80%，这两地支持应该在本地公办学校能够接受的名额充裕的情况下接受打工者子女的比重较高，分别为 77%和 80%。苏州市认为应该由外来务工人员缴纳适当的费用的比重较高，接近 50%，而重庆市则最低，只有不到 23%。可以看到，经济越发达地区，在考虑外来打工者子女进入公办学校过程中，支持打工者本身需要缴纳一定费用的专业人员比重越高。经济越发达地区，随着外来务工者的大面积增加，对于本地学校带来的压力越大，如何在现有的师资资源下，合理地配置和接纳打工者子女进入公办学校接受义务教育是教育和行政部门亟待解决的问题。专业人员的意见还是更多地支持从政府的角度，给予公办学校支持，并且扩大公办学校的规模，使其能够承载越来越多的外来务工者子女的教育需求。

表 6-14 专业人员认为外来工子女进入本地公办学校所需的条件

	总计	地区				Pearson Chi-Square	Asymp. Sig. (2-sided)
		厦门市	苏州市	重庆市	红河州		
人数（人）	997	249	249	249	250		
本地公办学校接受名额充裕（%）	74.5	77.1	79.9	70.7	70.4	8.869	0.031
政府给予公办学校财政补贴（%）	84.0	79.9	78.3	87.6	90.0	18.062	0.000
外来务工人员需要适当缴费（%）	35.6	37.3	47.8	22.9	34.4	34.169	0.000
其他（%）	3.1	4.0	2.0	4.8	1.6	5.989	0.112

第七章 社会救助福利的民意分析

社会救助是指国家和其他社会主体对于遭受自然灾害、失去劳动能力或者其他低收入公民给予物质帮助或精神救助，以维持其基本生活需求，保障其最低生活水平的各种措施。社会救助体现了浓厚的人道主义思想，是社会保障的最后一道防护线和安全网，它在矫正“市场失灵”，调整资源配置，实现社会公平，维护社会稳定，构建社会主义和谐社会等方面发挥着重要的和不可替代的作用。

近年来，我国社会救助事业取得了长足进步，有效发挥了最后一道“安全网”作用，同时也存在着一系列突出问题，需要我们进行顶层设计，建设普遍整合的社会救助制度。在民政部公布的《2011 年社会服务发展统计报告》中，把社会救助分为城市居民最低生活保障、城市“三无人员”救济、农村最低生活保障、农村五保户供养、农村传统救济、城市医疗救助、农村医疗救助、城市居民临时救助、农村居民临时救助 9 个小项目。在此次调查中我们主要就农村五保供养制度、城乡居民最低生活保障制度和城乡医疗救助制度 3 个方面征询了专业人员和普通公众的态度与意见。

一、对农村五保供养制度的统筹意愿

作为一项具有中国特色的社会救助制度，五保供养制度对保障农村五保对象的基本生活、维护社会稳定、实现社会公正发展发挥了极为重要的作用。农村五保供养制度建立于 1956 年，在当年颁布的《高级农业生产合作社示范章程》第五十三条规定：“农业生产合作社对于缺乏劳动力或者完全丧失劳动力，生活没有依靠的老、弱、孤、寡、残疾的社员，在生产上和生活上给予适当的安排和照顾，保证他们的吃、穿和柴火的供应，保证年幼的受到教育和年老的死后安葬，使他们生养死葬都有依靠。”[①]这个规定成为现行农村五保户供养制度的由来。

在计划经济时代，农村五保供养属于农村集体福利事业，农村集体经济组织负责提供五保供养所需的经费和实物。改革开放之后，1994 年 1 月，国务院颁布《农村五保供养条例》，首次对农村五保供养的对象与性质、内容和形式等做出了明确规定，推进了农村五保供养的法制化。2006 年 1 月，国务院颁布新修订的《农村五保供养工作条例》，将农村五保供养纳入公共财政范畴。截至 2011 年底，我国农村五保供养总户数达到 530.2 万户 551 万人，其中集中供养 184.5 万人，见表 7–1。

表 7–1　2006~2011 年农村五保供养发展统计[②]

年份	总户数（万户）	总人数（万人）	集中供养（万人）	集中供养年均标准（元/人）	分散供养（万人）	分散供养年均标准（元/人）
2006	468	503.3	—	—	—	—
2007	499	531.3	138.0	1953	393.3	1432
2008	521.9	548.6	155.6	2176.1	393.0	1624.4
2009	529.4	553.4	171.8	2587.49	381.6	1842.71
2010	534.1	556.3	177.4	2951.5	378.9	2102.1
2011	530.2	551	184.5	3399.7	366.5	2470.5

在调查中我们主要了解专业人员和普通公众对农村五保供养制度的供养标准统筹事项的意见。对于统一农村五保供养标准，专业人员和公众的意见差别较大。专业人员多认为应该在居中的省级层次进行统筹规划，而公众意见则有全国统一、全省统一、全市（州）统一三种不同的选择。经济较为发达地区，公众更为支持在市（州）统一，而相对落后地区则认为全国统一更为合理。

如表 7–2 所示，对于统一农村五保制度，大多数专业人员集中认为应该在全省统一，这一比例达到了 45.3%；其次认为可以在市（州）统一（30.2%）。同时也有 27.5%的公众认为应该在市（州）统一农村五保制度。

①《建国以来重要文献选编》（第 8 册），中央文献出版社 1994 年版，第 422–423 页。

② 资料来源：民政部：《2006~2009 年民政事业发展统计公报》和《2010~2011 年社会服务发展统计公报》。

认为可以在全国或全县层面上统一的占少数，分别为 15.8%和 8.7%。在总体趋势一致的基础上，不同地区间也有其特点。4 个被调查地，专业人员都更为认同应该在省级进行统一。这一比重在厦门市、苏州市、重庆市和红河州分别为 41.0%、40.8%、50.2%和 49.2%。但是在厦门市和重庆市，认为应该在市（州）级进行统一的专业人员比重较高，分别为 35.5%和 38.8%。而在重庆市和红河州两地，这一比重则较低，都不到 1/4。这种状况可能和地区经济水平有关。对于在国家层次进行统一，厦门市和苏州市两地的专业人员支持比重很低，分别只有 12.4%和 11.2%，而重庆市和红河州则相对高一些，都接近 20%。综合公众对于统一农村五保制度的意见可以发现，专业人员较为倾向于在相对居中的省级层面进行统一，这既考虑了当地的经济发展水平，又能够更好地进行统筹规划，为实现五保制度的完善和提高提供了更好的平台。

表 7-2　专业人员对“十二五”末期农村五保制度统一层次的意见

	总计	地区			
		厦门市	苏州市	重庆市	红河州
人数（人）	1000	251	250	249	250
全县统一（%）	8.7	11.2	9.2	6.0	8.4
全市（州）统一（%）	30.2	35.5	38.8	24.1	22.4
全省统一（%）	45.3	41.0	40.8	50.2	49.2
全国统一（%）	15.8	12.4	11.2	19.7	20.0
总计（%）	100.0	100.0	100.0	100.0	100.0

注：Pearson Chi-Square(9)=35.100，Asymp. Sig.(2-sided)=0.000。

对于农村五保供养标准的统一层次，公众意见较难统一。如表 7-3 所示，分别有 27.5%、21.8%和 28.4%的人选择了全市（州）统一，全省统一和全国统一，比例较为相当。分地区看，不同地区间差异明显。厦门市和苏州市两地的公众较为支持在全市（州）统一，分别有 37%和 35%的人这样选择。而在重庆市和红河州，均有 38%的人认为应该在全国统一农村五保供养标准。经济较为发达的地区，公众较为支持在较低层级统一；相反，在经济较为落后地区，公众则认为应在较高层次进行统一。在城乡公众之间，态度差异也较为明显。城市公众的大多数，较为支持在市（州）级进行统一，而农村居民则认为应该在全国进行五保供养标准统一。综合分析，可以看到，在统一农村五保供养标准这一问题上，公众意见较难得到统一，不同地区、城乡之间的态度差异十分明显，若要统筹规划，则需要进一步分地区分城乡进行综合考察，并且根据当地的实际发展需要，制定更为合理有效的统一标准和层次。

表 7-3　在公众眼中农村五保供养标准合理的统一层次

	总计	地区				城乡	
		厦门市	苏州市	重庆市	红河州	城市	农村
人数（人）	1977	491	486	500	500	1225	752
全县统一（%）	14.3	13.6	19.5	11.0	13.0	16.2	11.2
全市（州）统一（%）	27.5	36.7	35.0	22.6	16.0	30.9	21.8
全省统一（%）	21.8	18.9	20.2	22.2	25.8	21.4	22.5
全国统一（%）	28.4	20.6	16.3	38.2	38.0	23.8	35.9
不清楚（%）	8.1	10.2	9.1	6.0	7.2	7.8	8.6
总计（%）	100.0	100.0	100.0	100.0	100.0	100.0	100.0

注：Pearson Chi-Square(9)=39.42，Asymp. Sig. (2-sided) =0.000。

二、对城乡低保制度的统筹意愿

我国城乡最低生活保障制度分为“城市最低生活保障制度”和“农村最低生活保障制度”，是保障共同生活的家庭成员人均收入低于当地城市或农村居民最低生活保障标准的居民基本生活的社会救助制度。1993 年 6 月，上海市率先建立了城市居民的最低生活保障制度，1997 年国务院颁发的《关于在全国建立城市居民最低生活保障制度的通知》和 1999 年国务院颁布的《城市居民最低生活保障条例》，标志着全国城市最低生活保障制度的全面建立，走上了规范化和制度化的轨道。截至 2011 年底，全国共有城市低保对象 1145.7 万户、2276.8 万人，全年各级财政共支出城市低保资金 659.9 亿元，全国城市低保平均标准 287.6 元/人·月，全国城市低保月人均补助水平 240.3 元。[①]城市低保对象逐步实现了“应保尽保”，有效保证了城市贫困人口的基本生活，见表 7-4。

① 民政部：《2011 年社会服务事业发展统计公报》。

表 7-4　2001~2011 年我国城市最低生活保障发展情况[①]

年份	人数（万人）	年增长率（%）	月平均标准（元/人）	月平均支出（元/人）	全年财政支出（亿元）
2001	1170.7	190.8	—	—	—
2002	2064.7	76.4	—	52	108.7
2003	2246.8	8.8	149	58	151
2004	2205	-1.9	152.0	65.0	172.7
2005	2234.2	1.3	156.0	72.3	191.9
2006	2240.1	0.3	169.6	83.6	224.2
2007	2272.1	1.4	182.4	102.7	277.4
2008	2334.8	2.8	205.3	143.7	393.4
2009	2345.6	0.5	227.8	172.0	482.1
2010	2310.5	-1.5	251.2	189.0	524.7
2011	2276.8	-1.5	287.6	240.3	659.9

我国农村最低生活保障制度发端于 1995 年 12 月广西壮族自治区武鸣县颁布的《武鸣县农村最低生活保障线救济办法》，这是我国出台的第一个县级农村最低生活保障制度文件。[②] 1996 年，民政部下发了《关于加快农村社会保障体系建设的意见》和《农村社会保障体系建设指导方案》两个指导性文件，提出凡是开展农村社会保障体系建设的地方，应该把建设农村低保制度作为重点。2007 年 7 月，国务院颁发《关于在全国建立农村最低生活保障制度的通知》，决定在全国普遍建立农村最低生活保障制度，把农村低保制度提升到国家政策层次，加快了农村低保制度的建设步伐。截至 2011 年底，全国有农村低保对象 2672.8 万户、5305.7 万人，全年各级财政共支出农村低保资金 667.7 亿元，全国农村低保平均标准 143.2 元/人·月，全国农村低保月人均补助水平 106.1 元，见表 7-5。

表 7-5　2007~2011 年农村最低生活保障发展情况[③]

年份	人数（万人）	年增长率（%）	月平均标准（元/人）	月补助水平（元/人）	全年财政支出（亿元）
2007	3566.3	123.9	70	38.8	109.1
2008	4305.5	20.7	82.3	50.4	228.7

① 民政部：《2001~2009 年民政事业发展统计公报》和《2010~2011 年社会服务发展统计公报》。

② 廖益光：《社会救助概论》，北京大学出版社 2009 年版，第 146 页。

③ 民政部：《2007~2009 年民政事业发展统计公报》和《2010~2011 年社会服务发展统计公报》。

续表

年份	人数（万人）	年增长率（%）	月平均标准（元/人）	月补助水平（元/人）	全年财政支出（亿元）
2009	4760.0	10.6	100.84	68	363.0
2010	5214.0	9.5	117.0	74	445.0
2011	5305.7	1.8	143.2	106.1	667.7

在调查中我们主要了解了专业人员和普通公众对城乡低保标准统一化的相关态度与意见。对于统一城乡低保标准，公众意见较难统一，不论是农村低保还是城市低保，抑或是城乡统筹规划，不同地区间的公众持有的意见较难集中，厦门市、苏州市两地都倾向于市（州）级统一，而重庆市和红河州则更支持全国层面统一。综合各方面条件，专业人员则认为城乡低保统筹规划应该在省级层面进行。

（一）对农村低保标准统筹层次的意愿

对于厦门市、苏州市、重庆市及红河州 4 个地区共 1000 个样本的统计数据显示，平均约 44%的专业人员认为到“十二五”末期农村低保制度应达到全省统一。其中，红河州（50.4%）、重庆市（49.8%）两地专业人员认可度略高于厦门市（37.5%）、苏州市（36.8%）。其次，约有 31%的专业人员认为农村低保制度应达到全市（州）统一，其中苏州市（41.6%）、厦门市（39.4%）略高于红河州（22.4%）、重庆市（22.1%）两地。支持全县统一及全国统一的专业人员人数较少，约 9.4%的专业人员支持农村低保制度达到全县统一，约 15.6%的专业人员支持农村低保制度达到全国统一的层次。总体看，支持全省统一农村低保制度的人数最多，接近半数；其次是支持全市（州）统一农村低保制度的专业人员，约为 30%；支持全国统一农村低保制度的专业人员与全县统一农村低保制度的专业人员较少，共计 25%。厦门市、苏州市两地支持全省和全市（州）统一农村低保制度的专业人员数相仿，约为 40%；重庆市、红河州两地支持全省统一农村低保制度的比例（约 50%）远远高于支持全市（州）统一的专业人员数（约为 22%）。比较公众在同一问题上的观点，专业人员意见较为集中，统一层次也相对更能考虑到各方面的实际发展需要，见表 7-6。

表 7-6 专业人员对“十二五”末期农村低保制度统一层次的意见

	总计	地区			
		厦门市	苏州市	重庆市	红河州
人数（人）	1000	251	250	249	250
全县统一（%）	9.4	10.4	9.6	9.2	8.4
全市（州）统一（%）	31.4	39.4	41.6	22.1	22.4
全省统一（%）	43.6	37.5	36.8	49.8	50.4
全国统一（%）	15.6	12.7	12.0	18.9	18.8
总计（%）	100.0	100.0	100.0	100.0	100.0

注：Pearson Chi-Square(9)=43.720，Asymp. Sig. (2-sided)=0.000。

对于农村低保标准统一层次，公众的意见较为分散，相对而言，选择市（州）级和国家级统一的公众较多。如表 7-7 所示，分别有 29.4%和 27.7%的公众认为应该在全市（州）或全国统一农村低保标准。但同时，也有 21.3%的公众认为在全省统一更为合理。在这一问题上，不同地区以及城乡之间的差异十分显著。在厦门市和苏州市两地，公众明显较为支持在市（州）级进行统一，都有接近 2/5 的被访者如此选择。在重庆市和红河州两地，公众更多地认为应该在全国进行统筹。同时，在城市的被访者认为在市（州）级进行统一更为合理，而农村被访者则更多地认为应该在全国进行统一。从整体和不同地区及城乡之间的区别看，就统一农村低保标准这一问题，经济水平较高地区的公众，不希望在较高层级统筹农村低保，而是认为应根据当地州市的实际发展进行统一规划。但在经济水平较低的区域，公众认为全国统一更为合理有效，如此的区分与现有的低保标准有关，现有低保标准较高的地区，公众并不希望在较高层次进行平均化和统一化，这在某种程度上，可能会拉低当地的农村低保标准。而在现有低保水平不高的地区，全国层面的统一，更能带动当地的低保系统发展。因此如何平衡公众的意见，在不同区域和城乡之间统筹规划农村低保标准，需要根据当地的实际情况进行平衡发展。

表 7-7 在公众眼中，农村低保标准合理的统一层次

	总计	地区				城乡	
		厦门市	苏州市	重庆市	红河州	城市	农村
人数（人）	1980	494	486	500	500	1227	753
全县统一（%）	14.8	16.0	20.0	11.4	12.2	16.8	11.7

续表

	总计	地区				城乡	
		厦门市	苏州市	重庆市	红河州	城市	农村
全省统一（%）	21.3	18.2	19.1	23.0	24.6	20.6	22.3
全国统一（%）	27.7	18.8	15.4	37.6	38.4	22.4	36.3
不清楚（%）	6.8	8.9	8.4	5.0	4.8	6.8	6.6
总计（%）	100.0	100.0	100.0	100.0	100.0	100.0	100.0

注：Pearson Chi-Square（12）=49.250，Asymp. Sig.（2-sided）=0.000。
问题：您认为到“十二五”末期，农村低保制度在哪一个层次上统一比较可行？

（二）对城市低保标准统筹层次的意愿

专业人员认为，到“十二五”末期城市低保制度应该较为适合在全省进行统一。如表 7-8 所示，有 46.8%的专业人员持有此种意见。同时，有 31.7%的专业人员认为市（州）级的统一也相对较为合理。在这一问题上，各地专业人员意见显著不同。具体看，厦门市的专业人员更为支持应该在全市（州）统一，这一比重达到了 43.2%，而对于全省统一的支持比重相对略低，有 38.4%。在苏州市、重庆市和红河州，专业人员最支持在全省统一城市低保制度，这一比重随着经济水平的下降而呈现了上升的趋势，分别为 43.2%、51.8%和 54.0%。相比较看，这 3 个地区中，重庆市支持在全国统一的比重最高，达到了 21.3%，其他三地都较赞同如此层级的统一。可以看到，随着经济水平越高，专业人员意见越不清晰，厦门市和苏州市两地，专业人员在省级和市（州）级的比重不相伯仲，都有相当的专业人员支持。因此，在统一城市低保制度过程中，应该根据经济发达程度，综合考虑专业人员和公众的意见，结合当地的实际发展需要，首先在市（州）级进行初步的统一，可以试点进行全省的统一。但全国范围的统一在短时间内执行起来有一定的困难，并且不一定利于整体的发展。

表 7-8　专业人员对“十二五”末期城市低保制度统一层次的意见

	总计	地区			
		厦门市	苏州市	重庆市	红河州
人数（人）	999	250	250	249	250
全县统一（%）	5.0	4.0	6.4	4.8	4.8
全市（州）统一（%）	31.7	43.2	38.8	22.1	22.8

续表

	总计	地区			
		厦门市	苏州市	重庆市	红河州
全省统一（%）	46.8	38.4	43.2	51.8	54.0
全国统一（%）	16.4	14.4	11.6	21.3	18.4
总计（%）	100.0	100.0	100.0	100.0	100.0

注：Pearson Chi-Square(9)=46.298，Asymp. Sig.(2-sided)=0.000。

在公众眼中，最为认同的城市低保标准统一层次是在全市（州）统一。如表 7-9 所示，有 34.6%的公众持有此种意见。同时，有 28.1%的公众认为在全国统一合适，其次有 21.9%认为应该居中，在全省统一。认为在县级统一的公众比重较少，只有不到 10%。对于城市低保标准统一层次这一问题，比较农村低保，不同地域的公众观点明显有差异。在厦门市和苏州市，公众对于城市低保的统一，也多数认为应该在全市（州）统一，分别有 47.7%和 43.7%的支持比重。而认同在全国统一的比重都不到 20%。反之，在重庆市和红河州，公众更认同在全国进行统一，这一比例接近 40%。除苏州市外，其他 3 个地区支持在县级进行统一的公众比重都不到 10%。从城乡看，同农村低保标准统一层次相似，城市公众认为城市低保标准的统一层次也较适合在市（州）级进行，而农村公众则认为应该在全国统一。城市被访者选择在省级或国家级统一的比重相当，都在 22%~23%。而农村公众对于在市（州）级还是省级统一上，更多地认为应该在市（州）级统一，这一比重为 27.4%。综合分析表 7-7 和表 7-9 可以看到，不论是统一城市低保标准还是农村低保标准，经济水平和现有的低保标准都影响着公众对于统一层次的认知。

表 7-9　在公众眼中城市低保标准合理的统一层次

	总计	地区				城乡	
		厦门市	苏州市	重庆市	红河州	城市	农村
人数（人）	1980	493	487	500	500	1228	752
全县统一（%）	9.4	7.3	13.1	8.4	9.0	10.4	7.8
全市（州）统一（%）	34.6	47.7	43.7	25.6	22.0	39.1	27.4
全省统一（%）	21.9	17.2	21.8	23.8	24.6	22.1	21.4
全国统一（%）	28.1	19.7	15.4	37.2	39.8	23.1	36.3
不清楚（%）	5.9	8.1	6.0	5.0	4.6	5.2	7.0
总计（%）	100.0	100.0	100.0	100.0	100.0	100.0	100.0

注：Pearson Chi-Square（12）=39.061，Asymp. Sig.（2-sided）=0.000。
问题：您认为到“十二五”末期，城市低保制度在哪一个层次上统一比较可行？

（三）对城乡低保标准统筹层次的意愿

城乡各自独立规划低保标准的未来趋势应该是将二者进行进一步的统一融合，专业人员认为到“十二五”末期统一层次应该达到全省层级更为合理。如表 7-10 所示，有 41.5%的专业人员持有此种意见。但是，同时，也有相当比重（31.1%）的专业人员认为应该在市（州）级进行统一。具体分析不同地区，在统筹城乡低保体系过程中，不同地区的专业人员态度差异明显。首先，在厦门市，专业人员较为支持在市（州）级进行统一，这一比重达到 42.8%。与之相比，选择全省统一的专业人员比重略低，达到 34%。而对于在全国或者全县统一，厦门市的专业人员较不认可。在苏州市，对于全市统一还是全省统一，专业人员意见很难区分，比重差异不大，在 38%~41%。同厦门市相似的是，苏州市的专业人员更不支持在县级或者国家级进行统一，层级都过低或过高。在重庆市和红河州，专业人员意见集中在全省统一，这一比重都在 45%左右。而对于市（州）或全国统一，比重则相当，在 1/4 左右。可以看到，随着经济水平的变化，专业人员意见更倾向于向较高层级统一城乡低保标准，希望大范围的统筹可以带动相对落后的区域。但对于经济发达地区，可能会产生一些不利的效应，对当地的城乡低保标准统一管理具有反作用。

表 7-10 “十二五”末期城乡低保制度统一层次的专业人员意见

	总计	地区			
		厦门市	苏州市	重庆市	红河州
人数（人）	999	250	250	249	250
全县统一（%）	6.5	4.0	6.8	8.4	6.8
全市（州）统一（%）	31.1	42.8	37.6	22.5	21.6
全省统一（%）	41.5	34.0	40.8	44.6	46.8
全国统一（%）	19.3	16.8	11.2	24.5	24.8
不清楚（%）	1.5	2.4	3.6	0.0	0.0
总计（%）	100.0	100.0	100.0	100.0	100.0

注：Pearson Chi-Square (12) =70.001，Asymp. Sig. (2-sided) =0.000。

如果要统一城乡低保标准，公众较为认同应该在市（州）级进行统一。从表 7-11 中可以看到，有接近 34%的公众对这一问题持有这种意见。但是，同时可以看到，也有接近 28%的公众认为应该在全国统一。除了这两个级别，有 21%的公众认为应该在全省统一。分地区看，和统一城市或农村低保标准比较相似，若要统筹规划城乡低保，地区间的公众意见差异十分明显。具体看，厦门市和苏州市两地的公众对于这一问题，十分明显地支持在市（州）级进行统一，均有 45%左右的被访者选择。比较而言，苏州市对于其他 3 个层级的选择较为平均，而厦门市的公众很少有支持在县级进行统一的。而在重庆市和红河州，大多数公众认为应该在全国统一，尤其是红河州。比较来看，重庆市有 37%的公众选择在全国统一，而红河州这一比例明显较高，达到了 41%。从城乡看，城乡间差距也是显著的。城市和农村都有相当的比重或选择在市（州）级统一，或选择在国家级统一，城市有 38%的公众认为应该在全市（州）进行统一，农村则有 36%的公众认为全国统一更为合理。可以看到，统筹规划城乡低保标准并且进一步将两者合并，不同区域的公众态度差异较大，协调综合的难度相对较大。

表 7-11　在公众眼中若统一城乡低保标准合理的统一层次

	总计	地区				城乡	
		厦门市	苏州市	重庆市	红河州	城市	农村
人数（人）	1978	493	485	500	500	1226	752
全县统一（%）	11.3	9.5	15.3	8.6	12.0	12.3	9.7
全市（州）统一（%）	33.8	45.4	44.3	25.2	20.6	37.8	27.1
全省统一（%）	20.8	18.3	18.4	24.0	22.4	21.3	19.9
全国统一（%）	27.6	17.6	14.6	36.6	40.8	22.5	35.8
不清楚（%）	6.6	9.1	7.4	5.6	4.2	6.0	7.4
总计（%）	100.0	100.0	100.0	100.0	100.0	100.0	100.0

注：Pearson Chi-Square（12）=68.390，Asymp. Sig.（2-sided）=0.000。
问题：如果统一城乡低保制度，您认为到“十二五”末期应该在哪个层次上统一？

三、对城乡医疗救助的统筹意愿

医疗救助是指国家和社会针对那些因为贫困而没有经济能力治病的公民实行特定项目免费医疗的帮扶制度。改革开放以后，整个社会十分关注基本医疗保险制度的建立，但是对医疗救助工作着力不多，只有少数地区同步开展制度化的医疗救助工作。2002 年 10 月，中共中央、国务院在《关于进一步加强农村卫生工作的决定》中首次提出要建立农村医疗救助制度，以便解决“农村五保户和贫困农民家庭”的疾病治疗与疾病救治难题。2003 年民政部等部委联合下发了《关于实施农村医疗救助的意见》，明确农村医疗救助对象、范围以及组织与实施。2005 年民政部等出台了《关于建立城市医疗救助制度试点工作意见》，提出用 5 年左右的时间在全国范围内建立起管理制度化、操作规范化的城市医疗救助制度。全国各地根据国家政策、结合自身实际出台了相应的实施意见，使得城乡居民医疗救助制度普遍性地建立起来。

按救助对象，我国目前主要有城市医疗救助对象和农村医疗救助对象。城市医疗救助对象主要是城市居民最低生活保障对象中未参加城镇职工基本医疗保险的人员、已参加城镇职工基本医疗保险但个人负担仍然较重的人员和其他特殊困难群众。农村医疗救助对象为农村五保户、农村贫困家庭成员和地方政府规定的其他符合条件的农村贫困农民。目前低收入老年人、流动人口中的孕妇、精神病患者等也不同程度地包含于各地城乡医疗救助对象之中。据统计，2011 年全国中央和地方财政共筹集医疗救助资金 195.1 亿元，比 2010 年增长 18%；资金支出 198.0 亿元，比 2010 年增长 31%；救助总人次 8937 万人，比 2010 年增长 10%[①]。

在调查中我们主要关注城乡医疗救助体系标准和层次统一的问题。调查结果发现，对于统筹城乡医疗救助体系，专业人员的意见认为应该综合各方面考虑，在各个省内部进行医疗救助的统一化管理是首选方案。这一层面既兼顾了当地的经济发展，又能更好地整合医疗救助系统。但公众的意见两极分化较为明显。就农村、城市以及城乡统一化，经济发达地区的公众认为应该在较低层级进行管理，即在市（州）级，而在经济落后地区，公众的意见更偏向于在国家层面进行统一。

① 国家民政部：《2011 年全国城乡医疗救助工作进展情况》，http://www.mca.gov.cn/article/yw/shjz/llyj/201306/201306004746039.shtml。

（一）对于农村医疗救助标准统一层次的意见

对于统筹农村医疗救助标准，专业人员的意见更倾向于在全省进行统一。如表 7-12 所示，有接近 43%的专业人员认为省级的统一层次更为合适。但同时，也有 30%左右的专业人员认为应该在市（州）级统一。在这一问题上，专业人员和公众的意见差别较大，认为应该在全国进行统一的专业人员只有不到 18%。分地区看，不同地区的专业人员意见差异显著。在厦门市和苏州市，选择在市（州）级和省级统一的专业人员比重比较相当。在厦门市，这两个比重分别为 37.2%和 36%，而苏州市则略高一些，分别为 38.4%和 39.2%。在重庆市和红河州，专业人员比较明显地更支持在全省统一农村医疗救助标准，分别有 50%和 47%的专业人员这样认为。综合看，专业人员评估农村医疗救助的统一层级，认为在省级统一是更为合理的。这在一定程度上综合了不同经济发展水平地区的情况，能够更为有效地统筹规划农村医疗救助。在市（州）级进行统一的统筹层级过低，统筹效果并不明显，地区间的差异可能会因此越拉越大，而在全国统一，则很难实际考虑到地方上的发展需要。因此，专业人员的意见相对更具有借鉴意义，在省级层面统一农村医疗保险，既兼顾地方特点，又能统筹发展。

表 7-12　专业人员对农村医疗救助统一层次的意见

	总计	地区			
		厦门市	苏州市	重庆市	红河州
人数（人）	999	250	250	249	250
全县统一（%）	9.3	12.0	8.8	8.4	8.0
全市（州）统一（%）	30.3	37.2	38.4	20.9	24.8
全省统一（%）	42.9	36.0	39.2	49.8	46.8
全国统一（%）	17.4	14.8	13.6	20.9	20.4
总计（%）	100.0	100.0	100.0	100.0	100.0

注：Pearson Chi-Square(9)=35.067，Asymp. Sig.(2-sided)=0.000。

公众对于农村医疗救助标准的合理统一层次意见较难统一，意见也较为分散。如表 7-13 所示，在被访公众中，除去有 6%左右的人对这一问题不清楚，以及有 13%左右的人选择了在县级进行统一外，支持全市（州）统一、全省统一以及全国统一的人数相对差别不大，分别有 29.8%、

22.7%和 28.0%。分地区看，区域间差异显著。在厦门市和苏州市两地，公众明显更支持在全市（州）进行统一，分别有接近 40%和 38%的公众这样认为。而在重庆市和红河州两地，绝大多数公众认为，在全国统一是更为合理的。可以看到，相对经济发达的地区，认为因地制宜，在本市或本州统一医疗救助更为合理；而在经济相对落后的地区，则希望全国“一刀切”，在更大范围进行统一更有利于当地的医疗救助发展。从城乡看，城市公众和农村公众的意见大不相同。城市公众较为认同在市（州）级进行统一，而农村公众则认为应该在全国进行统一，这一比重分别占 32.8%和 35.4%。对于农村医疗救助的统一问题，可以看到，对于经济发展较好的地区，其自身内部的消化和资源配置能力较强，相对能够较好地根据自身发展统一制定合理的救助标准。而对于自身经济发展较为落后的地区，全国统一的医疗救助标准更有利于带动当地的救助水平，更利于其发展。

表 7-13　公众眼中农村医疗救助合理的统一层次

	总计	地区				城乡	
		厦门市	苏州市	重庆市	红河州	城市	农村
人数（人）	1977	494	483	500	500	1226	751
全县统一（%）	13.3	11.3	21.1	10.2	10.6	15.1	10.3
全市（州）统一（%）	29.8	39.9	38.3	24.2	17.4	32.8	25.0
全省统一（%）	22.7	19.4	17.4	24.8	29.0	22.3	23.4
全国统一（%）	28.0	20.0	15.9	35.8	39.6	23.4	35.4
不清楚（%）	6.2	9.3	7.2	5.0	3.4	6.4	5.9
总计（%）	100.0	100.0	100.0	100.0	100.0	100.0	100.0

注：Pearson Chi-Square（12）=42.350，Asymp. Sig.（2-sided）=0.000。
问题：您认为农村医疗救助标准应该在哪个层次统一？

（二）对于城市医疗救助标准统一层次的意见

在统筹城市医疗救助标准这一问题上，专业人员更支持在全省进行统一。如表 7-14 所示，有接近 43%的公众如此认为。对于城市医疗救助，专业人员的意见和对农村医疗救助基本相似，也有很大比重的专业人员较为支持在市（州）级统一。分地区看，不同地区的专业人员意见差别十分显著。与对农村医疗救助标准统一层次意见不同的是，在厦门市和苏州市两地，专业人员明显更为支持在全市（州）统一，分别有44.6%和41.6%的专业人员持有此种观点。而支持在省级统一的专业人员虽然也较多，但和市（州）级的支持比重相对而言，要低一些，分别只有36.3%和37.2%。而在重庆市和红河州，专业人员的意见更为明显，认为较为合理的是在省级进行统一，支持这一观点的比重都接近50%。综合分析表7-12和表7-14可以发现，在分别统筹城市和农村医疗救助标准问题上，专业人员的意见略有差距。对于统筹农村医疗救助标准，不同地区的专业人员意见虽差别显著，但四地支持在省级统一的专业人员比重较高。但对于城市医疗救助，经济较为发达的地区，专业人员的意见还是认为应该在市（州）级统一，统一级别不宜太高。而经济较为落后的地区，则认为应该高一些层级，在省级进行统一。但对于公众较为支持的全国统一，专业人员并不十分认同。

表7-14 专业人员对城市医疗救助统一层次的意见

	总计	地区			
		厦门市	苏州市	重庆市	红河州
人数（人）	1000	251	250	249	250
全县统一（%）	5.3	2.8	6.0	6.0	6.4
全市（州）统一（%）	32.0	44.6	41.6	21.3	20.4
全省统一（%）	42.6	36.3	37.2	47.8	49.2
全国统一（%）	20.1	16.3	15.2	24.9	24.0
总计（%）	100.0	100.0	100.0	100.0	100.0

注：Pearson Chi-Square(9)=60.893，Asymp. Sig.(2-sided)=0.000。

公众认为，城市的医疗救助较为合理的统一层次，或者是在全市（州）进行统一，或者是在全国统一。如表7-15所示，有33%的公众选择在市（州）统一城市医疗救助，同时也有接近30%的人选择在全国进行统一。其次，有接近24%的人选择了在全省进行统一。对比公众对农村医疗救助统一层次的意见，对于城市医疗救助的意见也同样较难统一。从4个被调查地区看，区域间的差异十分显著。在厦门市和苏州市，都有接近44%的人认为该在市（州）级进行城市医疗救助的统一，而在重庆市和红河州，40%左右的公众认为该在全国统一城市医疗救助。而对比厦门市和红河州两地，最主要的区别在于，厦门市的公众观点跨度较大，认为在市（州）级和国家级统一的人最多，而在苏州市，除市（州）级外，有接近

24%的公众认为该在全省进行统一。从城乡看，城市公众的意见靠近市（州）级统一，而农村公众的意见则认为全国统一更为合理，这一比重分别在37%左右。对比可以看到，不论对于城市医疗救助，还是农村医疗救助，公众的意见较为相似，全国整体来看意见较为分散，但地区和城乡内部意见却较为统一。这与经济发展水平和当地现有的医疗救助条件有关。对于本身医疗救助较好的地区，并不希望全国“一碗水端平”，而对于相对落后的地区，全国范围的统一，或有利于当地医疗救助水平的发展。

表 7-15　公众眼中城市医疗救助合理的统一层次

	总计	地区				城乡	
		厦门市	苏州市	重庆市	红河州	城市	农村
人数（人）	1978	493	485	500	500	1226	752
全县统一（%）	8.2	7.3	13.6	6.2	5.8	9.2	6.5
全市（州）统一（%）	33.1	43.4	43.9	25.2	20.2	37.0	26.6
全省统一（%）	23.7	17.4	23.5	24.6	29.0	23.3	24.2
全国统一（%）	29.5	23.1	13.8	38.6	41.8	25.3	36.3
不清楚（%）	5.6	8.7	5.2	5.4	3.2	5.1	6.4
总计（%）	100.0	100.0	100.0	100.0	100.0	100.0	100.0

注：Pearson Chi-Square（12）=75.835，Asymp. Sig.（2-sided）=0.000。
问题：您认为城镇医疗救助标准应该在哪个层次统一？

（三）对于统一城乡医疗救助标准统筹层次的意见

绝大多数专业人员认为，到“十二五”末期，如果要统一城乡医疗救助标准，较为合理的是在全省进行统一。如表 7-16 所示，除去 31%左右的专业人员认为应该在市（州）级统一，多数即 46.2%的专业人员认为统一层级应该为省级。分地区看，4 个被调查地区的专业人员意见显著不同。在厦门市，专业人员最为支持在市（州）级统一，有 43.8%的支持比重，其次为在省级统一，为 38.6%。在重庆市，专业人员绝大多数选择了在省级统一，为 41.2%，但同时，选择在市（州）统一的人数略低，达到了 37.2%。在重庆市和红河州，专业人员明显更为支持在全省统一，达到了 50%以上的支持比重。通过分析此表，可以清晰地看到，随着地区经济水平的下降，支持全省统一的专业人员比重持续上升。对比前述分析可以发现，在统筹城乡医疗救助问题上，地区的经济发展影响了专业人员和公众的意见。但是，公众的意见两极化十分明显，在经济发达地区则希望统筹层级不要过高，市（州）级则比较合理，而在经济落后地区，却希望尽可能高层级地统筹医疗救助，因此全国统一更为合理。专业人员的意见较为综合，省级统一更为恰当有效，但是地区间的专业人员意见还是有较大区别，不同经济发展水平，专业人员意见仍旧有不同程度的偏倚。

表 7-16　专业人员对“十二五”末期城乡医疗救助制度统一层次的意见

	总计	地区			
		厦门市	苏州市	重庆市	红河州
人数（人）	1000	251	250	249	250
全县统一（%）	5.9	3.2	8.8	7.2	4.4
全市（州）统一（%）	30.7	43.8	37.2	20.5	21.2
全省统一（%）	46.2	38.6	41.2	50.2	54.8
全国统一（%）	17.2	14.3	12.8	22.1	19.6
总计（%）	100.0	100.0	100.0	100.0	100.0

注：Pearson Chi-Square(9)=59.355，Asymp. Sig.（2-sided）=0.000。

如果要统一城乡医疗救助标准，绝大多数公众认为合理的统一层次应该是在市（州）级统一，但是选择省级和国家级统一的公众也占据相当的比重。如表 7-17 所示，对于统一城乡医疗救助这一问题，公众中有 33.3%选择在全市（州）进行统一，有 23.9%选择在全省统一，而也有 27.6%的人选择在全国统一，从整体看，意见较为分散。分地区看，在这一问题上，区域间差异显著。在厦门市和苏州市两地，45%左右的公众认为应该在全市（州）进行统一，统一级别较低。而在重庆市和红河州，35%以上的被访者，则认为应该在全国进行统一，统一层次较高。城乡之间的公众对于这一问题的态度区别十分明显。城市公众最支持的是在市（州）级进行统一城乡医疗救助，而农村公众则认为应该全国统一。在这一问题上，不同地区的公众态度与城市和农村医疗救助自身的统一层次基本相似。在公众看来，不论是统一城市医疗救助，还是农村医疗救助，抑或是统筹城乡医疗救助标准，都应该依据不同地区的经济发展水平进行区分。对于经济发达地区的公众，认为统筹医疗救助方面，不希望在较高层级进行统筹划一，而对于经济落后地区的公众来说，越高层级的综合统一，更有利于当地的医疗救助整体发展。根据上述结果可以看到，在统筹城乡医疗救助过程中，如何协调不同经济发展地区的标准，如何在保持经济发达地区现有的医疗救助水平上，拉动经济较为落后地区的水平，是统筹建设医疗救助体系的关键议题。

表 7–17　公众眼中若统一城乡医疗救助标准合理的统一层次

	总计	地区				城乡	
		厦门市	苏州市	重庆市	红河州	城市	农村
人数（人）	1977	494	483	500	500	1225	752
全县统一（%）	9.3	8.1	13.9	6.0	9.4	10.4	7.4
全市（州）统一（%）	33.3	43.9	45.1	25.8	18.8	37.1	27.1
全省统一（%）	23.9	18.4	21.3	26.2	29.4	23.2	25.0
全国统一（%）	27.6	20.4	13.5	36.4	39.4	23.6	34.0
不清楚（%）	6.0	9.1	6.2	5.6	3.0	5.7	6.4
总计（%）	100.0	100.0	100.0	100.0	100.0	100.0	100.0

注：Pearson Chi–Square（12)=70.231，Asymp. Sig.（2–sided)=0.000。

问题：如果统一城乡医疗救助标准，你认为到"十二五"末期应该在哪个层次上统一？

第八章　社会服务体系需求的民意分析

社会服务这个概念在国内外学术界早已有之，最初人们往往将它理解为面向社会成员，以提供劳务的形式满足社会需求的社会活动，它包括生活福利性服务、生产性服务和社会性服务。社会福利意义上的社会服务概念产生得比较晚，作为一个学术概念于1951年由英国伦敦政治经济学院的教授理查德·蒂特姆斯首次提出，意指社会福利领域中除教育、住房、收入保障和国民医疗健康四部分之外的另一独立内容，社会服务由此就成为社会福利体系的重要内容。

在中国的社会福利实践的背景下，我们将社会服务界定为国家和社会为解决全体社会成员特别是一些特殊群体如弱势群体和有困难的群体的基本生活需求，保证和提高其生活质量而开展的各种社会活动、社会工作和社会事务的总称①。这个定义包括以下三层含义：第一，社会服务是一种以劳动（物质的和精神的活动）形式满足社会成员基本生活需要的社会行动。第二，社会服务的对象包括一般对象和特殊对象。所谓“一般对象”就是全体社会成员，面向全体社会成员提供的社会服务即“普遍服务”；所谓的“特殊对象”主要指社会弱势群体，面向弱势群体提供的社会服务即“特殊服务”。根据“弱者优先”的公平理念，要优先发展面向弱势群体的社会服务，优先满足弱势群体的基本社会服务需求。第三，社会服务的供给主体是多元的，包括各级政府、城乡基层自治组织、社会组织以及其他社会力量；供给内容是多样的，涉及民众基本生活的各个领域。

在此项课题研究中，我们主要关注专业人员和普通公众对于为特殊人群提供的社会服务的意见与态度。

---

① 中国社会科学院社会政法学部课题组：《中国社会服务体系建设课题研究报告》，2010年8月。

一、对养老社会服务的需求

中国是世界上老龄人口最多的国家，也是老龄化进程最为快速的国家，由于人口快速老龄化以及家庭结构的核心化，空巢老人日益增多，家庭养老功能逐渐弱化，传统的居家养老已经难以支持老年人的生活和医护等需求，迫切需要与人口结构以及家庭结构相适应的养老服务模式。21 世纪以来，中国快速步入老龄化社会，据《中国老龄事业发展报告（2013）》，截至 2012 年我国 60 岁以上老年人口数量达到 1.94 亿人，老龄化水平达到 14.3%。加快养老社会服务体系建设任重道远。

当前老年人需要的社会服务主要分为两个方面，一方面是身体健康的服务，另一方面是精神生活的服务，而日常生活照料服务和文体活动服务是这两类最基本的服务方式，也是专业人员和公众认为最需要的服务类型。在开展这两项服务的同时，精神陪护服务、慢性病跟踪服务以及急诊呼叫服务的配套能够更好地给予老年人帮助。

表 8-1　公众认为特别需要为本地老年人提供的社会服务

	总计	地区				城乡	
		厦门市	苏州市	重庆市	红河州	城市	农村
人数（人）	1981	494	487	500	500	1228	753
日常生活照料服务（%）	73.3	72.3	79.5	74.0	67.6	72.2	75.0
精神陪护服务（%）	52.4	56.9	50.9	50.4	51.4	56.3	46.1
法律援助服务（%）	52.8	47.4	53.6	49.4	60.6	54.9	49.3
慢性病跟踪服务（%）	63.3	61.1	56.9	61.2	73.8	64.8	60.8
康复护理服务（%）	57.2	58.7	53.4	54.8	62.0	61.0	51.1
急诊呼叫服务（%）	54.8	57.5	53.2	51.0	57.6	60.3	45.8
文体活动服务（%）	64.8	67.6	54.2	67.8	69.4	66.5	62.0
其他（%）	1.6	2.8	0.4	2.0	1.2	1.2	2.3

注：Pearson Chi-Square（21）=216.703，Asymp. Sig.（2-sided）=0.000。
问题：您认为特别需要为本地老年人提供哪些社会服务？（可多选）

公众认为，老年人当前最需要社会提供的服务首先应该是日常的生活照料服务。如表 8-1 所示，选择这一选项的公众比例明显高于其他选项，达到了 73.3%。同时，在满足日常生活的基础上，有 64.8%的公众认为文体活动是老年人特别需要的社会服务。其次，针对老年人这一群体，慢性疾病的跟踪服务业尤为关键。而相对来说，精神陪护、法律援助、康复护理以及急诊呼叫等服务类型，在现有的基础上能够提供是最好的，但从需要的迫切程度，公众的认可度不高。从不同地区看，公众的意见略有不同，其中红河州最为特殊。具体看，在厦门市、苏州市和重庆市，公众中绝大多数都认为老年人需要的应该是最基本的生活照料，三个地区分别有 72.3%、79.5%和 74.0%的公众这样认为，但在红河州绝大多数的公众认为从慢性病的跟踪上给予老人服务是最需要的。同时，数据显示，在 4 个地区，公众都认为文体活动也应该是社会给予的一项重要服务。从城乡看，城市公众和农村公众的基本观点相近，都认为日常的生活照料是特别需要的，其次对文体活动的服务认同度较高。综合看，老人们所需要的社会服务首先应该从基本的生活护理做起，同时，社会能够给予的比较需要的是在精神生活上的帮助，即开展各类的文体活动，丰富老年人的空闲时间。

表 8-2　专业人员认为特别需要为本地老年人提供的社会服务

	总计	地区				Pearson Chi-Square	Asymp. Sig. (2-sided)
		厦门市	苏州市	重庆市	红河州		
人数（人）	998	249	250	249	250		
日常生活照料服务（%）	78.3	76.3	82.4	76.7	77.6	3.494	0.321
精神陪护服务（%）	72.1	72.7	78.0	66.7	71.2	8.131	0.043
法律援助服务（%）	54.5	55.4	46.4	52.6	63.6	15.407	0.001
慢性病跟踪服务（%）	73.3	75.9	70.8	70.3	76.4	4.051	0.256
康复护理服务（%）	69.3	71.9	70.0	65.1	70.4	3.089	0.378
急诊呼叫服务（%）	72.5	78.7	72.0	67.5	72.0	8.054	0.045
文体活动服务（%）	73.6	75.9	68.4	71.1	79.2	9.014	0.029
其他（%）	1.2	1.6	0.4	2.0	0.8	3.398	0.334

注：Pearson Chi-Square（21）=216.703，Asymp. Sig.（2-sided）=0.000。
问题：您认为特别需要为本地老年人提供哪些社会服务？（可多选）

在专业人员看来，特别需要对于本地老年人提供的社会服务基本分为两类，一类是身体健康方面的，另一类是精神生活方面的。具体看，如表 8-2 所示，日常生活照料服务、慢性病跟踪服务、急诊呼叫服务分别有 78.3%、73.3%和 72.5%的专业人员选择，比例都较高，属于对老年人提供的健康服务。而精神陪护和文体活动两方面属于丰富老年人生活的服务，主要是针对当前空巢老人的空虚和寂寞，希望可以合理有意义地安排其暮年生活，提高其生活质量，选择这两类服务的专业人员比重也较高，分别为72.1%和73.6%。而对于法律援助和康复护理，面向的人群较小，有这方面需求的老年人属于特殊情况，故而专业人员的关注度较低。分地区看，横向看，选项间的区域差异并不十分显著，但纵向看，地区间的专业人员意见趋势则有较大的不同。在厦门市，专业人员中的绝大多数对于急诊呼叫服务的关注度较高，接近80%。而在苏州市和重庆市，日常生活照料服务更为引起专业人员注意。文体活动服务是红河州专业人员所更为关心的，这一比重达到了近80%。但在4个地区，相对关注度最低的都是法律援助服务，这类服务的需求程度较其他服务需求程度较低。综合看，专业人员意见和公众观点，日常生活照料以及文体活动是从身体到精神两方面服务的基本项目，也是相对最为需要的，辅助以慢性病跟踪、急诊呼叫服务以及精神陪护则是更为全面地给予老年人社会关怀。

表 8-3　专业人员认为主要应采取的养老服务方式

	总计	地区			
		厦门市	苏州市	重庆市	红河州
人数（人）	987	246	242	249	250
家庭养老（%）	26.8	29.7	24.8	26.1	26.8
社区养老（%）	46.2	46.7	49.2	45.4	43.6
机构养老（%）	27.0	23.6	26.0	28.5	29.6
总计（%）	100.0	100.0	100.0	100.0	100.0

注：Pearson Chi-Square（21）=184.319，Asymp. Sig.（2-sided）=0.000。
问题：您认为特别需要为本地老年人提供哪些社会服务？（可多选）

专业人员认为，社区养老应该是当前主要应采取的养老服务方式。如表8-3所示，有46.2%的专业人员持有这种观点。选择家庭养老和机构养老的比重相当，都在27%左右。在这一问题上，四地的专业人员意见基本相似，差别并不显著。横向比较来看，苏州市认为社区养老合适的专业人员比重最高，接近50%，其他三地略低，基本也在45%左右。中国传统社会的养老形式应该为家庭养老，但随着大家庭的解体、核心家庭的建立以及计划生育政策作为基本国策的全面展开，家庭养老面临的问题越来越多，其压力和现实可行性都较为堪忧。当前空巢老人数量不断增加，如何解决养老难问题是社会服务亟须关注和解决的问题。从专业人员的意见看，依靠的养老方式，支持的比重较低，在被访四地最高也不到30%的专业人员认同这种方式。而当前社区养老成为了专业人员更为认同的养老模式。虽然当前也有部分机构可以承担一定的养老负担，但是惠及人群不够广，同时便利性不强。而基于社区的养老方式，社区可以根据其不同需要，更好地为老年人，尤其是单独居住的空巢老人提供更有针对性的服务类型，从饮食到居住，从健康到排遣寂寞，社区能够更好地解决当前养老中的诸多问题，而且可以让老人不离开自己惯有的居住地，在当地享受社会养老。因此，社区养老将是中国社会未来主要依靠的养老方式。

二、儿童社会服务的需求

儿童社会服务体系建设直接关系到儿童的健康成长，尤其是针对特殊儿童的社会服务体系尤其重要。2006 年 12 月国家颁布《未成年人保护法》，该法提出家庭保护、学校保护、社会保护、司法保护和法律保护等责任与措施。因此，儿童社会服务覆盖贫困儿童、孤儿、农村留守儿童、流动家庭儿童和流浪儿童以及其他所有儿童，从而实现社会服务对象的普遍覆盖。

调查发现，公众和专业人员对于本地儿童特别需要的社会服务类型观点略有不同，专业人员更关注弱势群体尤其是残疾儿童和留守儿童的社会服务问题，而公众除对残疾儿童群体的社会服务的认同度较高，其更为注重幼儿园入园方面现有的诸多困难，认为其更是本地儿童特别需要的社会服务类型。

公众认为，社会最首要需向本地儿童提供的服务应该是针对残疾儿童的社会救助服务。如表 8-4 所示，接近 3/4 的公众认为本地儿童特别需要的是残疾儿童的救助服务。同时，70%的公众认为幼儿园的入园服务也是十分需要的。对于流浪儿童和留守儿童的救助，相对来讲认同的公众比例较低，分别只有 58.6%和 64.1%。从 4 个被调查地来看，不同地区间的差异较为显著。在厦门市和苏州市两地公众较为关注的是幼儿园的入园服务，两地分别有 72.0%和 74.1%的公众选择，相比较而言，在重庆市和红

表 8–4 公众认为特别需要为本地儿童提供的社会服务

	总计	地区				城乡	
		厦门市	苏州市	重庆市	红河州	城市	农村
人数（人）	1979	493	486	500	500	1226	753
孤残儿童救助服务（%）	73.4	71.4	68.3	70.8	82.8	75.2	70.4
流浪儿童救助服务（%）	58.6	55.4	53.7	53.6	71.6	61.7	53.7
留守儿童救助服务（%）	64.1	65.5	52.3	66.8	71.6	64.0	64.3
幼儿园入园服务（%）	70.3	72.0	74.1	61.4	73.8	71.6	68.1
其他（%）	1.2	2.8	0.6	0.8	0.6	1.0	1.6

注：Pearson Chi-Square （12）=65.119，Asymp. Sig. （2-sided）=0.000。
问题：您认为特别需要为本地儿童提供哪些社会服务？（可多选）

河州，对于残疾儿童的救助服务更受到公众的关注，尤其在红河州，有83%的公众认为本地儿童特别需要这方面的社会服务。在厦门市、苏州市和重庆市三地，公众对于流浪儿童和留守儿童的关注都相对较少，认为对这两个群体的社会救助服务特别需要的比重都不高。从城乡看，不论城市公众还是农村公众，残疾儿童的社会救助服务都是关注度最高的，都有70%以上的公众认为其是特别需要向本地儿童提供的社会服务。其次是幼儿园的入园服务，城乡都有 70%左右的公众认同这一服务的重要性。综合看，对于残疾儿童、流浪儿童和留守儿童三类较为特殊的弱势群体，公众认为社会首先应该考虑的是为残疾儿童提供服务，他们相对更为迫切地需要社会的帮助。而幼儿园入园问题涉及了适龄的大多数儿童，尤其在经济发达地区，入园难问题尤为严重，所以也应该给予较多的重视。

表 8–5 专业人员认为特别需要为本地儿童提供的社会服务

	总计	地区				Pearson Chi-Square	Asymp. Sig. (2-sided)
		厦门市	苏州市	重庆市	红河州		
人数（人）	999	251	250	249	249		
孤残儿童救助服务（%）	83.7	86.5	81.6	83.5	83.1	2.265	0.519
流浪儿童救助服务（%）	73.9	75.7	63.2	77.5	79.1	20.442	0.000
留守儿童救助服务（%）	80.7	83.3	71.6	87.6	80.3	21.862	0.000
幼儿园入园服务（%）	70.2	71.3	67.2	64.7	77.5	11.233	0.011
其他（%）	1.9	2.4	2.0	1.6	1.6	0.567	0.904

对比公众的意见，专业人员对于本地儿童所特别需要的社会服务类型的意见明显不同，其更为关注残疾儿童和留守儿童两大弱势群体的社会关怀。如表 8-5 所示，分别有 83.7%和 80.7%的专业人员认为残疾儿童救助和留守儿童救助是当前特别需要的社会服务。不同于公众意见的是，选择幼儿园入园服务的专业人员比重较低，只有 70.2%。分地区看，在对于留守儿童、流浪儿童以及幼儿园入园问题的选择比例上，4 个地区的差异显著，但从整体趋势看，四地的专业人员意见较为相似。从整体看，重庆市的专业人员意见略有特殊，关注留守儿童的救助服务的专业人员比重最高，达到了 87.6%，而在当地，残疾儿童的救助服务关注度要低一些，为 83.5%的专业人员选择。在厦门市、苏州市和红河州三地，专业人员最为认同的特别需要的社会服务类型是残疾儿童的社会救助服务，分别为 86.5%、81.6%和 83.1%。横向比较看，厦门市关注残疾儿童救助服务的专业人员比重最高，红河州对于流浪儿童以及幼儿园入园服务的关注度在四地是最高的，分别为 79.1%和 77.5%。对于留守儿童，重庆市的特别需求程度最高。总之，专业人员较公众更为关注弱势群体，认为社会应该更多地给予他们服务，尤其是残疾儿童和留守儿童。相对来讲，专业人员对于幼儿园入园问题的关注度略低，并不十分认同这是特别需要的社会服务类型。

三、妇女社会服务的需求

妇女占全国人口的半数，是社会经济发展的重要力量。实行男女平等是我国的基本国策，男女平等的实现程度是衡量社会文明进步的重要标志。健全妇女社会服务体系是保障妇女权益、促进妇女发展、推动男女平等的重要途径。2005 年，国家修订出台了《妇女权益保障法》。对妇女的政治权利、文化教育权益、劳动和社会保障权益、财产权益、人身权利和婚姻家庭权益提出保护。在狭义层面上，妇女社会服务主要内容包括单亲家庭支持，尤其是单身母亲支持，反对家庭暴力，促进妇女就业等服务。

调查发现，综合公众和专业人员意见，社会首先应给予妇女以健康方面的服务，尤其以妇科检查为先。同时在就业方面给予更大的帮助，包括就业援助服务及职业技能培训服务。相对而言，家庭暴力庇护和留守妇女救助的惠及面具有群体特殊性，需求程度略低。

公众认为，社会特别需要为本地妇女提供的服务，最重要的应该是妇科病的检查。如表 8-6 所示，有接近 80%的公众认可了这一服务的需求。其次是就业援助服务和职业技能培训服务，分别有 71.4%和 70.2%的公众这样选择。相对而言，选择家庭暴力庇护尤其是留守妇女救助服务的公众比重略低，分别只有 62.6%和 45.9%。从不同地区的数据看，需求选择的比重排序基本相同，但数据本身略有不同。相对而言，重庆市和红河州对于妇科病检查服务的认可度更高，都有 80%以上的公众选择，而在厦门市和苏州市，选择的比重则在 75%左右。就业援助服务和职业技能培训服务在一定程度上属于配套服务，这两类服务的比重在各地基本相同，四地也都在 70%上下。对于家庭暴力庇护，红河州的公众较其他 3 个地区更为重视，有 71%的公众选择，而其他三地都在 60%左右。4 个地区认为留守妇女救援服务特别需要的比重都不高，分别是 46.6%、41.2%、43.2%和 52.4%。从城乡对比看，基本情况较为相似。80%的公众认为妇科病检查是特别需要的服务类型，其次是有关职业方面的就业援助和技能培训，而家庭暴力庇护及留守妇女救助的需求人群较少，故而需求程度相对较低。从数据分析可以看到，公众认为，对于本地妇女来说，社会首先需要对其健康给予关注，同时就业方面的相关服务也十分重要，相对而言，遭受家庭暴力和留守妇女问题涉及的人群有一定的特殊性，需要根据不同社区的具体情况而提供这方面的服务。

表 8-6　公众认为特别需要为本地妇女提供的社会服务

	总计	地区				城乡	
		厦门市	苏州市	重庆市	红河州	城市	农村
人数（人）	1980	494	486	500	500	1227	753
家庭暴力庇护服务（%）	62.6	63.4	57.6	58.4	70.8	64.5	59.4
妇科病检查服务（%）	79.5	73.5	76.7	83.6	84.2	80.0	78.8
留守妇女救助服务（%）	45.9	46.6	41.2	43.2	52.4	47.2	43.7
就业援助服务（%）	71.4	72.1	68.7	72.0	72.8	74.0	67.2
职业技能培训服务（%）	70.2	72.1	68.3	71.2	69.2	72.4	66.7
其他（%）	1.1	1.8	0.8	1.2	0.4	1.0	1.2

注：Pearson Chi-Square（15）=219.536，Asymp. Sig.（2-sided）=0.000。

问题：您认为特别需要为本地妇女提供哪些社会服务？（可多选）

从专业人员意见看，对于本地妇女来说，社会应该同时从妇科病检查到就业援助和职业技能培训给予其服务。如表 8-7 所示，80%左右的专业人员都选择了这 3 个选项。相对于公众意见，认为家庭暴力庇护服务需求度较高的专业人员比重也相对较高，达到了 73%。比较而言，专业人员对于留守妇女救助服务的认同度要低很多，只有不到 60%的专业人员选择了这一选项。在这一问题上，不同选项的地区差异都不显著，换言之，在这一问题上，专业人员意见基本相同。但从数据上，厦门市略有不同。厦门市的专业人员更关注的是职业方面的服务，分别有 82.9%和 81.7%的专业人员选择了就业援助服务和职业技能培训服务。而选择妇科病检查服务的专业人员比重则略低，只有 78.5%。在另外 3 个地区，对于妇科病检查的重视度略高。而从职业服务内部看，厦门市、苏州市和重庆市更注重职业技能的培训服务，而红河州更注重就业援助服务。4 个地区的专业人员也都相对弱化了对留守妇女救助服务的关注。综合专业人员和公众的意见，对于女性群体，首先，社会应该给予其应有的健康服务，尤其是妇科检查服务，这是最大范围地从根本上改善妇女的生活质量问题。其次，在就业上提供较好的服务，一方面提供就业机会，另一方面也要提高其自身的就业能力，为其提供职业技能培训。对于家庭暴力庇护和留守妇女救助服务，相对来说需求范围不如前三项服务广，但是社会也应该针对不同女性群体的需求而给予其相应的服务。

表 8-7　专业人员认为特别需要为本地妇女提供的社会服务

	总计	地区				Pearson Chi-Square	Asymp. Sig. (2-sided)
		厦门市	苏州市	重庆市	红河州		
人数（人）	999	251	249	249	250		
家庭暴力庇护服务（%）	73.0	78.1	71.5	69.5	72.8	5.154	0.161
妇科病检查服务（%）	80.1	78.5	76.7	81.9	83.2	4.234	0.237
留守妇女救助服务（%）	59.9	59.8	58.6	62.7	58.4	1.185	0.756
就业援助服务（%）	79.6	82.9	75.9	79.1	80.4	3.878	0.275
职业技能培训服务（%）	79.9	81.7	77.9	81.1	78.8	1.524	0.677
其他（%）	1.3	1.2	0.8	1.6	1.6	0.857	0.836

四、残疾人社会服务的需求

目前，我国有8300多万残疾人，直接影响到2.6亿家庭人口。健全残疾人服务体系是保障残疾人权益的重要支撑。2010年3月，国务院办公厅转发中国残联等16个部门共同制定的《关于加快推进残疾人社会保障体系和服务体系建设的指导意见》，提出建设完善的残疾人社会服务体系。

调查发现，不论从专业人员还是公众的意见看，特别需要为本地残疾人提供的社会服务首先是就业服务，法律援助相对需求迫切度较低。不同的是，专业人员更认可职业技能培训的重要性，而公众则将康复服务排在前面。

表 8-8　公众认为特别需要为本地残疾人提供的社会服务类型

	总计	地区				城乡	
		厦门市	苏州市	重庆市	红河州	城市	农村
人数（人）	1981	494	487	500	500	1228	753
残疾人康复服务（%）	78.4	80.6	75.6	79.0	78.4	81.3	73.7
残疾人就业服务（%）	82.3	83.0	79.1	81.6	85.6	83.7	80.1
残疾人职业技能培训服务（%）	76.8	78.7	74.5	70.0	83.8	80.0	71.6
残疾人法律援助服务（%）	64.3	62.8	58.9	63.0	72.2	67.1	59.6
其他（%）	1.3	2.2	0.6	1.0	1.2	1.0	1.7

注：Pearson Chi-Square（12）=69.253，Asymp. Sig.（2-sided）=0.000。
问题：您认为特别需要为本地残疾人提供哪些社会服务？（可多选）

对于本地残疾人特别需要的社会服务，公众认为最重要的应该是提供残疾人的就业服务。如表8-8所示，从就业、康复、技能培训到法律援助，公众认为社会都应该给予残疾人帮助。数据显示，绝大多数公众认为需要的社会服务首先是就业服务，有82.3%的公众选择这一选项。认为残疾人的康复服务也是特别需要的公众比重达到了78.4%，同时，有76.8%的公众选择了为残疾人提供职业技能培训。虽然选择提供法律援助服务的公众比重略低于前三项服务，但也有64.3%的公众认为其也是特别需要的。从不同区域看，4个地区的公众最认同的社会服务都在就业方面，但四地的公众选择比例略有不同，其中红河州的比重最高，达到了85.6%，苏州市最低，为79.1%。而在4个地区，公众认同比例最低的社会服务类型都是对残疾人的法律援助服务，红河州相对最高，有72.2%，而苏州最低，只有不到60%。从城乡看，整体趋势较为相似，但从数据上显示，城市公众对于残疾人需要的社会服务更为关注。城乡公众各有84%和80%的人，认为就业服务是特别需要的，其次各有81%和74%的人选择了康复服务，同时，分别有80%和72%的人选择了职业技能培训服务。虽然法律援助的需要没有那么迫切，但认同人数也都在60%左右。综合看，社会给予残疾人的服务中，就业方面的服务应该是最迫切的，也是最能从根本上解决残疾人当前生活中的主要问题的。当然，在就业的同时，残疾人的康复服务及其因为自身的条件有限所需要的针对残疾人的职业技能培训也十分重要。相对来说，法律援助服务的需求程度没有那么高，但也应该是社会服务向残疾人这一弱势群体所提供的。

表8-9　专业人员认为特别需要为本地残疾人提供的社会服务类型

	总计	地区				Pearson Chi-Square	Asymp. Sig. (2-sided)
		厦门市	苏州市	重庆市	红河州		
人数（人）	1000	251	250	249	250		
残疾人康复服务（%）	85.2	87.3	85.2	83.9	84.4	1.280	0.734
残疾人就业服务（%）	91.3	92.0	88.0	92.4	92.8	4.663	0.198
残疾人职业技能培训服务（%）	89.4	89.6	89.2	88.4	90.4	0.578	0.902
残疾人法律援助服务（%）	70.6	74.9	67.6	68.3	71.6	4.090	0.252
其他（%）	2.0	2.8	0.8	3.2	1.2	5.319	0.150

对比公众对残疾人社会服务的需求类型的选择，专业人员的关注程度较高，同时，对于职业技能培训的关注度要更高。如表8-9所示，达到91.3%的专业人员认为就业服务是本地残疾人所特别需要的，同时，有接近90%的公众高度认同了职业技能培训的服务。85.2%的专业人员也认识到康复服务对于残疾人群体的重要性。相对来说，专业人员和公众相同，认为最不迫切的就是法律援助服务，选择这一选项的专业人员比重最低，不到71%。从不同地区看，在这一问题上，专业人员的意见基本无区域差别。在被访的4个地区，认同度最高的都是残疾人的就业服务，其次是职业技能培训服务，再次是康复服务，最后是法律援助服务。综合分析表8-8

和表 8-9 可以看到，专业人员和公众同时都认识到就业方面的服务是残疾人群体最为需要的，也是目前社会服务中亟须关注和解决的问题。在提供就业服务的基础之上，专业人员和公众的意见略有不同，专业人员认为职业技能的培训更为重要，这种服务类型从本质上也是为就业服务提供更好的平台，残疾人自身就业能力的提高，也有利于其就业，能够更有效地配合就业服务系统所提供的就业机会。而公众则认为，康复服务是更为重要的，其能够从根本上解决残疾人的身体和生活问题。法律援助可能惠及的残疾人不是大多数，所以需要的程度相对较弱，但应该是社会给予这一群体的服务类型。

五、保障性住房的需求与意见

住房保障制度就是住房领域的社会保障，是政府为弥补市场失灵，通过运用经济、行政和法律手段，以保障满足居民基本住房需求所做出的多种制度安排。新中国成立后，我国在城镇实行了福利化住房政策，住房作为一种劳动补偿形式，在实物福利名义下分配给劳动者居住，劳动者一般不具有产权。改革开放以后，20 世纪 90 年代起，政府推进住房市场化改革的同时加快住房保障制度的建设与完善，基本建立了以廉租房、公共租赁房、经济适用房以及限价房为主体的住房保障制度，试图解决民众住房保障问题。在此次调查中，我们主要侧重了解公众和专业人员对解决住房问题的想法，从而定位保障性住房满足公众住房需求的作用。

调查结果发现，综合专业人员和公众的意见，目前我国解决居民住房问题，主要依靠的方法应该是保障性住房，包括廉租房、经济适用房和公租房。同时，需要根据不同地区的实际需要，辅之以商品房或自建房市场的发展。

表 8-10　公众认为我国解决民众住房问题的主要依靠方法

	总计	地区				城乡	
		厦门市	苏州市	重庆市	红河州	城市	农村
人数（人）	1971	488	483	500	500	1222	749
主要靠商品房（%）	10.9	9.6	11.4	10.4	12.2	13.1	7.3

续表

	总计	地区				城乡	
		厦门市	苏州市	重庆市	红河州	城市	农村
主要靠保障房（%）	67.9	73.4	63.6	67.8	67.0	73.2	59.3
主要靠福利房（%）	8.2	5.1	7.9	10.2	9.6	8.8	7.3
主要靠自建房（%）	12.9	11.9	17.2	11.6	11.2	4.9	26.0
总计（%）	100.0	100.0	100.0	100.0	100.0	100.0	100.0

注：Pearson Chi-Square(9)=56.692，Asymp. Sig.（2-sided)=0.000。
问题：您认为我国解决民众住房问题应该主要依靠哪一种方法？

实现“住有所居”是我国社会建设的基本目标之一。靠什么解决民众住房问题呢？公众认为，我国想要解决民众住房问题主要依靠保障性住房，包括廉租房、经济适用房和公租房。如表 8-10 所示，有 67.9%的被访者认为保障性住房应该是当前民众住房的主要方式。只有不到 11%的公众认为商品房可以解决我国当前的住房问题，认为自建房有效的只有不到 13%，而福利房的比重最低，不到 9%的公众支持这种住房形式。在不同经济发展水平的地区，公众对于这一问题的看法略有不同，但从整体上看，4 个被访地区，公众绝大多数都认为保障性住房是能够解决我国民众住房的主要依靠方法。具体到各地，除去保障性住房，公众对其他方法的观点差别较大。在厦门市，73.4%的公众认为应该利用保障性住房解决住房问题，这一比重在四地是最高的，其次则应该是靠自建房，比重接近 12%。在苏州市，除保障性住房、自建房的支持比重较高，达到了 17.2%，同时也有一部分公众认为商品房可以解决这一问题。在重庆市，对于商品房、福利房和自建房，认为这些住房形式可以解决问题的公众比重相当。在红河州，公众较为认同的是商品房和自建房。从城乡看，城市公众更为认可保障性住房的重要作用，有 73.2%的公众选择此项，相比较而言，农村公众则少了很多，不到 60%。对比看，农村公众认为自建房也可以解决住房问题，而城市公众则相对支持商品房的住房形式。综上所述，要解决我国目前的住房问题，还应该大力发展保障性住房，对于城乡不同区域，可根据实际需要，或辅之以商品房或自建房，福利房的形式已经很难满足当前的住房需求。

表 8-11　专业人员认为我国解决民众住房的主要方式

	总计	地区			
		厦门市	苏州市	重庆市	红河州
人数（人）	980	240	241	249	250
主要靠商品房（%）	15.6	12.5	21.6	13.3	15.2
主要靠保障房（%）	73.5	80.8	71.8	79.1	62.4
主要靠福利房（%）	6.1	3.8	1.2	4.4	14.8
主要靠自建房（%）	4.8	2.9	5.4	3.2	7.6
总计（%）	100.0	100.0	100.0	100.0	100.0

注：Pearson Chi-Square(9)=65.858，Asymp. Sig.(2-sided)=0.000。

对比公众意见，对于解决我国现有的民众住房问题，专业人员更加倾向于保障性住房。如表 8-11 的数据所示，有 73.5%的专业人员支持这一住房形式。除去保障性住房，商品房在一定程度上也是一条解决当前住房问题之路。但专业人员不太认同自建房的作用，只有不到 5%的专业人员支持。从不同被访地区看，区域间差异显著，尤其是红河州的情况最为特殊。具体看，虽然四地的专业人员都最为支持保障性住房的关键作用，但厦门市和重庆市两地的支持比重明显较高，分别为 81%和 79%，苏州市居中，有不到 72%的专业人员认同，而红河州较低，只有不到 63%。在苏州市，支持商品房的专业人员比重较高，有 22%。而在红河州，较为特殊的是，自建房的支持比重高出其他三地许多，达到了 15%。可以看到，虽然整体上看，保障性住房是最主要的可以解决我国当前民众住房问题的方法，但是不同地区需要的辅助方式略有不同。在厦门市、苏州市和重庆市三地，商品房市场还是扮演较为重要的角色，而在红河州，自建房在一定程度上也有效缓解了当地民众的住房问题。因此，在调整我国住房市场，配合保障性住房的大面积建设的同时，需要根据当地的实际需要，或适度发展商品房市场，或提供适度的空间开发自建房。

表 8-12　专业人员认为我国解决城市人口住房问题的主要方式

	总计	地区			
		厦门市	苏州市	重庆市	红河州
人数（人）	962	238	225	249	250
商品房（%）	12.8	15.1	13.3	8.8	14.0
保障房（%）	69.6	73.1	70.7	76.7	58.4

续表

	总计	地区			
		厦门市	苏州市	重庆市	红河州
单位福利房（%）	4.4	2.5	2.2	3.2	9.2
自建房（%）	1.7	1.3	2.2	2.0	1.2
住房公积金（%）	7.8	4.6	7.1	6.4	12.8
群众集资共建房（%）	3.0	2.1	3.1	2.8	4.0
其他（%）	0.7	1.3	1.3	0.0	0.4
总计（%）	100.0	100.0	100.0	100.0	100.0

注：Pearson Chi-Square（18）=48.274，Asymp. Sig.（2-sided）=0.000。

面对我国目前住房市场紧张、居者无其屋的现状，专业人员认为解决当前城市人口的住房问题最主要的是依靠保障性住房。如表 8-12 所示，有 69.6%的专业人员支持认同保障性住房的重要作用。同时，也有 12.8%的专业人员对于商品房的住房形式较为认可。而对于单位福利房、自建房、住房公积金以及群众集资共建房，较少有专业人员认同，累计比重不到 17%。不同地区，对于解决城市住房问题的专业人员意见显著不同。重庆市的专业人员尤为认同保障性住房的关键性，有 3/4 的专业人员持有这种观点。在厦门市和苏州市两地，持同样观点的专业人员比重也较高，都在 70%以上，但同时，对于商品房也是有一定的认同的，支持的专业人员比重在 15%左右。但在红河州，相对而言，认同保障性住房的专业人员比重略低，不到 60%，相反，对于住房公积金以及商品房，专业人员较其他三地略微认同一些，比重分别为 12.8%和 14%。综合看，目前我国城市人口住房问题较为严重，解决这一问题，主要依靠的方式方法应该是大面积建设保障性住房，但同时，商品房市场也应该得到适度的开发。当然在一些区域，住房公积金也有其较为重要的作用，也是改善当地住房情况的行之有效的手段。收益群体较少，惠及范围较小的单位福利房、自建房以及集资建房，不能从根本上解决当前的高房价和住房紧缺问题，要想城市居民都能够居有定所，保障性住房的大力推行是必需的，而且是紧迫的，这种住房形式的发展也会使社会福利的实际效用更为明显。

第九章　总结

前述第三章到第八章，我们根据 4 个地区的实地调查资料，分别就社会福利体系中养老保障、医疗保障、就业保障、教育保障、社会救助、社会服务体系等诸多议题进行了细致的量化描述，也分别从专业人员和公众的视角，解读社会福利政策涉及的人群对上述系列社会福利事项的感知、态度、意见及需求。下面将上述信息做一简要的归纳总结。

一、养老保障制度

表 9-1　公众和专业人员对养老保障制度的意见对比

主题	公众意见	专业人员意见
理想的养老方式	家庭养老优先 社区养老次之 机构养老最次	社区养老优先 家庭养老与机构养老次之
新农保与城居保并轨	高度赞同	高度赞同
公务员与事业单位人员养老保险并轨	高度赞同	高度赞同，但经济欠发达地区专业人员赞同度低
事业单位人员与企业职工养老保险的并轨	高度赞同	基本赞同，但经济欠发达地区专业人员赞同度低
农民工社会养老保险并轨	并入新农保	并入城镇职工养老和新农保均可
基础养老金统筹	全国统筹，城乡统一	省级统筹，城乡统一

从表 9-1 归纳的信息来看，公众和专业人员对社会养老保障制度的意见有共同点，也有差异之处。

（1）理想养老方式的异同。公众认为传统型的家庭养老是优先选择，社区养老次之；专业人员认为社区养老方式应该更为合理和可行。这说明与普通公众相比，专业人员更明了我国已进入“未富先老”的老龄化社会，也更加理性地认识到家庭养老的方式难以应对快速的老龄化趋势，社会养老是大势所趋。

（2）对“碎片化”养老保障体制整合的看法。这一点公众和专业人员都相当认同，他们对新农保和城居保的合并，公务员、事业单位人员、城镇职工的三套养老制度的并轨，都有较为一致的意见。

然而也要看到，对公务员和事业单位人员养老保险制度之间的整合，事业单位人员和企业职工之间养老保险制度的整合，两者之间专业人员的态度是有明显差异的。对于前者，专业人员意见较为一致；对于后者，他们虽整体上认为可行，但仍有不少人倾向对公务员单独设立养老保险制度。通过调查中的实地访谈发现，这是因为专业人员都属于公务员或事业单位人员，为财政所供养，这两个群体的养老保障待遇和水平是相近的。一般而言，事业单位人员更情愿并入公务员养老金保障的体系中，对公务员群体而言，事业单位养老保障“参公”也不会影响到自身的利益。但是若将公务员和事业单位人员的养老保险和企业职工对接，对他们而言存在两点不利之处。一是公务员和事业单位人员与企业职工的养老金替代率差距较大。一般而言，前者退休后可以领取相当于在职工资的80%左右的养老金，而后者一般都在50%以下。二是公务员和事业单位人员与企业职工的工资标准相比水平较高，这直接导致养老金基数和档次的差别。专业人员担心，一旦和企业职工养老保障接轨，如果后者的工资和养老金标准不能向前者靠拢的话，他们的利益会受到损失。因此他们从理性上认同各类养老保障应该一体化，但出于利益的考量，担心养老保险制度整合后会降低自身的养老保险待遇，希望养老制度有所区隔，不愿和企业人员共存于一个社会保障的平台上。经济欠发达地区的专业人员，在本地的社会地位和职业含金量更高，因而更不情愿将两类养老保障制度并轨。

（3）对农民工社会养老保险整合的看法。公众认为，农民工在身份上还是农民，就职于城镇企业往往不能享受到机构提供的养老保障①，因此

---

① 这一点也为全国性的统计数据所印证。据国家统计局发布的《2014 年全国农民工监测调查报告》，2014 年，农民工参加基本养老保险的比例仅为 16.7%。参见 http://www.stats.gov.cn/tjsj/zxfb/201504/t20150429_797821.html。

选择新型农村社会养老保险是最适宜的。同样，他们认为失地农民的养老保险也应该归属于“新农保”。而专业人员认为，农民工养老保险既可以归入城市养老体系，并入城镇职工社会养老保险，也可依旧依托农村，进入新型农村社会养老保险。

（4）对基础养老金统筹的看法。公众和专业人员均认为农村居民和城镇居民应享受相同标准的基础养老金标准，同时城镇居民低保标准应该与基础养老金标准相同。但在基础养老金的统筹层次上，公众和专业人员意见不一。公众认为应该在全国层面进行统一，但不同区域间的差距较大，需因地制宜，而绝大多数专业人员认为在省内统筹更好。专业人员如此考虑是有其现实的考量的。长期以来，我国基本养老保险统筹层次太低，这既表现在城镇企业职工基本养老保险方面，也表现在“城保”以及“新农保”方面。这三类保险目前基本上实行地市级统筹，个别地方甚至是县级统筹。有学者指出，“全国名义上有 600 多个地市级以上统筹地区，但其中 90%以上实际上是以县（市）级统筹为基础”。[①]国务院颁发的《国民经济和社会发展第十二个五年规划纲要》和《社会保障“十二五”规划纲要》要求在“十二五”末要“全面落实城镇职工基本养老保险省级统筹，实现基础养老金全国统筹”。因此调查中专业人员的基础养老金省级统筹取向，便是对应着“十二五”规划的政策要求。

二、医疗保障制度

表 9–2　公众和专业人员对医疗保障制度的意见对比

主题	公众意见	专业人员意见
“新农合”与城镇医保并轨	高度赞同	高度赞同
取消个人账户代之以全面社会统筹	基本反对	基本赞同
个人缴费在医疗保险资金筹措中占比	—	10%
城镇居民医保统筹层次	—	省级

① 中国发展研究基金会：《构建全民共享的发展型社会福利体系》，北京：中国发展出版社 2009 年版。

续表

主题	公众意见	专业人员意见
新农合统筹层次	—	省、市级；管理职能由卫生部门移交人社部门
城镇职工医保统筹层次	—	省级统筹为主流意见
农民工和失地农民医保	并入新农合为主流意见；失地农民也可纳入城镇居民医保	—

从表 9-2 的综合信息看，在医疗保障方面，公众和专业人员可资比较的主要在“新农合”与城镇居民医保并轨以及个人账户是否取消两个议题上。城乡两类医疗保险的整合得到了公众和专业人员的一致认可，公众认为这一合并具有现实的必要性，专业人员还肯定了两个制度及其制度背后的信息系统合并的可行性。但在医疗保险中取消个人账户而代之以全面社会统筹的观点，遭到了公众的反对。无论是农村居民还是城镇居民，对于“新农合”和城镇医保，都倾向于反对取消自身享有的医疗保险中的个人账户。而专业人员的观点却不同，认为取消个人账户而代之以全面的社会统筹，利弊各存。其积极作用在于能够增强社会互济功能和减少个人所承担的医疗费用，消极作用是降低个人缴费的积极性以及医疗资源滥用。

公众和专业人员观点的差异，在于角色不同。在公众看来，取消个人账户意味着自己缴纳的保费相当于向政府纳税，为他人做了贡献，与自己看病治疗的报销没有直接关联，不太划算。在专业人员看来，医疗社会保险的本质是社会互济，加之目前医保个人缴费占比很低，取消个人账户可以最大可能地实现医疗费用的社会再分配，尽可能地减少患者的医疗负担。

相比而言，专业人员在医疗保障的细节层面还有几个关注点。首先，他们认为，个人缴费在医疗保险的资金筹措中应占较小的比重，以 1/10 为宜。这和目前医疗社保筹资中政府补贴与个人缴费比重大致为4∶1 的状况相比，与中央政府医改政策方向之一是“适当提高个人缴费比例”相比，显然要更倾向于减轻个人缴费负担。其次，对于城镇职工基本医疗保险整合，专业人员认为企业职工、事业单位人员和公务员、城镇居民和农民都可纳入，然而对城镇居民和农村居民进入城镇职工基本医疗保险，不同地区之间的专业人员意见差异较大。需要进一步进行考察，因地制宜。最后，对于城镇职工医保制度统筹层次，专业人员认为全省统一应该更为适当，但不同经济发展水平的地区在这一问题上的差别很大。相对经济较为发达的厦门市和苏州市，省级和市级是更为合适的，而重庆市和红河州，专业人员则认为省级或国家级的整合更为可行。

三、就业保障制度

在就业保障制度方面，公众和专业人员的意见异同点有以下几个方面。

（1）对就业歧视的看法。公众和专业人员都一致认为目前我国在就业上存在的最主要的歧视是学历歧视，与此同时，性别歧视和户籍歧视也依旧存在，民族歧视相对较少出现。相比而言，公众认为学历歧视更为凸显，其余类型的就业歧视相对不明显，而专业人员则认为学历、性别、户籍三方面的就业歧视都甚为严重。这一差异与专业人员的知识角色有关。他们更加能够明了就业领域歧视的含义，掌握更多有关的社会性知识信息。

（2）对政府提供的就业援助的看法。教育程度对于劳动力来说是十分重要的人力资本，故而，不论是对失地农民、农民工、城镇失业待业或无业人员来说，公众和专业人员都一致认为提供免费的技能培训是政府与社会最应该为其提供的就业援助。不同的是，专业人员主要从直接援助和间接援助的角度认为间接援助的持久性和根本性更强，而公众则是从基本就业和创业平台两个角度区别开来，更加关注基本就业中的援助措施。对于城镇无业人员的就业援助，专业人员和公众的意见有一定的区别，专业人员认为最重要的应该是提供免费的技能培训，这与对于失地农民和农民工群体是一样的。而对公众来说，绝大多数的人认为直接提供新的工作岗位是对于失业城镇企业职工和待业或无业的城镇居民最为重要的就业帮助。

（3）对公务员缴纳失业保险金的看法。公众和专业人员的意见较为相似，都认为其是有必要的。但经济欠发达地区的专业人员，认为公务员缴纳失业保险金的必要性低，可行性差。

此外，对最低工资标准统筹层次，专业人员认为从长远的发展角度看，到“十二五”末期，应该根据具体地区的实际发展需要，或在全省统一，或在省内按市（州）进行统一，过高或过低层次的统一都不符合实际的发展和切实的需求。

对于就业信息服务网络系统建设，专业人员更支持从最基层的社区居委会或村委会抓起，根据该社区的实际就业人员的教育、性别和年龄结构，提供适合该社区居民的信息服务。过高的层级统一不能考虑到实际的发展需要，进行就业信息服务的时候所提供的支持不具有针对性。

四、教育保障制度

表 9–3　公众和专业人员对教育保障制度的意见对比

主题	公众意见	专业人员意见
义务教育覆盖范围	扩展至高中的 12 年制义务教育	与公众意见相同
生均经费标准的城乡统一	赞同	赞同
教育经费统筹层次	中央财政为主，地方财政按行政级别比例递减分担	与公众意见相同
外来务工人员子女义务教育的接纳	公办学校为主，与城市学生混班教学	与公众意见相同

从表 9–3 可以看出，在教育保障制度方面，公众和专业人员的意见最为一致，共识度最高。

（1）对义务教育的覆盖范围的意见。公众和专业人员的意见高度一致，认为我国目前的九年义务教育不论从时长到惠及的深度、广度都已经不能满足公众的需求。从时间上，义务教育未来的发展趋势应该涵盖从学前教育一直到高中阶段。在过渡时期，首先应该将高中教育纳入其中。

（2）对义务教育生均经费的城乡标准的意见。无论是专业人员还是公众，都认为统一城乡生均教育经费是义务教育发展的未来方向。

（3）对教育经费统筹层次的意见。在义务教育经费财政分担的问题上，专业人员意见和公众观点都认为，在今后的较长时间内，更多地还是要依靠中央财政的支持，同时，地方各级随级别的降低而分摊一定份额的经费。经济较为落后的地区需要中央财政更大的倾斜，经济相对发达地区，可以一定程度地降低中央财政的负担，义务教育的费用由较低级别的财政机构支付。

（4）对外来务工人员子女义务教育的接纳的意见。不论是专业人员意见还是公众的观点，都认为公办学校的教育会更适合这一群体，同时已经进入公办学校的打工者子女，更加适合的是跟城市生源进行混班教学。经济越发达地区，随着外来务工者的大面积增加，对于本地学校带来的压力增大，如何在现有的师资资源下，合理地配置和接纳打工者子女进入公办学校接受义务教育是教育及行政部门亟待解决的问题。专业人员的意见还是更多地支持从政府的角度，给予公办学校支持，并且扩大公办学校的规模，使其能够承载越来越多的外来务工者子女的教育需求。

此外，专业人员还认为，平衡发展城乡教育水平，改善农村小学办学条件、加强农村小学师资培训、引导城市师资下乡任教是促进城乡小学教育均衡发展最为重要的三项举措。他们还认为，不论在城市还是农村，普通学校和重点学校的差距问题也是不容忽视的，如何调配这两类学校的教育资源，是均衡发展义务教育的重要内容。在这一问题上，需要从师资水平和办学条件上出发，一方面引进更优秀的教育人才，另一方面加强学校的硬件和软件设施。

五、社会救助

在社会救助方面，不论农村五保，还是城乡低保，抑或是城乡医疗救助方面，不同区域间的公众意见差异十分显著。但整体特征比较明显，在经济发达地区，社会救助自身水平较全国为高，因此公众不希望在较高层面“一碗水端平”，更应该根据各地的自身发展来确定合理的社会救助标准。但是在经济较为落后的地区，当地的社会救助能力较差，公众希望能够借助全国统一的力量拉动当地的发展。综合了各方面的意见，专业人员则评估了各地的特殊性，也综合考虑了统筹规划后带来的管理上的优势，认为在全省进行统一，更有利于社会救助的进一步发展，能够更合理有效地惠及百姓。

六、社会服务体系

表 9-4　公众和专业人员对社会服务体系的意见对比

主题	公众意见	专业人员意见
养老社会服务	日常生活照料 文体活动	健康照料 精神照料
儿童社会服务	残疾儿童服务 留守儿童服务	残疾儿童服务 幼儿园儿童入园
妇女社会服务	女性健康 就业援助、技能培训	与公众意见相同
残疾人服务	就业服务 康复服务	就业服务 职业技能培训
保障性住房	廉租房 经适房 公租房	与公众意见相同

从表 9-4 可以看出，在各类社会服务方面，公众和专业人员的意见大体一致，有较多的共识。

（1）对养老社会服务的意见。从城乡看，城市公众和农村公众的基本观点相近，都认为日常的生活照料是特别需要的，其次是对文体活动的服务认同度较高。在专业人员看来，特别需要为本地老年人提供的社会服务基本分为两类，一类是身体健康方面的，另一类是精神生活方面的。

（2）对儿童社会服务的意见。公众和专业人员对于儿童特别需要的社会服务类型观点略有不同，专业人员更关注弱势群体尤其是残疾儿童和留守儿童的社会服务问题，而公众除对残疾儿童群体的社会服务的认同度较高，其更为注重幼儿园入园方面现有的诸多困难。

（3）对妇女社会服务的意见。公众和专业人员意见都一致认为，社会首先应给予妇女以健康方面的服务，尤其以妇科检查为先。同时，在就业方面给予更大的帮助，包括就业援助服务及职业技能培训服务。相对而言，家庭暴力庇护和留守妇女救助的惠及面具有群体特殊性，需求程度略低。

（4）对残疾人服务的意见。不论专业人员还是公众，都认为特别需要为本地残疾人提供的社会服务首先是就业服务，法律援助相对需求迫切度较低。不同的是，专业人员更认可职业技能培训的重要性，而公众则将康复服务排在前面。

（5）对保障性住房的需求与意见。专业人员和公众的意见都认为，目前我国解决居民住房问题，主要依靠的方法应该是保障性住房，包括廉租房、经济适用房和公租房。同时，需要根据不同地区的实际需要，辅之以商品房或自建房市场的发展。

七、回到主题：以协商民主达成善治

迄今为止，我们讨论了在社会福利政策领域公众和专业人员的观点与取向的异同。下面将回归主题，更深入地探讨这两类角色差异对公共政策过程的理论意义。

公共政策的运行时常处在一种权力分配的两难境地之中：为了更好地解决问题，需要将更多的决策权交给专家；但根据民主政体的原则，公众的意志应当得到尊重。这是因为公共政策的建立和运作过程至少必须面对两个至关重要的目标：第一个是正当性（Legitimacy），即公共政策的制定必须满足大多数人的利益；第二个是合理性（Rationality），即公共政策的设计乃至目标的达成在手段上的效益性（Efficiency）。通俗而言，前者指的是“政策的公众接受度”，对应的是公众群体；后者指的是“政策的专业技术要求”，对应的是专家群体。所谓专家，是指处于行政官僚组织之内的专业行政人员，他们受过系统的专业知识训练，或者通过长年累月的行政实践而具有专业方面系统性的知识。这种知识本身是目标/工具理性取向的，主要关乎实现某个给定目标所需的手段选择问题，因而在很大程度上与价值无涉。公众意指关心自身的利益以及自身所处集团利益的个人或组织。在政策制定过程中，与专家相比，公众通常只具有某些通过归纳而得到的经验判断，并不具有专家所拥有的专业领域的知识、技能与经验，也不像专家那样具有工具理性的指导方向。此外，公众并不处于行政组织内部，也不具有诸如政府人员将事实与价值分离的义务和责任，其价值选择总是与事实判断密切关联①。

归诸社会福利的公共政策领域，由于涉及广大公众的普遍利益，政策的公共性要求更为凸显；同样，又因为养老、医疗、教育、就业等社会福利的每一领域是复杂的制度体系，政策的专业性即工具理性亦不可或缺。因此，公众和专家角色的意见契合与差异互补至为关键。通过对 4 个地区的公众与专家在社会福利领域的意见进行归集，我们可以看到，这两类群体在不少层面存在着共识。比如，对"碎片化"的养老保障制度、医疗保障制度的统合需求，对义务教育拓展范围的需求，对保障性住房的需求等。社会福利政策领域中公众和专家两者能有如此的契合，既满足了正当性又满足了合理性，诚为幸事。然而我们也要看到，两类角色依然有如下的差异点。

（1）公众个人福利最大化的取向与专家理性价值的差异。以养老保障中基础养老金统筹层次为例，公众希望基础养老金"全国统筹"，即希望制定国家层面的基础养老金统一标准，并确定中央政府为基础养老金的筹资主体。对公众而言，统筹层次越高，制度保障越可靠，有益于个人福利的最大化。对专家而言，深知基础养老金标准地区之间、省份之间的巨大差别。截至 2014 年，上海市基础养老金的标准为 540 元/月，安徽、江西等省份只有 55 元/月，相差近 10 倍，因此国家层面制定的统一标准势必是一个较低的基数。实际政府投入的基础养老金还要靠各省财政支付较大份额，由此看来，在省级统筹还比较可行。从政策的实际操作过程看，虽然 2014 年 2 月国务院印发了《关于建立统一的城乡居民基本养老保险制度的意见》，但只是将原来的底线 55 元/月提升到 70 元/月，各省之间的基础养老金实际领取的差异并未明显缩小。这一事例表明，在社会福利领域公众的民意有福利泛化的取向，而专家则会以工具理性考虑在制度和资源约束下可行的对策。

（2）公众立场的个人理性与专家立场的集体理性间的冲突。以对"医疗保障中的取消个人账户代之以全面的社会统筹"的看法为例，由于我国目前的医疗保险基金中个人账户总结存数达到近 3000 亿元，在目前实行个人账户封闭管理的制度下，这笔巨大的款项只允许用于在定点医院、药

① 关于公众和专家的理想型区分，参见王锡锌，章永乐：《专家、大众与知识的运用——行政规则制定过程的一个分析框架》，《中国社会科学》2003 年第 3 期。

店看病买药。看着账户上的钱成为看得见用不成的“死钱”，一些参保人会利用多种渠道花掉，因而滥用医保卡购买日用品，甚至套现的情况时有发生，且屡禁不止。从专家的角度看，个人账户的存在，导致了账户滥用的恶性膨胀，分散了医保制度的资金统筹能力，不能最大限度地发挥社会共济作用，应该逐步予以取消①。但公众的意见截然相反，大都希望保留并做实个人账户。他们认为，个人账户中的医保缴费，来自于自身与单位的缴纳，理所应当先用在自己身上，可以随用随取，“有病我就拿去看病，没病可以当生活补贴”②。这一差别，体现的即是公众基于个人理性和专家秉持的集体理性的冲突。

（3）专家利益的卷入损害了他们工具理性的中立立场。以养老保障中公务员、事业单位人员养老保险是否和企业职工养老保险并轨为例，虽然专家大体上认可三种养老保险制度可以整合，但他们之中相当一部分不愿和企业职工享受同样的养老政策。同为公民，应该享受基本相同的养老保障，这是社会公正之所在。但是由于专家大都是体制内的公务员或事业单位就业者，现实情形中他们的养老金标准和养老金替代率远远高于企业职工，因此和企业职工养老制度并轨，意味着自身的福利水准下降。出于对自身利益的考量，专家们会倾向于保留体制内养老保障的优越性，这成为养老保险制度一体化的障碍因素。我们可以看到，在社会福利领域，专家群体中立、客观、利益无涉、工具理性的角色预设是值得质疑的，他们本身即是利益关联者之一，有着维护自身利益而引导公共政策选择偏好的驱动。

综上所述，在中国当前社会福利政策领域，公众与专家双方各自作为“民主”与“科学”的价值理念的承载者，有较高的知识共识，但也存在着公众参与失效与专家理性失灵的状况。前者体现在公众有良好的福益追求愿景，但由于知识信息不完备，难以做出理性选择，以及利益诉求表达含混、缺乏通道的情形。这种情况下，往往会导致个人理性泛化，淹没集体理性；后者体现在专家群体自身利益不能和工具理性的角色剥离，从而

① 夏艳清：《城镇职工医保个人账户应保留还是取消》，《宏观经济研究》2014 年第 4 期。

② 关于医疗保险个人账户取消的专家和公众争论的意见，参见吴楠，魏婧：《医保个人账户将封闭管理引出专家更激进建议——取消医保个人账户》，《北京晚报》2014 年 3 月 17 日。

成为公共政策制定的约束性因素。这种“双失”，恐怕不是社会福利领域独有的现象，在整体的公共政策范畴都带有共性。未来可资参考的解决选项，应该包含下列要素：

其一，对于公众缺乏相关专业与政策知识、组织化程度低，因而决策参与能力低的现状，要参照开篇所述“协商民主”的方式达成公共政策。具体而言，就是由专家团队引导参与决策的所有利益相关者，特别是弱势群体，开展决策参与的议题设置，设定沟通程序和方法（如帮助他们审视形势、明确观点、检验或强化论据、制定利益表达和博弈及协商的策略）以提高弱势群体参与能力，减少甚至避免不同利益群体参与能力的失衡，提高公众参与的科学性。

其二，对于由于专家利益的俘获而可能误导政策制定过程的弊端，要引入专家竞争体制。即公众要改变缺乏组织化的现状，要围绕自身关注的政策议题，形成公共讨论空间、网络和利益团体，从而保证有效地引进正确表达群体利益诉求又具备专业性、技术性、政策性的知识的专家，与另一方的专家形成对冲平衡，这样才能提升公共政策的公众接受度与专业性，使民主与科学的价值贯穿于社会公共事务的治理之中。

附录1

社会福利体系调查专业人员问卷（1）

亲爱的朋友：

您好！

为了全面了解和反映社会各界对我国社会福利体系建设的意见、建议和要求，我们组织了此次调查。根据科学调查的要求，我们使用随机抽样方式选择调查对象，您是其中的一位。本次调查使用问卷方式，问卷中的答案没有对错之分，请在相应的答案序号上打“√”（除特别注明的题目外均为单选题）。我们将严格遵守国家的法律规定，对您的资料保密，请您放心！

衷心感谢您的支持与合作！

中国社会科学院社会学研究所

“普遍型社会福利体系的基础和设计研究”课题组

2012年1月

问卷编号：A1 [__ __ __ __]

调查地点：福建省/市 厦门 /市/区____县/区/市

A2 [__] A3 [__] A4 [__ __]

调查开始时间：[__ __] 年 [__ __] 月 [__ __] 日 [__ __] 时 [__ __] 分

调查结束时间：[__ __] 年 [__ __] 月 [__ __] 日 [__ __] 时 [__ __] 分

调查员：______

复核员：______

Q1.您的性别是______。

1.男

2.女

Q2.您的出生年份是________年。

Q3.您现在的学历是________。

1.初中及初中以下

2.高中/职高/中技/中专

3.大学专科

4.大学本科

5.研究生

Q4.您的工作单位属于________。

1.教委及教科所部门

2.发改委部门

3.财政部门

4.医疗卫生部门

5.人力资源和社会保障部门

6.民政部门

7.普通高校

8.党校、行政学院（校）

9.党委、政府政策研究部门

10.企业人力资源部门

11.住房建设或房产管理部门

12.乡镇政府或街道办事处

Q5.您的职称是或者相当于________。

1.初级

2.中级

3.高级

4.没有职称

Q6.您的职务是或者相当于________。

1.科员及科员以下

2.科级或相当于科级

3.处级或相当于处级

4.处级以上或相当于处级以上

Q7.您认为农民工或外来工最适合参加哪一种社会养老保险？

1.城镇职工社会养老保险

2.城镇居民社会养老保险

3.新型农村社会养老保险

4.单独建立养老保险制度

Q8.您认为各级财政负担新型农村社会养老保险的基础养老金比例应分别为：

1.中央财政 ______________%

2.省级财政 ______________%

3.州市级财政 ____________%

4.县区级财政 ____________%

Q9.您认为新型农村社会养老保险的基础养老金应该在哪个层次上统一？

1.全县统一

2.全市（州）统一

3.全省统一

4.全国统一

Q10.您认为农村居民的低保标准与基础养老金标准的关系如何确定比较合理？

1.低保标准与基础养老金标准相同

2.低保标准高于基础养老金标准

3.低保标准低于基础养老金标准

Q11.您认为各级财政负担城镇居民社会养老保险的基础养老金比例应分别为：

1.中央财政 ______________%

2.省级财政 ______________%

3.州市级财政 ____________%

4.县区级财政 ____________%

Q12.您认为城镇居民社会养老保险的基础养老金应该在哪个层次上统一比较好？

1.全县统一

2.全市（州）统一

3.全省统一

4.全国统一

Q13.您认为城镇居民的低保标准与基础养老金标准的关系怎样确定比较合理？

1.低保标准与基础养老金标准相同

2.低保标准高于基础养老金标准

3.低保标准低于基础养老金标准

Q14.您认为城乡居民的基础养老金标准应该采取哪一种标准比较合理？

1.城乡居民实行一个标准

2.城镇居民高于农村居民

3.城镇居民低于农村居民

Q15.如果统一城乡居民的基础养老金标准，您认为应该在哪个层次上统一？

1.全县统一

2.全市（州）统一

3.全省统一

4.全国统一

Q16.您赞成把新型农村社会养老保险与城镇居民社会养老保险合并为一种制度吗？

1.非常赞成

2.比较赞成

3.不太赞成

4.非常不赞成

Q17.您认为公务员参加哪一种养老保险制度比较合理？

1.事业单位社会养老保险制度

2.城镇职工社会养老保险制度

3.单独设立一种养老保险制度

Q18.您认为公务员和事业单位人员实行一种养老保险制度是否可行？

1.非常可行

2.比较可行

3.不太可行

4.非常不可行

Q19.您认为事业单位人员和企业职工实行一种养老保险制度是否可行？

1.非常可行

2.比较可行

3.不太可行

4.非常不可行

Q20.您认为公务员、事业单位人员和企业职工实行一种养老保险制度是否必要？

1.非常必要

2.比较必要

3.不必要

4.非常不必要

Q21.您认为将来我国公务员、事业单位人员和企业职工实行一种养老保险制度是否可行？

1.非常可行

2.比较可行

3.不太可行

4.非常不可行

Q22.您认为我国的社会养老保险制度应该选择哪一种筹资模式？

1.只建立基础养老金制度

2.只建立个人账户养老金制度

3.基础养老金与个人账户相结合

4.其他（请说明）____________________

Q23.您认为在新型农村合作医疗的筹资比例中，个人缴费占筹资总额的比例应该为多少比较合理？

1.1:2

2.1:3

3.1:4

4.1:5

5.1:6

6.1:7

7.1:8

8.1:9

9.1:10

Q24.您认为新型农村合作医疗在哪个层次上统一比较合适？

1.全县统一

2.全市（州）统一

3.全省统一

4.全国统一

Q25.您赞成把新型农村合作医疗的管理职能移交给人力资源和社会保障部门吗？

1.非常赞成

2.比较赞成

3.不太赞成

4.非常不赞成

Q26.您认为在城镇居民基本医疗保险的筹资比例中，个人缴费占筹资总额的比例应该为多少比较合理？

1.1:2

2.1:3

3.1:4

4.1:5

5.1:6

6.1:7

7.1:8

8.1:9

9.1::10

Q27.您认为城镇居民基本医疗保险在哪个层次上统一比较合适？

1.全县统一

2.全市（州）统一

3.全省统一

4.全国统一

Q28.您认为新型农村合作医疗与城镇居民基本医疗保险合并为一种制

度是否可行？

1.非常可行

2.比较可行

3.不太可行

4.非常不可行

Q29.您认为新型农村合作医疗信息系统与城镇居民基本医疗保险信息系统合并为一个系统是否可行？

1.非常可行

2.比较可行

3.不太可行

4.非常不可行

Q30.您认为哪些人群应纳入现行的城镇职工基本医疗保险制度？（可多选）

1.公务员（含参公人员）

2.事业单位人员

3.企业职工

4.城镇居民

5.农民工或外来工

Q31.您认为城镇职工基本医疗保险在哪一个层次上统一比较可行？

1.全县统一

2.全市（州）统一

3.全省统一

4.全国统一

Q32.您认为将来我国所有医疗保障制度都取消个人账户，只实行社会统筹的方式是否可行？

1.非常可行

2.比较可行

3.不太可行

4.非常不可行

Q33.您认为取消个人账户，只有社会统筹的医保制度会有哪些影响？(可多选)

1.能够增强社会互济功能

2.减少个人所承担的医疗费用

3.提高个人所获得的补偿比例

4.提高医疗保险金的使用效率

5.降低个人缴费积极性

6.增加向农民及居民收缴参保费用的难度

7.滥用医疗资源

Q34.您认为到“十二五”末期，农村五保制度在哪一个层次上统一比较可行？

1.全县统一

2.全市（州）统一

3.全省统一

4.全国统一

Q35.您认为到“十二五”末期，农村低保制度在哪一个层次上统一比较可行？

1.全县统一

2.全市（州）统一

3.全省统一

4.全国统一

Q36.您认为到“十二五”末期，城市低保制度在哪一个层次上统一比较可行？

1.全县统一

2.全市（州）统一

3.全省统一

4.全国统一

Q37.如果统一城乡低保制度，您认为到“十二五”末期应该在哪个层次上统一？

1.全县统一

2.全市（州）统一

3.全省统一

4.全国统一

5.不清楚

Q38.您认为农村医疗救助标准应该在哪个层次上统一？

1.全县统一

2.全市（州）统一

3.全省统一

4.全国统一

Q39.您认为城市医疗救助标准应该在哪个层次上统一？

1.全县统一

2.全市（州）统一

3.全省统一

4.全国统一

Q40.如果统一城乡医疗救助标准，您认为到“十二五”末期应该在哪个层次上统一？

1.全县统一

2.全市（州）统一

3.全省统一

4.全国统一

Q41.您认为我国目前存在着哪些就业歧视现象？

	存在	不存在	不清楚
1.性别歧视	1	2	3
2.户籍歧视	1	2	3
3.民族歧视	1	2	3
4.学历歧视	1	2	3

Q42.您认为政府和社会应该为失地农民提供哪些就业援助？（可多选）

1.提供技能培训

2.提供就业信息

3.提供工作岗位

4.提供创业机会

5.提供创业补助

6.其他（请说明）＿＿＿＿＿＿＿＿＿＿＿＿＿＿

Q43.您认为政府和社会应为农民工或外来工提供哪些就业援助？（可多选）

1.提供技能培训

2.提供就业信息

3.提供工作岗位

4.提供创业机会

5.提供创业补助

6.其他（请说明）____________________________

Q44.对于失业的城镇企业职工，您认为最重要的就业援助方式是什么？

1.发放失业救济金

2.提供免费技能培训

3.提供新的工作岗位

4.提供就业信息

5.其他（请说明）____________________________

Q45.对于待业或无业的城镇居民，您认为最重要的就业援助方式是什么？

1.发放基本生活补贴

2.提供免费技能培训

3.提供新的工作岗位

4.提供就业信息

5.其他（请说明）____________________________

Q46.您认为公务员缴纳失业保险金有必要吗？

1.非常必要

2.必要

3.不必要

Q47.您认为公务员缴纳失业保险金可行吗？

1.非常可行

2.比较可行

3.不太可行

4.非常不可行

Q48.您认为到“十二五”末期，最低工资标准在哪个层次上统一比较可行？

1.全县统一
2.全市（州）统一
3.全省统一
4.全国统一

Q49.您认为专门为求职者提供就业信息服务的网络系统应建设到哪一级？

1.社区居委会或村委会
2.街道办事处或乡镇政府
3.县级人力资源和社会保障部门
4.州市级人力资源和社会保障部门

Q50.您认为女性根据自身情况申请与男性同龄退休是否可行？

1.非常可行
2.比较可行
3.不太可行
4.非常不可行

Q51.您认为义务教育包括哪些阶段比较可行？

1.小学和初中
2.幼儿园、小学和初中
3.小学、初中和高中
4.幼儿园、小学、初中和高中

Q52.您认为义务教育阶段，各级财政支出结构应分别为：

1.中央财政 ________________%
2.省级财政 ________________%
3.市（州）级财政 ______________%
4.县区级财政 ______________%

Q53.您认为义务教育阶段的城乡生均教育经费实行哪一种标准比较合理？

1.城市高于农村
2.农村高于城市
3.城乡一个标准

Q54.您认为外来务工人员子女在哪里的学校接受义务教育比较合适？

1.原居住地学校

2.打工地公办学校

3.打工地民办学校

Q55.您认为在城市公办学校上学的外来务工人员子女如何编班比较合适？

1.单独编班

2.与城市生源混合编班

Q56.您认为促进城乡小学教育均衡发展应当采取哪些措施？（可多选）

1.加强农村小学的师资培训

2.改善农村小学的办学条件

3.提供岗位补贴，引导和鼓励城市师资到农村任教

4.严格实行划片入学，电脑派位升学

5.其他（请说明）____________________________

Q57.您认为外来务工人员子女义务教育阶段划片进入本地公办学校就读需要哪些条件？（可多选）

1.本地公办学校接受名额充裕

2.政府给予公办学校财政补贴

3.就读的外来务工人员需要适当缴费

4.其他（请说明）__________________________

Q58.为缩小重点学校与普通学校差距您认为应优先采取哪些措施？（可多选）

1.使普通学校成为重点学校的分校

2.重点学校校长（副校长）到普通学校担任学校领导

3.提供岗位补贴，引导和鼓励重点学校师资到普通学校去任教

4.严格实行电脑派位、划片入学

5.加大对普通学校的投入

Q59.您认为我国解决城市人口住房问题应该主要依靠哪一种方法？

1.商品房

2.保障房（廉租房、经济适用房、公租房、限价房等）

3.单位福利房

4.自建房

5.住房公积金

6.群众集资共建房

7.其他（请说明）________________

Q60.您认为我国解决民众住房问题应该主要依靠哪一种方法？

1.主要靠商品房

2.主要靠保障房（廉租房、经济适用房和公租房）

3.主要靠福利房

4.主要靠自建房

Q61.您认为养老服务方式应该以哪种方式为主？

1.家庭养老

2.社区养老

3.机构养老

Q62.您认为特别需要为本地老年人提供哪些社会服务？（可多选）

1.日常生活照料服务

2.精神陪护服务

3.法律援助服务

4.慢性病跟踪服务

5.康复护理服务

6.急诊呼叫服务

7.文体活动服务

8.其他（请说明）________________

Q63.您认为特别需要为本地儿童提供哪些社会服务？（可多选）

1.孤残儿童救助服务

2.流浪儿童救助服务

3.留守儿童救助服务

4.幼儿园入园服务

5.其他（请说明）________________

Q64.您认为特别需要为本地妇女提供哪些社会服务？（可多选）

1.家庭暴力庇护服务

2.妇科病检查服务

3.留守妇女救助服务

4.就业援助服务

5.职业技能培训服务

6.其他（请说明）__________________

Q65.您认为特别需要为本地残疾人提供哪些社会服务？（可多选）

1.残疾人康复服务

2.残疾人就业服务

3.残疾人职业技能培训服务

4.残疾人法律援助服务

5.其他（请说明）__________________________

访问到此结束，非常感谢！如果您还有什么问题或建议，请写在下面的空白处。

附录 2

社会福利体系调查公众问卷（2）

亲爱的朋友：

为全面了解和反映社会各界对我国社会福利体系建设的意见、建议和要求，我们组织了此次调查。根据科学调查的要求，我们使用随机抽样的方式选择调查对象，您是其中的一位。本次调查使用问卷方式，问卷中的答案没有对错之分，请您在相应的答案序号上打“√”（除特别注明的题目外均为单选题）。我们将严格遵守国家的法律规定，对您的资料保密，请您放心！

衷心感谢您的支持与合作！

中国社会科学院社会学研究所
“普遍型社会福利体系的基础和设计研究”课题组
2012 年 1 月

问卷编号：A1 ［＿＿＿＿］

调查地点：福建省/市 厦门 州/市/区＿＿＿县/区/市

A2 ［＿］ A3 ［＿］ A4 ［＿＿］

调查对象类别：A5 ［＿］

①公务员（参公人员） ②事业单位人员 ③城镇企业职工

④城镇居民 ⑤农村居民 ⑥农民工或外来工

调查开始时间：［＿＿］年［＿＿］月［＿＿］日［＿＿］时［＿＿］分

调查结束时间：［＿＿］年［＿＿］月［＿＿］日［＿＿］时［＿＿］分

调查员：________

复核员：________

Q1.您的性别是________。

1. 男

2. 女

Q2.您的出生年份是________年。

Q3.您现在的户口属于：

1.非农户口（含城镇户口和居民户口）

2.农业户口（含农村户口）

Q4.您现在的文化程度是：

1.小学及以下

2.初中

3.高中/职高/中技/中专

4.大学专科

5.大学本科

6.研究生

Q5.您家共有几口人？____人。

Q6.您家目前正在读书的孩子（从幼儿园到大学）有几个？____个。

Q7.您家 2011 年平均每个月花在孩子读书上的费用（含学费、课本费、住宿费、在校生活费、课外补习费等）大概是多少？________元。

Q8.您家 60 岁以上的老人有几个？______个。

Q9.您家 2011 年看病的总费用大概是________元，其中家庭负担了__________元？

Q10.您现在居住的房屋属于哪一种？

1.自建房

2.单位福利房

3.自购商品房

4.租住商品房

5.自购保障房（含廉租房、经济适用房、公租房等）

6.租住保障房（含廉租房、经济适用房、公租房等）

7.其他

Q11.您家 2011 年的总收入大概有多少元（不含社会保障收入）?

1.10000 元以下

2.10001~20000 元

3.20001~30000 元

4.30001~40000 元

5.40001~60000 元

6.60001~80000 元

7.80001~100000 元

8.100001~120000 元

9.120000 元以上

Q12.您是否参加了下列社会养老保障?

	参加了	没参加
1.公务员退休养老保障	1	2
2.事业单位退休养老保障	1	2
3.城镇职工社会养老保险	1	2
4.城镇居民社会养老保险	1	2
5.新型农村社会养老保险	1	2
6.失地农民社会养老保险	1	2
7.农民工或外来工社会养老保险	1	2

Q13.您最愿意选择哪一种养老方式?

1.家庭养老

2.社区养老

3.机构养老（养老院养老）

4.其他（请说明）________________________________

Q14.您认为农民工或外来工最适合参加哪一种社会养老保险?

1.城镇职工社会养老保险

2.城镇居民社会养老保险

3.新型农村社会养老保险

4.单独建立养老保险制度

Q15.您认为失地农民最适合参加哪一种社会养老保险？

1.城镇职工社会养老保险

2.城镇居民社会养老保险

3.新型农村社会养老保险

4.单独建立养老保险制度

Q16.您赞成农村居民与城镇居民享受相同标准的基础养老金吗？

1.非常赞成

2.比较赞成

3.不太赞成

4.非常不赞成

5.不清楚

Q17.如果统一农村居民与城镇居民的基础养老金标准，您认为应在哪个层次上统一？

1.全县统一

2.全市（州）统一

3.全省统一

4.全国统一

5.不清楚

Q18.您认为公务员（国家机关工作人员）和事业单位人员（如学校和医院的职工）的养老保障应该实行________。

1.同一个制度

2.不同的制度

3.不清楚

Q19.您认为事业单位人员和企业职工的养老保障应该实行________。

1.同一个制度

2.不同的制度

3.不清楚

Q20.您参加了哪些医疗保障制度？

	参加了	没参加
1.公费医疗制度	1	2
2.城镇职工基本医疗保险	1	2
3.城镇居民基本医疗保险	1	2
4.新型农村合作医疗	1	2
5.农民工或外来工社会医疗保险	1	2

Q21.您认为农民工或外来工最适合参加哪一种社会医疗保险？

1.城镇职工基本医疗保险

2.城镇居民基本医疗保险

3.新型农村合作医疗

4.单独设立医疗保险

Q22.您认为失地农民最适合参加哪一种社会医疗保险？

1.城镇职工基本医疗保险

2.城镇居民基本医疗保险

3.新型农村合作医疗

4.单独设立医疗保险

Q23.您认为新型农村合作医疗与城镇居民基本医疗保险有必要合并吗？

1.非常必要

2.有必要

3.没必要

4.完全没必要

5.不清楚

Q24.您赞成取消新型农村合作医疗的个人（家庭）账户吗？

1.非常赞成

2.比较赞成

3.不太赞成

4.非常不赞成

5.不清楚

Q25.您赞成取消城镇职工基本医疗保险的个人账户吗？

1.非常赞成

2.比较赞成

3.不太赞成

4.非常不赞成

5.不清楚

Q26.2009 年以来，您家得到过政府提供的哪些社会救助？

	得到过	没得到
1.最低生活保障	1	2
2.临时生活救助	1	2
3.大病医疗救助	1	2
4.失业救济金	1	2
5.农村建房补助	1	2
6.农村五保供养补助	1	2

Q27.您认为农村五保供养标准应该在哪个层次上统一？

1.全县统一

2.全市（州）统一

3.全省统一

4.全国统一

5.不清楚

Q28.您认为农村低保标准应该在哪个层次上统一？

1.全县统一

2.全市（州）统一

3.全省统一

4.全国统一

5.不清楚

Q29.您认为城市低保标准应该在哪个层次上统一？

1.全县统一

2.全市（州）统一
3.全省统一
4.全国统一
5.不清楚

Q30.如果统一城乡低保标准，您认为应该在哪个层次上统一？
1.全县统一
2.全市（州）统一
3.全省统一
4.全国统一
5.不清楚

Q31.您认为农村医疗救助标准应该在哪个层次上统一？
1.全县统一
2.全市（州）统一
3.全省统一
4.全国统一
5.不清楚

Q32.您认为城市医疗救助标准应该在哪个层次上统一？
1.全县统一
2.全市（州）统一
3.全省统一
4.全国统一
5.不清楚

Q33.如果统一城乡医疗救助标准，你认为应该在哪个层次上统一？
1.全县统一
2.全市（州）统一
3.全省统一
4.全国统一
5.不清楚

Q34.您认为我国目前存在着哪些就业歧视现象？

	存在	不存在	不清楚
1.性别歧视	1	2	3
2.户籍歧视	1	2	3
3.民族歧视	1	2	3
4.学历歧视	1	2	3

Q35.您认为政府和社会应该为失地农民提供哪些就业帮助？（可多选）

1.提供技能培训
2.提供就业信息
3.提供工作岗位
4.提供创业机会
5.提供创业补助
6.其他（请说明）＿＿＿＿＿＿＿＿＿＿

Q36.您认为政府和社会应该为农民工提供哪些就业帮助？（可多选）

1.提供技能培训
2.提供就业信息
3.提供工作岗位
4.提供创业机会
5.提供创业补助
6.其他（请说明）＿＿＿＿＿＿＿＿＿＿＿＿＿＿＿

Q37.对于失业的城镇企业职工，您认为最重要的就业帮助方式是什么？

1.发放失业救济金
2.提供免费技能培训
3.提供新的工作岗位
4.提供就业信息
5.其他（请说明）＿＿＿＿＿＿＿＿＿＿＿＿＿＿＿

Q38.对于待业或无业城镇居民，您认为最重要的就业帮助方式是什么？

1.发放基本生活补贴

2.提供免费技能培训

3.提供新的工作岗位

4.提供就业信息

5.其他（请说明）______________________________

Q39.您认为公务员有必要缴纳失业保险金吗？

1.非常必要

2.必要

3.不必要

4.不清楚

Q40.您认为义务教育应该包括哪些阶段？

1.小学和初中

2.幼儿园、小学和初中

3.小学、初中和高中

4.幼儿园、小学、初中和高中

Q41.您认为义务教育阶段的费用应该主要由哪一级财政承担？

1.中央财政

2.省级财政

3.市（州）级财政

4.不清楚

Q42.您认为义务教育阶段城乡生均教育经费实行哪一种标准比较合理？

1.城市高于农村

2.农村高于城市

3.城乡一个标准

Q43.您认为外来务工人员子女在哪里的学校接受义务教育比较合适？

1.原居住地学校

2.打工地公办学校

3.打工地民办学校

Q44.您认为在城市公办学校上学的外来工人员子女如何编班比较合适？

1.单独编班

2.与城市生源混合编班

Q45.您认为我国解决民众住房问题应该主要依靠哪一种方法？

1.主要靠商品房

2.主要靠保障房（廉租房、经济适用房和公租房）

3.主要靠福利房

4.主要靠自建房

Q46.您认为特别需要为本地老年人提供哪些社会服务？（可多选）

1.日常生活照料服务

2.精神陪护服务

3.法律援助服务

4.慢性病跟踪服务

5.康复护理服务

6.急诊呼叫服务

7.文体活动服务

8.其他（请说明）＿＿＿＿＿＿＿＿＿＿＿＿＿＿

Q47.您认为特别需要为本地儿童提供哪些社会服务？（可多选）

1.孤残儿童救助服务

2.流浪儿童救助服务

3.留守儿童救助服务

4.幼儿园入园服务

5.其他（请说明）＿＿＿＿＿＿＿＿＿＿＿＿＿＿＿＿

Q48.您认为特别需要为本地妇女提供哪些社会服务？（可多选）

1.家庭暴力庇护服务

2.妇科病检查服务

3.留守妇女救助服务

4.就业援助服务

5.职业技能培训服务

6.其他（请说明）＿＿＿＿＿＿＿＿＿＿＿＿＿＿＿

Q49.您认为特别需要为本地残疾人提供哪些社会服务？（可多选）

1.残疾人康复服务

2.残疾人就业服务

3.残疾人职业技能培训服务

4.残疾人法律援助服务

5.其他（请说明）____________________

访问到此结束，谢谢您的合作！

参考文献

［1］科恩:《论民主》，商务印书馆 1988 年版。

［2］陈敏:《重庆三峡库区统筹城乡社会保障制度构建研究》，《特区经济》2011 年第 6 期。

［3］蒋晓川:《城乡统筹背景下重庆试验区社会保障制度探讨》，《农业经济》2010 年第 11 期。

［4］李继云:《边疆民族地区城镇化水平测算与分析》，《农业考古》2008 年第 6 期。

［5］梁平，滕琦等:《统筹重庆城乡社会保障的制约因素分析》，《安徽农业科学》2008 年第 21 期。

［6］刘一平，杨福生:《打好南部扶贫开发硬战，促进红河南北协调发展》，《云南日报》2009 年 3 月 18 日。

［7］毛世国:《重庆统筹城乡中的社会保障制度建设》，《重庆行政》2009 年第 8 期。

［8］全钟燮:《公共行政：设计与问题解决》，台湾五南图书出版公司 2001 年版。王筱欣，张思萌:《重庆城乡社会保障经济“公平度”评估》，《重庆理工大学学报》2011 年第 4 期。

［9］魏宏晋:《民意与舆论：解构与反思》，台湾商务印书馆 2008 年版。

［10］杨玲:《重庆都市区城乡一体化中社会保障与社会文明研究》，《社科纵横》2005 年第 1 期。

［11］殷守革，孙华，毛江东:《二元户籍条件下农民社会保障机制研究——基于重庆户籍改革的思考》，《中共山西省直机关党校学报》2012 年第 1 期。

［12］殷守革，孙华，毛江东:《统筹城乡户籍条件下农民社会保障机制研究——基于重庆户籍改革引发的思考》，《成都行政学院学报》2012 年第 1 期。

[13] 余致力:《民意与公共政策——理论探讨与实证研究》，五南图书出版股份有限公司 2002 年版。

[14] 周沛:《论社会福利的体系构建》,《社会保障研究》2012 年第 6 期。

[15] 国务院:《国务院关于推进重庆市统筹城乡改革和发展的若干意见》。

[16] 红河州扶贫办:《红河州扶贫开发工作及存在困难问题专报》。

[17] 红河州统计局:《红河州 2003~2011 年国民经济和社会发展统计公报》。

[18] 红河州人民政府:《新型农村和城镇居民社会养老保险实施办法(试行)》。

[19] 红河州人民政府:《红河州城镇居民基本医疗保险办法（试行)》。

[20] 红河州人民政府:《〈红河州城镇居民基本医疗保险办法（试行)〉实施细则》。

[21] 红河州人民政府:《红河州城镇居民基本医疗保险门诊补助试行办法》。

[22] 红河州人民政府:《红河州城镇居民大病补充医疗保险办法（试行)》。

[23] 红河州人民政府:《关于加大城乡统筹力度　促进农业转移人口转变为城镇居民的实施办法（试行)》。

[24] 重庆市人力资源和社会保障局:《重庆市街道（乡镇）劳动就业社会保障服务中心建设标准》。

[25] 重庆市人大常委会:《重庆市城乡居民最低生活保障条例》。

[26] 重庆市人民政府:《关于开展城乡居民合作医疗保险试点的指导意见》。

[27] 重庆市人民政府:《关于开展城乡居民社会养老保险试点工作的通知》。

[28] 重庆市人民政府:《重庆市实施〈城市居民最低生活保障条例〉办法》。

[29] 重庆市人民政府:《关于全面建立农村居民最低生活保障制度的意见》。

[30] 重庆市人民政府:《重庆市统筹城乡教育综合改革试验实施方案》。

[31] 重庆市人民政府:《关于统筹城乡户籍制度改革的意见》。

[32] 重庆市人民政府:《重庆市统筹城乡户籍制度改革社会保障实施

办法（试行）》。

［33］重庆市人民政府：《重庆市社会保障体系和人力资源开发第十二个五年规划》。

［34］重庆市统计局：《重庆市 2003~2011 年国民经济和社会发展统计公报》。

［35］重庆市统计局：《2010~2011 年度重庆市人力资源和社会保障事业发展统计公报》。

［36］云南省住建厅：《云南省各州、市 2006~2008 年城镇化水平指标对比》。

［37］中共重庆市委：《中共重庆市委关于缩小三个差距促进共同富裕的决定》。

［38］《福建省厦门市加快打造“五个厦门”》http://www.china news.com/qxcz/2011/12-29/3568628.shtm，2012 年。

［39］《2007 年厦门经济特区年鉴》。

［40］《2008 年厦门经济特区年鉴》。

［41］《2009 年厦门经济特区年鉴》。

［42］《2010 年厦门经济特区年鉴》。

［43］《2011 年厦门经济特区年鉴》。

［44］《2009 年厦门市国民经济和社会发展统计公报》。

［45］《2010 年厦门市国民经济和社会发展统计公报》。

［46］《2011 年厦门市国民经济和社会发展统计公报》。

［47］厦门市人力资源和社会保障局：《关于妥善解决企业职工基本养老保险有关问题的意见》，http://www.xmhrss.gov.cn/ldhshbzjxxgk/xxgkml/201202/t201 20206_169310.htm，2012 年。

［48］厦门市人力资源和社会保障局：《关于印发〈厦门市医疗保险综合子账户管理试行办法〉的通知》，http://www.xmhrss.gov.cn/ldhshbzjxxgk/xxgkml/201207/t20120717_182350.htm，2012 年。

［49］厦门市人力资源和社会保障局：《关于公布厦门市企业最低工资标准及非全日制用工小时最低工资标准的通知》，http://www.xmhrss.gov.cn/ldhshbzj xxgk/xxgkml/201208/t20120803_184006.htm，2012 年。

［50］厦门市劳动保障局：《关于转发〈关于完善城乡一体化基本医疗保险制度建设的意见〉》，http://www.xmhrss.gov.cn/ldhshbzjxxgk/xxgkml/201012/

t20101209_123220.htm，2010 年。

［51］厦门市人力资源和社会保障局：《关于“1+1”群创业培训有关事项的通知》，http://www.xmhrss.gov.cn/ldhshbzjxxgk/xxgkml/201203/t20120328_173659.htm，2012 年。

［52］中共苏州市委，苏州市人民政府：《关于加快实现城乡教育一体化现代化的意见》，http://www.nb.suzhou.gov.cn/newsview.asp？ id=924。